青春语文，经由语言文字的学习，
见自我，见天地，见众生。

——王君

· 教育家成长丛书 ·

王君
与青春语文

WANGJUN YU QINGCHUN YUWEN

中国教育报刊社 · 人民教育家研究院 组编

王君 著

北京师范大学出版集团
BEIJING NORMAL UNIVERSITY PUBLISHING GROUP
北京师范大学出版社

图书在版编目（CIP）数据

王君与青春语文/王君著；中国教育报刊社人民教育家研究院组编.
—北京：北京师范大学出版社，2017.1（2021.11 重印）
（教育家成长丛书）
ISBN 978-7-303-21574-4

Ⅰ.①王… Ⅱ.①王… ②中… Ⅲ.①中学语文课－教学研究
Ⅳ.①G633.302

中国版本图书馆 CIP 数据核字（2016）第 288638 号

营 销 中 心 电 话　010-58802135　010-58802786
北师大出版社教师教育分社微信公众号　京师教师教育

出版发行：北京师范大学出版社　www.bnup.com
　　　　　北京市西城区新街口外大街 12-3 号
　　　　　邮政编码：100088
印　　刷：天津旭非印刷有限公司
经　　销：全国新华书店
开　　本：787 mm×1092 mm　1/16
印　　张：24.75
字　　数：430 千字
版　　次：2017 年 1 月第 1 版
印　　次：2021 年 11 月第 3 次印刷
定　　价：79.00 元

策划编辑：倪　花　　　　责任编辑：薛　萌
美术编辑：焦　丽　　　　装帧设计：焦　丽
责任校对：陈　民　　　　责任印制：陈　涛

教育家成长丛书

编委会名单

总　顾　问：柳　斌　顾明远

顾　　　问：叶　澜　田慧生　林崇德　陈玉琨

编委会主任：杨春茂

编　　　委：（按姓氏笔画为序）

于　漪　王瑜琨　方展画　田慧生

成尚荣　任　勇　刘可钦　齐林泉

孙双金　李吉林　杨九俊　杨春茂

吴正宪　汪瑞林　张志勇　张新洲

陈雨亭　郑国民　施久铭　徐启建

唐江澎　陶继新　龚春燕　程红兵

赖配根　鲍东明　窦桂梅　魏书生

主　　　编：张新洲

副　主　编：赖配根　王瑜琨　汪瑞林

总 序

　　教育是国家发展的基石，教师是基石的奠基者。古人云："国将兴，必贵师而重傅。"兴国必先强教，强教必先重师。党中央、国务院高度重视教师队伍建设。2013 年教师节，习近平总书记在给全国广大教师的慰问信中指出："百年大计，教育为本。教师是立教之本、兴教之源，承担着让每个孩子健康成长、办好人民满意教育的重任。"2014 年，在第 30 个教师节前夕，习总书记到北京师范大学视察并发表重要讲话，指出："一个人遇到好老师是人生的幸运，一个学校拥有好老师是学校的光荣，一个民族源源不断涌现出一批又一批好老师则是民族的希望。"《国家中长期教育改革和发展规划纲要（2010—2020 年）》也明确提出，"有好的教师，才有好的教育"，要"努力造就一支师德高尚、业务精湛、结构合理、充满活力的高素质专业化教师队伍"。"倡导教育家办学"，要创造有利条件，鼓励教师和校长在实践中大胆探索，创新教育思想、教育模式和教育方法，形成教学特色和办学风格，造就一批教育家。"两个一百年"奋斗目标的实现、中华民族伟大复兴中国梦的实现，归根结底要靠人才、靠教育，而支撑起教育光荣梦想的，是千百万的教师。

　　时代呼唤好老师。有一流的教师，才有一流的教育；有一流的教育，才有一流的国家。出名师、育英才、成伟业，是时代赋予我们教育战线的神圣使命。"所谓大学者，非谓有大楼之谓也，有大师之谓也。"好学校、好教育的最重要标准，就是要有好老师。一所学校、一个地区，乃至一个国家，如果教师有理想、有爱心、有学识、有高超的教育艺术，那么即使硬件设施有些简陋，家长、学生也会心向往之。教师是中国梦的奠基者。教师的重要使命，就是为每个孩子播种梦想、点燃梦想，并帮助他们实现梦想。每一间平凡的教室，每一节朴实的课，都不仅是知识的传递，而且是人类文明精神的接续、人生梦想的起航。正是有亿万个孩子梦想的放飞、绽放，中国梦才更加光彩夺目。如果说中国梦最坚实的土壤是学校，那么教师就是最伟大的"筑梦师"，他们用默默无闻、孜孜不倦的智慧劳动，让每一颗年轻的心灵都与中国梦激情相拥。

倡导教育家办学，造就一批好老师，首先要尊重、珍惜我们的本土智慧、本土创造。教育家不是凭空产生的，而是扎根于自己的民族文化土壤，同时吸收人类文明成果，从而创造出独特而生动的教育实践、教育智慧和教育文明。五千年源远流长的中华文明，不但形成了有我们民族特色的教育理论体系，而且涌现出了千千万万优秀的教育家，有被推崇为"大成至圣先师""万世师表"的孔子，有"匹夫而为百世师，一言而为天下法"的韩愈，有"捧着一颗心来，不带半根草去"的人民教育家陶行知，等等。改革开放40年来，随着教育改革的不断深入，教育战线涌现出了一大批杰出教师。他们痴情于教育事业，坚守理想信念和教育良知，在三尺讲台上默默耕耘、刻苦钻研，同时以敢为天下先的精神大胆创新，不断进取、不断超越，形成了各具特色的教育思想和教学风格。正是他们的成功探索和实践，创造了具有中国风格的教育经验，丰富了具有中国特色的教育理论宝库。原由教育部师范教育司组织编写，现由中国教育报刊社人民教育家研究院组织编写的"教育家成长丛书"，就是要向这些宝贵的本土创造性的教育经验致敬。

当前，教育领域综合改革正在深入推进，考试招生制度改革的大幕已经拉开，立德树人、培育和践行社会主义核心价值观成为大中小学教育的头等任务。可以预见，中国教育将发生深刻的变革，将从"中国制造"向"中国创造"转变。"没有革命的理论，就没有革命的运动。"没有适合中国土壤、具有中国智慧的教育理论，就不可能为未来的中国教育改革提供有效的指导。我们的教育要向"中国创造"飞跃，必然要首先创造属于我们自己的教育理论，而不是"言必称希腊"或者老是贩卖欧美的教育理论。170 多年前，美国思想家、诗人爱默生发表了著名演说《美国学者》，号召美国知识界："我们依赖旁人的日子，我们师从他国的长期学徒期时代即将结束。在我们周围，有成百上千万的青年正在走向生活，他们不能老是依赖外国学识的残余来获得营养。"由此，美国迈入精神立国阶段。

如今，我们也面临与爱默生同样的情形。随着我国 GDP 已从世界第二向第一迈进，我们的经济崛起已成为事实，但在道德文明、文化精神等方面，我们还需奋起直追。没有文明的崛起，经济崛起就难以持续。当务之急，是我们需要化解内心深处的文化自卑情结，摆脱对他国文明的精神依附，自觉养成强烈的"中国意识"，独立的中国文化品格，并由此去环视世界，去改造本土实践，去创造属于我们自己的精神养料——这在教育界显得尤为紧迫。"教育家成长丛书"，旨在把我们本土教育实践中蕴含的中国智慧提炼出来，从而形成具有时代意义的中国特色的教育话语体系，再以此去观照、引领、改造中国的教育实践，为伟大的教育改革提供经验、理论支持，也为未来的教育家提供丰富、可资借鉴的精神养料。

让我们为中国教育的伟大未来一起努力吧！

郑成海

2018 年 3 月 9 日

前　言

　　见证着中国基础教育半个世纪的春华秋实，代表着中国基础教育教学成果的最高成就——"首届基础教育国家级教学成果奖"，闪耀着李吉林、窦桂梅、吴正宪、张思明、洪宗礼、唐江澎、邱学华、于永正、孙双金、薄俊生、龚春燕等一大批优秀教师的名字。而上述这些教师杰出代表恰恰都是《人民教育》"名师人生"栏目中最受读者喜爱的名师，都是"教育家成长丛书"的作者。

　　"教育家成长丛书"（以下简称"丛书"），是在第 20 个教师节前夕，为了研究、总结、宣传和推广我国众多优秀中小学教师的先进教育思想和鲜活的宝贵的教育教学经验，培养造就一大批德才兼备的优秀教师和杰出的教育家，促进教师队伍整体素质的提高，根据教育部党组安排，由师范教育司组织编写的一套凝聚着一大批教育家成长智慧的大型教育丛书。

　　"丛书"自 2006 年问世以来，不但得到国务院和教育部领导同志的高度重视，而且先后印刷多次尚不能满足广大读者的需求。这其中的奥秘何在？

　　当你翻开"丛书"，每一部著作都讲述着一位教育家成长的故事。这些著作主要从"成长历程""思想概述""课堂实录"和"社会反响"等方面全景式反映其教育思想、教育智慧、专业精神和专业人格的形成过程与教学实践过程。这是教育家成长的基本素质所在。

　　当你沿着教育家成长的足迹走近他们的时候，你会融入这些带有"草根色彩",扎根中华教育实践大地,充满田野芳香的真实感人的教育故事中。

当你从"丛书"中,从这些当年和自己一样的普通教师,成长为今天受人尊敬的教育家的成长过程中受到启迪,当你触摸着自己的心,把学生的成长和祖国的未来紧紧连在一起的时候,你会真切地感受到教育家离我们并不遥远。

当你用整个身心蘸着自己的生活积累去品味"丛书"中的每一部著作的"成长历程"时,在一位位名师不断学习、不断超越自我、不断超越学科教学的求索足迹中,你会读懂"教育是事业,其意义在于奉献"的丰富内涵。

当你研读"丛书"中的每一部著作的"思想概述",和每一位名师展开心灵对话的时候,都会深深地感受到,一名教师对教育独立的理解与执着的追求有多么重要。从一名普通的教师成长为受人尊敬的教育家的过程中,你会读懂"教育是科学,其价值在于求真"的深刻含义。透过"丛书",你会看到一代代教师用爱与智慧塑造民族未来的教育理想。

随着我们从"知识核心时代"走向"核心素养时代",教师教育教学活动的视野已拓展到人的生存与发展的方方面面。教师要结合自己的教学实践去感悟"教育理念是指导教育行为的思想观念和精神追求",应该把爱化为自己的教育行为,让爱充盈课堂,触摸到一个个灵动的生命,让爱产生智慧,让爱与智慧在学生心中留下岁月抹不去的美好回忆,让教育者和受教育者都感受到教育的幸福。这是"丛书"给我们的启示,也是每位教师应有的胸怀和视野。

时代呼唤教育家。为了进一步把我们本土教育实践中蕴含的中国智慧提炼出来,从而形成具有时代意义的中国特色的教育话语体系,以此去观照、引领、创新中国的教育实践并在更大范围加以推广,"丛书"将由中国教育报刊社人民教育家研究院继续组织编写,希望能够在更广大教师的心田中播种教育家成长的智慧,从而出更多的名师,育更多的英才,成就中华民族复兴的伟业。这是时代赋予广大教育工作者的神圣使命。如果广大教师能在每位教育家成长、探索教育智慧的过程中受到启迪,形成自己的教育智慧,则实现了我们编辑这套"丛书"的初衷。

"教育家成长丛书"
编 委 会
2018 年 3 月

目 录
CONTENTS
王君与青春语文

[青春之歌]
——我的课堂实践

[青春回眸]
——我的社会反响

[附 录]

青春无悔
——我的成长之路

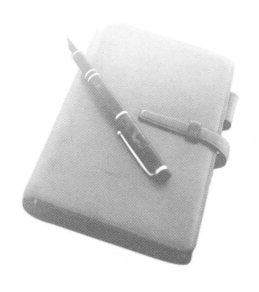

赤子其人，青春语文

一、青春语文：见自我，见天地，见众生

（一）见自我

我觉得，我这辈子最幸运的事，就是做了语文教师。

中学时代，我是一只丑小鸭。我一直怀疑自己智商偏低，否则为什么数学、物理学得一塌糊涂，英语也不好。第一次高考，全班三分之二的同学都被各类学校录取了，我走不了，只能灰溜溜地复读。复读了一年，数学考分比第一年还低，还好上了师专线。但这师专线一上，我的好运就开始了。我欢天喜地地填志愿，不像其他同学那样纠结——不喜欢师范却只能上师范。我刚好只钟情于师范院校，只钟情于师范院校的中文系。做一名语文教师是我的理想。

我的理想在上小学之前就清清楚楚了——儿时玩得最多的游戏，就是把一条街上的小孩子集中起来，坐在小板凳上扮学生，我扮老师，拿着根筷子当教鞭，装模作样头头是道地给他们"讲课"。

如愿以偿进了中文系后，我这只从来都是靠边站的丑小鸭，开始发育，开始成长。

我读的是当地录取分数最低的教育学院，但我是以读高四的精神读完这两年的。在这里，我从学渣，变成了学霸。

毕业分配，我有留校的实力，但因为各种原因，没能留下来。但我一点儿都不在乎：留下来，在中文系办公室打杂，不如回中学去教语文呢！

回到老家，遇到了专科生必须下乡的新政策，于是被分配到了乡下，但我并不失落。一站在讲台上就忘我，我觉得哪里的讲台都是我的大舞台，哪里的教室都是我的大城市。于是，才工作两个月我就承担了国家教委到农村调研的公开课，为上级领导的一句"小姑娘，上得不错，前途无量"而欣喜若狂。从此，我见了教研员就兴致勃勃地自我推荐，希望他们能去我的教室听我的语文课。

率真和执着像一把钥匙，被我这个一张娃娃脸的乡村女教师握在手中，神奇地打开了一道又一道前进之门。我 23 岁就获得了重庆市优质课大赛的第一名。25 岁就走上了全国课堂教学大赛的讲台。在赛课的战场上，我算得上出生入死，身经百战。我并不是常胜将军，既经历了一战成名的轰轰烈烈，也品尝过因为滑铁卢而靠边站的寂寞。我由此悟出"要敢于死在公开课中，才能活在家常课中"的道理。讲台，是锻炼我的大熔炉，我在里边被锤炼被锻打，我的羽翼开始丰满，筋骨开始强健。

在这个阶段，重庆本土的语文教育专家黎见明老先生的导读理论、文兰森先生的导创理论给了我很多滋养。而把创新教育做到全国平台上的龚春燕先生，对我的成长更是起到了提携引领作用。

我的课堂教学，赢得了很多赞誉。

然后我开始大量地读书和写作。那对于我是水到渠成、天经地义的一件事。我的写作，是从写课开始的。记录课堂，反思课堂，创造课堂，进而思考和课堂有关的一切。我惊奇地发现凡事只要和课堂勾连，我就灵感爆棚快意无比。我的写作从来热气腾腾，我的文字从来饱满丰盈。我乐此不疲，如痴如醉。我的"小女人"小文章，在网络上居然获得了惊人的点击量。喜欢我的文字的人、喜欢我的人越来越多。我发表的文章多得我不再为发表文章而写文章，出版的专著也多到了我要命令自己放慢速度。我惊奇地发现，语文教师这个职业，居然帮助我实现了一个遥不可及的"作家梦"。

我就左手拿着我的课，右手拿着我的文章，从乡下闯进了县城，闯进了主城区，闯进了北京，闯进了青少年时代想都不敢想的人大、清华。

我成了一个很有故事的人。

在别人看来，我这个小女娃子的经历够曲折够丰富，甚至称得上波澜壮阔。人人都说我有奋斗精神，有开拓精神，但是于我自己，一切依旧云淡风轻。因为我知道，这一切的发生，不过是自然而然。

我所有的幸运都在于：我的职业就是我的理想；我的岗位就是我的兴趣；我正在做的，就是我最想做的。我因此而兴致勃勃地做下去，再难再苦也没有停下来。我只是在用最初的心做永远的事，我因此而发现了自我，成就了自我。我的职业成长和生命成长，天人合一。

公开课

（二）见天地

除了爱语文，我还有一个爱好——做班主任。

我去了很多地方，经历了很多学校，面对每一个新校长，我都要求：不要让我干别的，就请让我教语文和做班主任吧！

我有自己的小算盘：做班主任，就能够大大方方地把所有班级建设的事务全部变为语文活动；教语文，就能够名正言顺地让自己的班级活动全部和语文结缘。

我是小户人家的女孩子，我是小地方的乡村女教师，但我是重庆姑娘，我对高山、对大河有一种天然的亲近和领悟。私自下河游泳，是我少年时代乐此不疲的冒险。我以为，如果语文仅仅是语文，讲台仅仅是讲台，上课仅仅是上课，课本仅仅是课本，那将会很不好玩。

我渴望好玩。

我想，得把书教到山里去，教到水里去，教到花里去，教到草里去……天，才是最大的黑板；地，才是最好的讲台；天地，才是最好的课堂。

于是我成了最胆大包天的班主任：我是长跑爱好者，从农村开始，我就挥赶着学生跟我一起长跑。没有操场就跑川黔公路，有了操场也跑城市的大街小巷。不仅风雨无阻地跑，而且专挑风雨天跑。我陪跑陪练陪赛，"野蛮其体魄，丰盈其精神"。我说，一个班级有"体力长征"还远远不够，还得有"脑力长征""文化长征""公民长征""'爱情'长征"……同事们说我不仅是钻研教材设计课堂的点子库，更是班级活动策划的 CEO；学生说我有无穷无尽的灵感和永不枯竭的激情。在我的班级中，学习，从来都是生活的衍生。

对，生活，就是这个词语。我觉得，我教育生涯全部的意义，就是在理解这个词语和重新诠释这个词语。

语文，就该是写给生活的情书；语文，就该是流向生活的河流。

班主任工作仅仅是我承载生活的一个媒介，我借这个媒介，让语文有了实体，有了呼吸。我的班主任工作和语文教学，你中有我，我中有你，水乳交融，相得益彰。我的课程，从来不仅仅是教材课程，而天然是生命课程。

我觉得自己从来不仅仅是在教语文，而是在教生活，教人如何活在更好的生活中，如何在更好的生活中发现自我，成长自我。

我的课堂，因此而格局越来越大。

我的语文，因此而呈现出鲜明的特色。

同行都说，我教语文，把自己越教越年轻；我做班主任，让自己越做越轻灵。那燃烧着生活激情的语文让我觉得心灵的天地无比阔大，我内心世界有一种美妙且崇高的东西在冉冉升起。对语文、对教育，我突然有了专属于自己的感动。

2005年，当我第一次成为全国中语会会刊《语文教学通讯》的封面人物时，我有了自己的语文表达——青春之语文！

这是一个女教师的语文直觉和语文呼唤。

我的语文，不再是一个学科，不再是一门工具，而是一个明媚的女子带领一群明媚的孩子享受青春、建设青春的成长方式。我们将共建一种激情洋溢的语文生活，在这样的生活中，老师和学生，永远都在青春期。

我说：青春语文，首先是一种活法，然后才是一种教法。

所谓青春语文，其本质就是提倡通过激活汉语言本身的生命力等手段使语文教学过程保持青春状态，进而为教师和学生创造、保持、享受整个人生的青春状态做准备。

从此，我眼前的语文追求明晰起来。天蓝海阔，长风浩荡，经语文而见天地，我的语文生命，从此进入了新的境界。

（三）见众生

在很长一段时间里，我主要是自己跟自己玩儿，至多，跟学生一起玩儿，跟家长一起玩儿。我很活泼，但事实上我并不善于也不喜欢交际。我一直活在自己为自己建造的那个青春语文的世界中。

我以为，我带这个班，我能影响这个班的孩子、这个班的家长就够了。我对自己的定位很清楚。我不张狂，我有永远是一名乡村女教师的与生俱来的谦卑。

但是我慢慢发现，我有了越来越多的朋友。这些朋友，从我的课里，从我的讲座里，从我的文字里，从我的言谈里……冒出来，生长出来，像鲜花一样开放在我的周围。这些花儿，急切地告诉我：因为我，所以他们在成长。

他们写给我一封一封比情书还炽热的信——

他们告诉我：昭君姐姐，我参加比赛，从区里一直赛到全国，一路都是用的你的课例作参考。

　　他们告诉我：昭君姐姐，我追你的博客，从"写吧"追到"教育在线"再追到"新浪"，十年了，一篇未落下。你对我的影响，不仅是教学，更是在做人上。

　　他们告诉我：昭君姐姐，我的电脑中保存着你太多的文字，摘录、剪切、粘贴，真心想做的，是把你的精气神复制过来。

　　……

　　昭君，本来是学生对我的昵称，但不知从什么时候开始，我成了大江南北那么多年轻教师共同的昭君姐姐。

　　那些沸腾的爱让我一度很惶恐。我不觉得自己有那么好，不认为自己有那么大的力量。事实上，我一直只是在埋头耕耘自己的土地罢了。我的影响力从何而来？我用了很长的时间来消化这些爱，理解这些爱，接受这些爱。在这个过程中，我惊讶地发现原来不知不觉之间自己已经人到中年，灵魂没有白发，但头上，白发已经开始悄悄生长。

　　我懂了：你觉得自己还很青春，但你已经必须承担起引领青春的责任。

　　就像当初你遇到钱梦龙老师，遇到余映潮老师，遇到程翔老师……你的那种如梦初醒，恍然大悟，醍醐灌顶。

　　我也懂了：上天赐予你与众不同的经历和体验，也就是赋予了你责任和义务，让你去帮助更多的年轻教师像你一样拥有青春的教育年华。

　　我更懂了：一个人的价值，不仅仅在于自己活得多么好，还在于对周围人的影响和帮助。

　　我渐渐明白，承认自己在某些方面的优秀也是一种勇敢。努力把这优秀变成帮助他人的能量，这是更大的修行，亦是更深的历练。

　　我继续讲课，不再为获奖，不再为荣誉，而是为讲课本身的快乐和经由课堂传递给这个世界更多的正能量。

　　我继续写作，不再为发表，不再为出版，因为我知道在自我叩问与自我完善的过程中也解决了不少兄弟姊妹的困惑。

　　我察觉到了自己的进步：我不再为某个省市单独为我举行教育教学研讨会而沾沾自喜，不再为成为"首届中语十大学术领军人物"中最年轻的一位而踌躇满志，我明晓自己的缺陷和长处，面对外在的质疑褒贬也渐能沉稳和笃定……

　　到今天，民间有了自发建立的研究青春语文的草根团队，越来越多的老师在青春语文思想的感召下走到一起。2014 年，我的先生尹东在网络上建立了语文公众号"语文湿地"，湿地从一个人的死磕硬扛变成一群人的孜孜不倦。我从一个人的自生长，走向了带领一群人走向共生长。

　　老师们说：

　　我对青春的理解，影响了一大批人的青春。

　　我一个人的行走，激发了一大群人的行动。

　　我当年上路的时候，绝没有想到有这样的美好，这样的热烈。

　　我说，我和语文，互相成全；我和青春，互相诠释。

　　我是语文最宠爱的孩子。

　　我因由语文而懂得了鲁迅的话：

　　无穷的人们，无尽的远方，都和我有关。

　　我觉得，自己正在经历一个奇妙的过程：经语文而见天地，见自我，终至于见众生。

回重庆师范大学讲学

二、青春无悔：我的语文教学足迹

读师专时，最害怕的是被分配到乡下。但却偏偏躲不过。恰恰就是我毕业的1992年，县教委颁布了新政策——专科生必须下乡。我如雷轰顶却无可奈何。那一年，拖着一口破旧的木箱子，在闷罐车里被折磨了两个多小时后，我被"下放"到了临近贵州的东溪古镇。面对着从"县城户口""降格"为"乡镇户口"的命运，我一度茫然失意、不能自拔。

川黔交界处高山横亘，处处都是天堑。大山深处的生活让偶然回到县城的我们会有恍然隔世之感。但是，迷失是短暂的。很快，我就听到了远山的呼唤。直到今天，我依旧把那一段日子定义为我生命中最灿烂的年华。在那些教学任务繁重不堪、物质生活几乎为零的岁月里，我邂逅了我教育生命中的第一批天使。20世纪90年代初期的那些农村孩子有多么单纯丰富，有多么能干独立。没有亲密接触你根本不相信，他们可以自力更生把破败不堪、漏风漏雨、鼠患横行的寝室用最古老的方式很快变得犹如新房般干净温暖，他们可以在1小时之内在一所乡村小学的操场上搭灶生火做出美味的八菜一汤，他们尊师重教、彬彬有礼，好像来自尧舜禹的时代……这些学习智慧和生活智慧都绝不平庸的山区孩子，启蒙了我对教育的最初的信念。在那段岁月中，对孩子们，我产生了一种初恋般的热烈情怀：一旦学校放归宿假孩子们回家，那个周末我就肯定怅然若失、如坐针毡……

今天，我依旧感恩着那段乡中岁月。2010年，我应邀参加了在北京举行的首届全国中学语文教学论坛。论坛规格非常高，我有幸和许多仰慕多年的语文名家一起发言。我最后一个上台，我的发言题目是《培养平民情怀，铸造健康人格——人教版初中语文教材"平民教育"初探》。我的开场白是：我曾经是一名乡村女教师，而且我有根深蒂固的乡村女教师情结……

这是我的披肝沥胆之言。从乡镇中学一路走来，我庆幸自己的足迹几乎踏遍了中国所有类型的学校。得失寸心知，没有当年的乡中岁月的磨砺和积淀，也就没有我今天的这番思考。

语文天生烂漫美丽，然而语文也天生高贵高傲。在朝拜语文之神的天路上，只有献上我们全部的敬仰和虔诚，才可能看到极致的美景。正如王小波在《我的精神家园》里说："安徒生写过《光荣的荆棘路》，他说人文的事业就是一片着火的荆棘，智者仁人就在火里走着。当然，他是把尘世的喧嚣都考虑在内了，我觉得用不着考虑那么多。用宁静的童心来看，这条路是这样的：他在两条竹篱笆之中。篱笆上开满紫色的牵牛花，在每个花蕊上，都落了一只蓝蜻蜓……"

此话深得我心。得失寸心知啊，着火的荆棘、紫色的牵牛花、蓝色的蜻蜓确实可以形容我亲历的壮美妖娆的语文体验。

比如公开课。

不管世人怎么訾议公开课，我始终都感谢公开课。穿越公开课的荆棘，乃是一名教师迅速走向成熟并形成教育信念的必要磨炼。

虽然，许多的公开课对我而言，用"惊心动魄"去形容毫不为过。

这些公开课中，有在教龄只有三个月时就代表綦江县迎接国家德育代表团到乡村的抽查课，有在 23 岁时就获得全市第一名的竞赛课，有后来足迹遍布国内外几十个大城市的研讨课，有多次决定了我人生命运的应聘课……要敢于"死"在公开课中，成了我的生命宣言。

公开课的波谲云诡似乎总与我相伴随行。

参加全国作文精品课大赛，我碰到过最胆大包天的学生。他们在课堂里聊天、打牌、看小说、睡觉，全然不顾后面还坐着几百位来自全国各地的听课老师。该我上课了。我上得台去，先使出重庆妹子的泼辣劲儿，语重心长地把学生教育了一顿，把这帮顽童震得目瞪口呆之后才正式开讲。结果这堂作文课最后感动了孩子也感动了老师。后来我撰写了教学后记《请首先悲悯我们的孩子》。无论何时，老师首先应该是一个教育者，这是那堂课给我的最大启示。

参加全国精品阅读课展示活动，我曾经力挽狂澜，"抗洪救灾"。才上课不到 5 分钟，会场的投影设备就"瘫痪"了，我的课件无法使用。那是一场一个人的"战争"，我沉着机智地应对让会场上近两千听课老师几乎没有察觉到课堂的险情。课后，一种奇妙的体验充盈在我的心灵：我的教学从此探寻到由必然王国走向自由王国的路向。

应邀到新加坡上课，临进课堂了才知道来上课的班级学生的中文能力比我们预想的还差，我准备的内容根本不适用！于是全部推倒重来，现场备课……

　　作为特级教师代表献课，我曾经遭遇了最大的尴尬。上课上到高潮我情绪激动，竟然在黑板上写了错别字。下课后说课，我又激情洋溢口不择言说了偏激之辞。过后两位老前辈的严厉批评让我无地自容。那次公开课后，我再三告诫自己：任何时候都不可以得意忘形。激情必须要和严谨的思想同行。

　　最让人难忘的是第一次参加全国赛课，那一堂课，深刻地影响了我的教育人生，涤去了我身上的许多坏毛病。

　　那几年，通过一层又一层的令人眩晕的应接不暇的比赛和选拔，我终于从一名乡村女教师成为了重庆市直属重点中学的教师。生活就这样笑语盈盈地把你推上云端，然后又板着面孔给你当头一棒。这次全国赛课，自以为胜券在握的我，在颁奖仪式上，最终听到一等奖的名单里并没有我时，震惊、失望、愤怒、茫然……种种负面的情绪排山倒海般涌上心头，把参赛几天来所收获的五彩斑斓的赞美全都淹没在对周围世界的怀疑中。在现实的残酷面前，从肉体到心灵，我输得一塌糊涂。

　　25岁的我还没有足够的承受失败的心理能力，我陷入了无边的悲哀和痛苦中。正是在这样的锥心之痛中，我经历了更为刻骨的精神涅槃。

　　到今天，失败的痛楚早被厚重的生活调制成了一杯凝神的咖啡，在语文的天地里，我终于理解了生命的奥秘：青春的心态就是深刻地认识自己，经得起苦与乐的煎熬——包括无情地否定自己和坚定地相信自己。

　　不要过于在意来自外在的任何评价。因为，深刻的热爱和执著的追求都和一等奖的奖牌无关！

　　这一堂经历了大起大落的比赛课，成为了我语文教师生涯中的真正意义上的成人仪式。

　　可以说，我所有的教学科研工作，都以语文课为原点展开。语文课就是以这样的特殊的方式锤炼着我的心性，提升着我的智慧，成为我追逐青春、表达生命的重要方式。到今天，从课堂教学到教育科研，我这个乡村女教师，也走出了自己的路。

　　2008年10月，为期一天半的"全国青年名师王君'青春语文'课堂教学研讨会"在南宁举行。南宁市特级教师语文教研员庞荣飞老师给了我热情洋溢的鼓励。在大会发言中他说：

　　　　王君在课堂上敏锐快捷，灵活跳跃，思维密度极大，伴着课时的推进，问题的转换，她不断挑战着学生的智力和潜力，不断挑战着学生的认知极限和价值边际，精彩之时甚至进入一种张力十足的思维交锋、精神对峙状态。她眼界很宽，视野广阔，一以贯之地秉持善良、普世的人文情怀，不断在与文本对话、与学生对话的过程中感知时代，回应现实，联结社会，叩问心灵。在这方面，她有一种特别的颖异，堪称"小女子，大气象"……

我多次赴深圳讲学，宋光清老师在听了我的课和报告之后这样评价：

　　王君老师所到之处，人们都感受到了她青春的灵性与魅力，感受到了教育的美妙和乐趣。她总能激起人们的一种冲动，使人产生一种积极向上的勇气。王君以探索者的睿智建构了自己青春语文的理念。更令人欣喜的是，她以自己的青春活力和灵气，用一堂堂充满激情的创新的真实的语文课实践了自己的理念。王君老师让人清晰地领悟：语文是这样的美，师生完全可以诗意地栖居！王君像一阵春风，吹皱了一池春水，她更点燃了大家的青春之火，激起了人们对教育的无限热忱……

毫不夸张地说，是语文课，把我引领进了生活的大门并且让我感受到了一个平凡女孩儿生命的尊严和快乐。让我越来越明白：一个人的真正价值在于他在多大的层面、多深的程度上能够给他人以积极的影响。

时至今日，我已有足够的自信这样为公开课定位了：它们让你在不知不觉中签署了自己教学生命的一份"质量保证书"。如果你曾经登上过教学艺术的高峰，曾经享受过教学艺术的高峰体验，那么，你的追求就会恒久地定位于高峰。在公开课上，你所成就的，不仅仅是几节"代表作"，而是成就你追求卓越的习惯，这习惯会使你终身孜孜不倦、兴趣盎然地去追求家常课的厚重和精彩，于是，你也就有了成就自己人生的厚重与精彩的更大空间。

对教师而言，人即是课，课即是人，人创造了课，课也完善着人！上课，从优秀的公开课到优秀的家常课，于我自己而言，收获的不仅仅是荣誉，更是素养、学识、经历的磨炼、砥砺及至关重要的积极向上、百折不悔的人生态度。

课堂即人生，得失寸心知啊！

2009 年，经过一番心灵的选择，我决定继续开放自己的人生，去丰富生命的体验。

在手记《远行》一文中，我这样给重庆的学生留言：

> 我想看到更美的不一样的风景，所以，我决定放弃一切，选择远行。我相信，未来仅与想象力有关。只要想象力能够触及的角落，我们的生活就能抵达那种深度……我说过，我们需要最朴素的生活和最遥远的梦想，即使明天天寒地冻，路远马亡。我还说过，昭君不一定样样要比你们强，但是，对于未来的遐想和奋斗，我一定会比你们更为浪漫主义。我们的人生可以不成功，但是我们一定要尽兴！热爱生命，超越自我。孩子们，在这一点上，昭君愿意成为你们的榜样。
> ……

于是，2009 年，在一则网络招聘启事的牵引下，在京城漫天杨花飞舞的美丽季节，我走进了梦幻一般的中国人民大学附属中学，并且幸运地通过了人大附中严格的招聘考试。

但是，浪漫主义的情怀在北方很快就遭遇了冰川。从生活习惯到教育教学思路，我发现自己全面搁浅。在教育手记《在北方的黎明奔跑》中我这样写道：

> 到了北方，最先受到挑战的是生活习惯。
> 这里没有午休。这里的水土特点似乎让太阳跑得特别快。我一直怀疑北方的太阳耍了心眼，南方一天有 24 小时，而北方只有 20 小时。北方似乎没有傍晚，壮丽妖娆的夕阳总是匆匆地露一下脸，然后黑夜就铺天盖地地来了。那个架势好像排山倒海的解放大军，每一天都会打一场必胜的战役。北方的夜晚坚硬而深沉，它控制着你、绑架着你、威胁着你，你只能缴械投降。
> 我就这样被北方的太阳玩弄于股掌之间。白天疲惫不堪，晚上也绝再没有熬夜奋斗的悠闲。生物钟被残酷地破坏，我一整天一整天地昏昏沉沉，不知所措，心神慌乱。
> 我第一次无奈地凝视着北方美得让人炫目的蓝天而忧心忡忡，甚而完全处

于失语状态。

　　这就是北方，阳光灿烂但又寒气逼人，蓝天朗阔而又风声迅疾。

　　环视着周围淡定从容的早已经习惯一切的北方人，我的心中充满了艳羡。我明白了，北方到南方，绝不仅仅是我以前预想的抬腿之间。笑语盈盈的北方太阳背后的威严，不过是前奏，不过是考验的开端。

　　被破坏的岂止是小小的生物钟？我必须重建的，乃是我的整个人生——这绝不是故弄玄虚的夸大。以前说归零说得那样的浪漫和轻巧，事到临头，我终于知道：北方南方虽然只是一步之间，但需要用全部清醒的意识来对待。

　　在北方，学生特点、工作方式、作息习惯、学习途径、管理经验都和南方迥异，我用半生的努力建立起来的行之有效的生活方式，必须臣服于北方太阳的威严。除了改变，你别无出路。

　　这是皇城，这是京都，这里的天高地迥有时候和走投无路是同一个词。茫然、惶恐、失语……这些灰暗的颓废的词语在壮丽的天安门城楼下找不到安身之处。

　　于他人是天经地义的事情往往对于自己却是痛苦的蜕变过程。这种痛苦不可以对人言说，身体和心灵深处的爆炸声，唯有自己能够听清楚。

　　……

　　于是，像"倒时差"一样地倒生物钟，倒思维习惯、倒工作方式……

　　北方的 10 月初的清晨已经有了初冬的寒冷，地平线外朝阳闪闪烁烁，马上就将以排山倒海之势跃出。壮丽的一天又将开始。

　　或者说，壮丽的一天也即将结束。

　　我能否跟得上北方太阳的脚步？

　　心头有诗在回响：

　　　　所有的考验
　　　　所有的考验
　　　　都来吧

让我迎接你们

考验正在继续着。绝望和失望，停滞和前行，重新归零的感觉很痛苦也很畅快。我牢牢地记着余映潮老师的话：

> 每一个人的道路上，命运都有可能安排你像纤夫一样背负着重力在无路可走的地方走一段路，你只能咬牙，艰难地跨出带着呻吟的步子，向前走。
>
> 在无路可走的地方坚持着自己的工作，在非常痛苦的披荆斩棘之中坚持着一步一步地前进并找寻到自己的一条道路，这就是生存的智慧，这就是事业的智慧。

在《青春之语文》宣言中，我呼喊出了我理想中的语文：

> 青春之语文，其本质是提倡通过激活汉语言文字本身的生命力、激活师生语文生活，使语文教学过程保持一种生命如新的青春状态，进而为教师和学生创造和享受幸福的人生奠基。
>
> "青春语文"要让语文课程成为师生共同释放青春活力、完成青春状态体验、实现青春生命价值的过程。"青春语文"的基础是"生存"，特色是"诗意地生存"；核心是"生命"，本质是张扬青春与生命的活力；其价值是"生长"，其追求是"朝气蓬勃"和"可持续发展"。
>
> 青春之语文，反对语文教师心灵老化，身陷琐碎事务，无所作为；呼唤语文教师终生热爱生活，奋发有为，保持专注与创新。
>
> ……

这是语文的宣言，也是生命的宣言。
有失才有得，有得必有失，得失寸心知，得失心坦然。
青春无悔，因为一直在路上，一直在登攀……

三、青春万岁：我的班主任足迹

（一）班主任，曾经是我的"铁饭碗"

中学时代，我是个典型的丑小鸭。成绩一直不理想，理科更是惨不忍睹，高考惨败是自然。然后复读。我从"高四"开始拼命学习。因为再不拼命，我们这样的穷人家的孩子就只有去打工了。我不愿意，因为我从小就对老师这个职业情有独钟。家里穷，当时还负债累累。第二年填报志愿我也只敢填学制两年的大专，只希望早早毕业帮助家里减轻负担。

埋头苦干一年，终于勉强上了重庆当时收分最低的教育学院的录取线。

1992年，我教育学院毕业。

也就是那年，綦江县教委有了新政策：所有专科生必须下乡。

我本来是县城的孩子，但因为这个政策，也就理所当然地被分到了乡下。当时教书的地点在川黔交界处的东溪古镇，高山横亘。小小学校蜷缩在大山的腹部，站在连操场几乎都没有的校园里一眼望出去，除了山，还是山。

但我的心里洋溢着参加工作的快乐。一份稳定的工作意味着一份稳定的工资，意味着生存问题的解决。当年月工资110元，我每个月存"定期"50元，第一年我的存款600元一分不落地交给了父亲还债。我开心极了：我是个能够自己养活自己的人了，我是个对家庭"有用"的人了。

而当我知道做班主任还另有一笔小小津贴的时候，我兴高采烈地接受了学校的"任命"，并且为捧上了一个"铁饭碗"乐不可支。

（二）"四大恶人"与激情燃烧的岁月

做教师是我心仪的工作，所以一走上工作岗位，我便甩开膀子开始大干。

当时的目标很简单：带出优秀班集体，争做优秀班主任。

我的办法也很简单，就一个字：严！

我个子娇小，还长着一张要命的娃娃脸，别人怎么看都说我是中学生。刚毕业时带的班是高中班，那些农村孩子只比我小两三岁，个个人高马大，站在我面前他们像老师，我像学生。所有家长和学生看我的眼神中都含着怀疑。我暗暗憋着一股劲儿：哼！看我如何收拾这帮大家伙！

我的第一次"就职演讲"就把全班孩子"拿下"了。我为班级的发展画蓝图订方针，总之：没有第二，只有第一！一切都要做得最好，事事都要争第一。台上的我指点江山热血澎湃，眩晕地享受着孩子们崇拜的眼神，感觉成功的大门似乎已经在我面前徐徐打开。

我的行动也很有力。

一是接近军事化的班级管理政策。我死"盯"学生，跟班跟到成为了学生的影子。每天早上我很早起床，亲自把学生从被窝里赶起来跟着我到川黔公路上长跑。他们还没有吃完早饭我就又跟到了教室。我班的早自习总是早早开始，书声琅琅，响彻校园。我的语文课不用说了，严抓死管，谁在课堂上做一个小动作我的眼神就能"杀"了他。上其他的课，我也不放心，老在教室外边"巡逻"，在窗外、在门缝里偷看监督。课间操，我像个严厉的监工背着手在队伍里巡视，谁要是动作不规范就厉声呵斥，严重者马上留下来训练。任何年级和学校的例会，我的班必须提前十分钟到。每天下午放学前，班级都要有一次总结会，各个小干部轮番发言，事无巨细，全面汇报，我要把全班同学一天的表现搞得清清楚楚。违反了班规的，不得离班，留下来受罚。那时节，我宿舍的小院子里天天留着少则几个、多则十几个孩子，罚背书、罚站、罚跑步、罚扫清洁……蔚为大观。

那是我做班主任最雷厉风行的几年。我高高在上，严法厉令，说一不二。学生稍有意见，我便和他们辩论，滔滔不绝，舌战群儒，以一抵十。许多反面意见很快就被我"镇压"了下去。我在班上强势地推行我的军事化管理，横刀立马，所向披靡。

我的"以法治班"事事较真在那个年代的农村中学产生了"神奇"的效果。学生们很畏惧我。课前，只要我的高跟鞋一响起，一楼层的孩子便高叫："王老师来了！王老师来了！"瞬间，喧嚣的楼层鸦雀无声。我的班总是秩序井然，包括没有老师的自习课。我虽然面不改色，但内心洋洋得意。

除了日常管理高标准严要求外，学校的各种活动我都非拿第一不可。我带领全班孩子狂热地投身于各种比赛。我好演讲，能煽动，一帮中学生，被我这个小个子老师激励得群情激昂。我的班级，几乎包揽了学校所有比赛的冠军。

"打造铁血团队"还渗透到了班级管理的各个方面。从当班主任第一年开始，我便带领学生坚持长跑。每一届学生报名的时候我就开始做家长和学生的思想工作，为班级长跑定调子造声势。我身先士卒，每天都带领学生跑步，每周还和学生长跑比赛。在乡镇中学，没有操场，就在公路上跑。到了县城，放学前一定要和学生长跑比赛完后才放学。我还领着一帮孩子骑车长途"跑"遍了整个綦江县。到了市区，嫌学校操场不过瘾，开始带领学生"长征"。我们的足迹，遍及了重庆市的各个大街小巷。从开学第一周的每天 300 米开始，到初三结束时的每天 3000 米，我的每一个班级，都是体育异常强大的班级，每一个班都出长跑高手，运动会成绩多次超过高中班获得全校团体总分的第一名。体育传奇成了我的班级的传奇。

这样的管理方式持续了很多年。凭着我的激情和"铁血政策"，班主任工作顺风顺水。我带的每一个班都是镇上、县里、市里、省里的优秀班级。我因此评上了四川省优秀班主任。我带的其中的一个班，还成为了重庆市十个"红岩好班级"之一。

我也因此从乡镇渐渐调进了上一级，更上一级的学校。我踌躇满志，颇有"到中流激水，浪遏飞舟"的豪情快意。

在工作过的一个学校，我还赢得了一个绰号：四大恶人。当时学校有四位教师，对学生极有威慑力。只要他们在，学生无不俯首帖耳乖乖听话。因为这四位教师管理能力超强，学生对他们又恨又爱，故戏称"四大恶人"。

我也在其中，是"四大恶人"之一。

当时，我挺自豪，觉得这个绰号是无上的荣誉。是，能够管住学生，在当时的评价制度下，以当时我的认识水平来看，是班主任最了不起的本事。

我以为，靠着这样的铁血政策，我可以把管理的成功进行到底。

（三）从"四大恶人"到"微笑姐姐"

但是，很快，我就被学生教育了，我开始反省那段"激情燃烧的辉煌岁月"。

有一群孩子逼着我开始反省自己的管理方法。

从农村调到了县城之后，我的心中蓬勃着要赶快建功立业的激情。当年我年纪虽轻个子虽小但却信奉管理的"铁血政策"。对此我不以为耻反以为荣。在县城的中学，很快，我的强硬单一的管理措施便遭遇了来自学生的更为强硬的抵触。我措手不及。在乡村的时候，孩子们非常厚道，他们全盘接受我的强硬，他们的懂事宽容也让我的强硬从来没有真正碰到石头上过。但是，这一回，在一个身份为县城公安局长公子的孩子的怂恿组织下，班级的各种"黑势力"迅速扭结起来"揭竿而起"，我的"政权"岌岌可危。那是一段现在想起来都心有余悸的日子：班级的各种公物莫名其妙地频遭破坏，孩子们的不屑眼神睥睨一切，班委的各种组织日益分崩离析……我终于无法再支撑了。从来都心高气傲绝不服输的我服输了：在一个晚上我泪眼汪汪地向年级主任提出了辞呈。

当然没有被通过。

之后便是痛定思痛的反思和颠覆自我的调整以及咬紧牙关的坚持。我迫不得已开始研究县城的教育环境，分析农村学生和县城学生的思维方式的不同，寻找应对干部家庭子女的措施，全方位地改革自己的管理方法……这场和学生的拉锯战几乎让我心力交瘁，但最后，那帮天不怕地不怕的孩子还是被我收服了。班级管理进入正轨。我终于艰难地挺过了班主任生涯中最黑暗的时期。

后来，我对这场"战争"的评价是：那是一次精神涅槃。孩子们的"起义"，宣告了我的乡村教育管理思维的流产和乡村管理模式的终结。从农村到城市，我付出了惨痛的代价，得到了珍贵的教训。我开始醒悟：靠雷厉风行树立权威人格来工作的班主任，表面上看起来极有力量，事实上还处在班主任的较低境界。做一个"严厉"的班主任，仅仅只是班主任的起点，而不是终点。

而有一群孩子让我重新思考：争取"优秀班集体"真的有那么重要吗？

2009 年，我来到了北京。因为在老家带的每一个班都是当地赫赫有名的优秀集体的缘故，我自信经验丰富底气十足。

但是，在京城，老革命遇到了新问题。

我遭遇了一个很特殊的班级。这个班级呈现出了和我以前带过的任何一个班级都截然不同的学生生态：这个班的孩子很多都像黑柳彻子的名著《窗边的小豆豆》中的小豆豆——他们心智发展集体滞后，对秩序、纪律这些我们在传统的班级管理中习以为常天然要求学生遵循的东西理解不了也暂时做不到。这个班的"淘气"非同小可：孩子们的行为远远偏离规范。我第一次感受到了传统"管理"的无能为力。

我的"铁血政策"遭到了挑战。我向来习惯高标准严要求，雷厉风行，精益求精，力求在有了完美的秩序和优异的学习成绩作保证之后再在各个层面上进行教育创新——这样做在现行的教育背景下可以以最快的速度得到更多的支持。但是，这个班的天才小豆豆对传统路径亮出黄牌：此路不通！

当已经得心应手的教育方法频频受挫，当已经成竹在胸多年的教育目标体系再无法去指导一个集体的成长时，我一度陷入了对自己秉承的传统教育理念的迷失之中。

我意识到，带这样的一个班，如果像以前一样把追求流动红旗，把被评为优秀班集体作为首要目标，那么对这群孩子采用的主要的教育方式就是高压管理。短期效果会是明显的，但是，这样的"管理"会把这个班的个性也"管"掉了，就如我在倒洗澡水的时候，顺便也把孩子倒掉了——而孩子们身上的热情天真甚至冲动莽撞，对于生命而言，都是多么珍贵的东西啊！从长远来看，能够保持这些品性的孩子，如果能够得到智慧的引领，如果我们有耐心不急功近利把孩子塑造成为谋取现实利益的工具，那么，这样的教育，会不会更贴近人性和个性的成长呢。

在经历了痛苦的思索和选择之后，我决定避开传统班级教育的近期目标，转换教育重心：回归教育原点，摒弃急功近利，循孩子天性而为，先做好小豆豆们极强极散漫尖锐个性的"消炎"和"调理"工作，再寻找最佳的教育生长点。

于是，对"优秀班集体"这个耳熟能详的词语，我进行了重新解读：秩序井然、中规中矩的集体是好的。但是，也许还有另外的一种优秀集体：他们豪放热忱、天真冲动、激情洋溢。他们在传统的常规评比中可能暂时不能取得好的分数，因为他们过于天然和蓬勃的生命力不仅暂时没有标准化测试的途径，甚至从表面上看还对传统标准有着破坏力。但换一个角度思考，破坏力可能就是未来的创造力和生长力。只要遵循规律，导引得法，挺过瓶颈期，这样的集体完全可能树立新的"优秀模式"。

我不再焦虑：不再为没有取得流动红旗而耿耿于怀，不再为在某种比赛中没有实力取得好成绩而失落痛心。我沉下心来欣赏孩子们的"闹"并且冷静理性地分析这"闹"中潜藏的财富，以此寻找教育契机，创新教育活动，耐心十足地陪伴我的"小豆豆们"慢慢成长。我的班级建设，进入了从容淡定的状态。我告诫自己：对这样的一群孩子，欣赏他们的淘气就是欣赏他们的成长。不要着急着用太多的规矩去束缚他们去强行改造他们。点拨、等待、再点拨、再等待……绝不拔苗助长，坚信教育是缓慢的事业，绝不能因为高压管理而管掉了孩子的天真天性。要相信孩子们，在如水般自然的引导下，他们会慢慢地接受人类共同遵循的那些合情合理的"规矩"——那不是我们强加给他们的，而是他们自己从内心真正接受的。

经历了这样的反思和转折后，我发现自己最大的收获乃是拥有了淡定的教育心态。不再为了获得传统意义上的"优秀"而致力于"管"，而是心平气和地着力于孩子性格和心性的调养；从教育的源头出发，真正关注教育本身，摒弃功利追求，视学生的点滴成长为教育的珍贵财富。这一段经历让我对一些以前经常宣讲但其实并没有真正领会的教育常识有了比较深刻的理解。比如：

习惯学生的互不相同，真正的教育才会出现。

制度可以管出规范和高效，但是管不出智慧和幸福。

"管"是管不出积极性主动性创造性的。气氛还要更加宽松和开明，才有利于实施培养和影响。

多一把衡量孩子的尺子，就多一批好学生。

教育是慢的艺术。

秩序永远不是第一位的。

从积极心理学的角度来看，淘气就是有活力，基础差就是有潜力。

……

这一次教育经历，意味着我对以前以追求优秀班级为底座的教育目标体系的全面否定。从西部到首都，我的最大收获在于有勇气直面教育的终极追求，把对人的发展真正写在教育的旗帜上并落实在教育的细节中。我从以前无知觉的教育功利主义者开始转身成为一名教育的人道主义者。

在我持续的反思过程中，有一个小女孩儿，对我的教育，产生了重要影响。直到今天，还有一个声音似乎回荡在我的耳边："你会爱吗？"

那是一年的中考前夕，我在教室里批改学生的随笔本。我翻到了女孩儿楠的本子。在楠的随笔里，有一块用透明胶精心封闭保护着的小纸条。那纸条上是我的一句红笔批语——两年前留在楠的随笔本上的一句批语：

你的声音很好听，老师很喜欢。

楠在随笔中说："这是初一时一次演讲比赛之后王老师给我的一句评语。虽然我演讲的内容已经记不清了，但是我依旧记得老师给我的巨大鼓励。我非常喜欢王老师简洁而漂亮的点评。想起初一，我依旧热血澎湃。不管这是多么小的一句点评，可是我觉得很满足。谢谢王老师！"

读着楠的这则随笔，我的眼泪夺眶而出。

其实，写下这么一句评语，我只是习惯使然。对任何一个孩子，我都会写。这样的表扬鼓励，对于我而言，是非常廉价的。在我写的时候，谈不上用心，更没有用情。

可是，这个女孩子，却把它宝贝般珍藏了三年。并且在就要毕业的前夕小心裁剪下来用透明胶贴在新的随笔本上，用这样的方式表达她的感恩。楠是班上的一位农民工留守子女，几乎是班上成绩最差的孩子。平时我也关心她，但那种关心我自己知道，只是职业的惯性，就如在她的随笔本上写下的这句评语一样心不在焉。诚实地说，我从来没有想过要真正走进这个女孩儿的内心。她太平凡了，无论在哪个方面。她总是躲在角落里，连说话都小小声声。她不仅不能为班上挣得任何荣誉，还会影响各科的平均分。我不曾歧视过她，但也绝没有重视过她。在我的眼里，她属于班上的边缘人物，可有可无。

她的这篇随笔，忽然就把我唤醒了。我羞愧得无地自容。我突然意识到：我的教育里边好像差着什么东西。做班主任似乎一直很成功的我，到底是为什么在做教育？楠的感恩的心，让我觉察到了自己的坚硬和冷漠，还有自私！

那一刻，我忽然明白：我应该重新学习爱，学习尊重。我必须完全打倒自己——师爱没有经历提纯和升华的班主任都应该回到起跑线上去。

……

孩子们就这样引导着我，改变着我。

到今天，我的带班风格已经发生了巨大的变化，当年的"四大恶人"已经成为了孩子们心中"永远微笑的姐姐"。经历了漫长的班主任生涯，我渐渐懂得了人大附中刘彭芝校长的话：爱是教育的最高境界，爱是自然流露的奉献。尊重，是教育的真谛，尊重，是创造的源泉。

现在的我带班，还是严格，但是已经不再"严厉"；还是珍惜荣誉，但是已经不再把荣誉当做班级的第一追求；还是要求学生积极锻炼身体，但是已经能够关注更多的孩子的爱好需求，而不把长跑作为唯一的项目；还是和学生打成一片，但是更能从内心深处关爱弱势孩子并且把教育教学研究的重心放在他们身上；还是能够让班级井井有条，但是已经不靠"控制"而靠"调控"了……我学会了等待，学会了改变，学会了在"法"与"情"之间找到更好的平衡点，学会了因材施教……我从一个为班主任工作"拼命"的人变为了创造班主任工作和享受班主任工作的人。这项职业让我感受到了无穷的生命乐趣并且把这种乐趣传递给了学生。

我最近带毕业的班级的学生和家长们这样评价我：

> 爱与温暖是我初中时代的代名词。我感谢昭君并且深爱她，感谢那段成长。它让我相遇了这世上最美好的情感、最善良的人类，让我一生都会对人性始终抱有希望和执着；它让我的人生注定了是一场对美与真理的冒险和迸发；它塑造了我的求知欲，让我对事物充满好奇心，对知识抱有比对情人更大的热情。
>
> ——12班学生 余秋帆（现留学新加坡）
>
> 三年初中生活的高峰体验让我在背负重压时依旧坚信，生命的终极价值和灵魂的高迈追求一定要超越现实之囹圄，超越时代之域限，而去探问世界的至真至美。这种高蹈的人生定位和追求也许正是12班深深烙在我身上的青春之精神——纵然粉身碎骨，依旧不改自我追求和自我实现的赤子情怀。12班以丰博的阅读感悟和深透的切身体验告诉我，执着无畏的浪漫应是终其一生应有的态度和追求。
>
> ——12班学生 冉雪立（现就读于南京大学文学院）
>
> 昭君的12班，那些我们肆无忌惮挥洒青春的日子，严肃思考走向纵深的日子，不断发现美好、创造美好的日子……充满了正能量的丰盈时光熠熠发光。12班的背后是崇高的人文理想，是沸腾的生命信念，是人与人之间的挚爱真情。昭君的教育创造了奇迹。
>
> ——12班学生 杨华燕妮（现就读于清华大学）
>
> 谢谢昭君老师对孩子们坚持不懈地全面培养——无论是知识、品德、才艺的培养，还是身体素质、意志力的培养。孩子们在这三年中，不仅得到了知识的提高，还得到了更为丰富的爱的熏陶：爱集体、爱老师、爱长辈、爱亲人、爱同学、爱他人……这使得孩子们为了维护集体利益、为了帮助他人而表现出极大的热情。我为孩子们能够生活在这样一个崇高的大家庭中而感到欣慰。
>
> ——12班学生 曾雪羽母亲

透过这些评价，遥望着当年"四大恶人"之一的自己的年轻的背影，我感慨万千。

感谢班主任这个职业，虽然我依旧平凡，没有能够成为白天鹅，但是这个职业让我渐渐修炼了一颗好的心。在不断地学做班主任中，我收获了成长。

公开课

（四）遇见真正的孩子——我与"差生"

当班主任最扣人心弦的，是遇到了更加复杂的学生。在《遇见真正的孩子——我与"差生"》中，我这样记录：

走的学校多了，更加明白一个道理：好学生根本不是你教出来的。与其说是孩子们幸运地遇到了你，还不如说，是你幸运地遇到了他们。"优生"群体几乎具有同样的特点：天资聪颖，学习欲望非常高，求知欲望异常强烈。课堂上这样的孩子"不调而动"，课下这样的孩子"不管自强"。我现在甚至觉得，"优生"是上帝对人类的抚慰，甚至和家庭教育也关系不大。他们的基因太优秀，他们是天赐才华，天之骄子。

教优秀学生，教师最大的作为就是不作为：不要去破坏他们的天赋，给他们创造最好的条件，营造最好的氛围。提供最好的后援就是善莫大焉。

教好学生，不过一个秘诀：成全！

这些优秀孩子，不算真正的孩子——他们的智慧、成熟度甚至超过我们，起码超过当年的我们吧。这些孩子，哪个老师来教，只要不是太蠢，他们都能成才。这些孩子，是长着娃娃脸的小大人。

教师真正的价值，不是面对这些优秀孩子，而是面对不优秀的，不太优秀的，或者说很糟糕的孩子。

因为这些孩子，乃是"真正"的孩子，是真正需要教育的孩子。

就像我现在教着的孩子：

课前三分钟，你站在讲台上，循循善诱地，一字一顿地把要求提了三遍。你温柔地说：

"孩子们，书桌上只放你的语文书、随记本，还有一支黑笔、一支红笔。其他的东西都请收拾进你的桌斗。"

你怕孩子们不理解，又慢慢地抑扬顿挫地重复一遍。而且，你特别强调了"只"。

结果，三分钟后，你还是发现，孩子们的桌子上，堆满了笔袋、水杯等其他杂物。你的要求，进不了"真正的孩子"的耳朵。

上课的时候，你想创设一个情景，让孩子们做一个小练笔。你兴致勃勃地说：

"听好了，孩子们，假如，孩子们，假如，年级要给每一个班发五个篮球……"

你还没有说完，这群孩子就炸了！

"老师，在哪里发？我去领！"

"老师，我们班要彩色的那种！"

"老师，不准他去，我去！"

"老师，不能让男生把球全抢去了！"

课堂大乱，我目瞪口呆，真想踹那拨孩子一人一脚。

这就是真正的孩子，他们无法理解你的语境。

第一节课要默写。为了让孩子们少错，我把整理出来的最容易错的十个字规规矩矩地、放大、一笔一画用正楷写在黑板上，然后强调再强调。

结果呢，一默写，五分之四的孩子还是错得一塌糊涂。对着他们的默写本，我哭笑不得。

这就是真正的孩子。他们的观察能力吸收能力非常差，你讲十遍，不如给优秀孩子讲一遍。

期中后，我请孩子们给我的教学提建议。大部分孩子说：

"老师，你厉害一点儿吧，你太温柔了。你对我们太好了，我们就不想学习。你得凶恶一些，必须得逼我们。"

我无语。为了这温柔，我修炼了二十年。可是，这帮孩子是小奴隶，他们不要淑女，他们要泼妇。没有鞭子举着，大刀横在脖子上威胁着，他们就没有学习的动力。

……

他们确实是真正的孩子，你板书完转过身来，会常常见到奇异的景象：比如某一个孩子，正把毛衣的袖子套在头上，张牙舞爪做打劫状来自娱自乐……以前教优秀孩子准备的内容，他们只能吸收五分之一不到。许多简单得不能再简单的提问，课堂上也常常沉默着僵持着，你的教学很难推进。知识背景的缺乏让他们极不容易感动，但周围只要有风吹草动立马就炸了锅，教学主题被彻底破坏。一个班有不少孩子只有小学二三年级的水平，写作文只能写五六十个字，不仅语义不通，还到处是奇形怪状错误百出的拼音。

我现在就教着这样的孩子。他们彻底颠覆了我对学生的认识。我惭愧，我汗颜，我无地自容：你只有在这种状态下，你会才会彻底反思自己以前的那些充满着奇思妙想伟大创意的课堂教学和班级管理，还有那些足可以惊天地泣鬼神的课外活动创意——那都是献给优秀学生的盛宴。或者说，都是你和优秀学生一起表演的华丽的课堂剧。是很美，是很炫，但是，对真正的孩子不适用。

优生群体的世界"高贵而从容"。而"差生"呢，他们"衣衫褴褛面黄肌瘦"，走路都摇摇欲坠，遑论跑、跳、飞？他们是挣扎在贫困线上甚至贫困线下的孩子，是真正需要帮助的孩子。

这几年，我就面对着这样的孩子。今年，情况更严峻。

你怎么办？或者说，你用什么样的心态去面对这些孩子，接纳这些孩子？

我呢？说真心话，我感到的是兴奋。

期中考下来，成绩不太理想。我自忖自己没有偷懒，为什么效果不如以前？不用分析——我的教学定位错了，我的学情分析出现了误差。用以前的老办法，想把现在这拨孩子教好，行不通了！

学生的基础和能力向我的教学亮了黄牌。

我开始激动。有点儿像里尔克的那首诗：我认出风暴激动而如大海……

是的，我发现了转机。或者说，是我的后半辈子的教学研究，有了新的契机。

毫无疑问，我的前二十年的教育教学，是卓有成效的，是硕果累累的。但是，有缺陷！

我的学生一直都比较好。哪怕是当年在农村教书时，教的都是乡里最好的学生。在"重点中学"待得久了，会麻木，会自负，会忘记这个世界真正的样子。

于是，我的课堂和教学管理从总体上来看是华丽厚重的，是激情飞扬的，是具有绝对的浪漫气质的。前二十年写的文章，基本上都是建立在好学生的基础上的。那些孩子，甚至比我还强。他们中的大多数，真的不是我教出来的。而且可以这样说：是他们的优秀成就了我。

我以为课堂教学应该是四个层次：教知识、教能力、教智慧、教情怀。我从来引以为荣，因为我总认为自己一直是在较高的层次上的——是！我的学生几乎可以自己处理"知识和能力"的问题，于是，我的课，具有鲜明的"智慧"和"情怀"的特征，以至于许多人都说是试听的盛宴，但是，无法学。

你只有遇见真正的学生，你才会醍醐灌顶："发展中国家"的孩子，字都不会写，如果没有扎扎实实的"教知识"和"教能力"的铺垫，"智慧和情怀"不过是水中月、镜中花。

于是我想起了余映潮老师的教学，想起了人文性和工具性之争。其实，只要你到最基层的学校待一阵，给那些真正的孩子上上课，你就会知道，如果不重视工具性，人文性只会是无本之木无皮之毛。余老师的课堂研究之所以让一线教师着迷，其原因就在于他的"草根"研究是为了"草根"学生的真正发展。

特级教师和顶尖的优秀教师多出在重点中学。他们自产自销，这形成了一个可怕的怪圈：优生助产优师，优师又为优生服务。各级平台上掌握话语权的又都是"优师"。"草根"学校的"草根"学生的成长，其实，少人问津。"草根班级"的管理，更是缺少研究。

　　我感谢老天，把我放在了现在的这所"普通中学"，让我得以接触真正的孩子。我想，这是上天对一位有所追求的教师的成全。

　　……

工作的第一个学校——重庆市綦江县东溪中学

（五）写作让我走上教学科研之路

　　如果说当年成为教师，成为班主任解决的是我的生存问题的话，现在，这份职业，则是帮助我成为一个完整的、幸福的人。

　　因为做班主任，我渐渐获得了一些非常重要的修养：勤勉，宽厚、诚信、热情、执着……特别重要的是促使我成为了一个勤于反思的人。

　　我反思的重要手段之一是写作。

到今天，我写教育博客已经十多年了。

最初的写，完全是情不自禁心之所至。这份职业太让人沉醉，"沉醉不知归路"——你的周围永远围着天使一般的孩子，不管他们是乖巧、淘气、捣乱，还是成熟，他们每时每刻都在诞生故事。于是你的生活像万花筒一般丰富和精彩。终于有一天，你发现，你如果不把他们记录下来，那简直就是暴殄天物！十年前，就像有一股神秘的力量推动着我一样，我出发了，开始写了。最初的记录没有任何的功利，就是兴致勃勃地为每一个孩子画像，就是心醉神迷地要用文字留住每一个难忘的瞬间。就像我在第一本班主任专著《教育与幸福生活》的序言中所说：

> 我敢自豪地说，对这三年班级生活的记述，是无功利的，是不仅仅靠毅力而更靠兴趣和热情来坚持的。我为孩子们留下的这百多万字，每一个字都不是靠行政命令憋出来的、压出来的，而仅仅是因为这三年的生机盎然的班级生活不断地温暖着我，震撼着我，魅惑着我。这些文字，都是"好雨知时节，当春乃发生"，连我自己也不知道是从什么时候开始，它们居然也已经成乱花渐欲迷人眼之势了……

从自己的网站"写吧"到"教育在线"，再到"新浪"（青春之语文，王君教育博客 http：//blog. sina. com. cn/u/2041562123），再到微信公众号"语文湿地""王君的青春语文"，通过写作，我认识了大批的教育同行，和无数"尺码相同的人"成了朋友。写着写着，情感更加纯粹，思考渐趋深刻，我慢慢从一个无知无觉的记录者成为了一个有着清醒的探索精神的研究型教师。

到今天，我已经发表了几百篇文章，出版了 14 部专著。班主任工作也促进了我的语文教学，不到 35 岁，我就幸运地被评为了中学语文特级教师。我的语文教学报告和班主任报告也深受全国各地老师们的欢迎。应该说，现在获得的许多荣誉都是当初根本没有想到的。这些快乐和幸福，是教师工作赐予我的，是班主任工作赐予我的。

我深深感恩并且更加珍惜！

余映潮老师和李镇西老师在为我的专著作序时曾经这样写道：

作为年轻的中学教师，在教学研究的入门处如果能有一段相当长的时间用于积累资料提炼经验，可能于一生的教学研究都有好处。那种笔墨写的文字固然能够长久地保存，然而更重要的是那种刻骨铭心的咬牙坚持的历练，是那种板凳要坐十年冷的精神与行为的体会，是那种在教学研究中朝迎彩霞夜送星星日有收获的幸福与愉悦。

——选自拙著《青春之语文》余映潮序言

我同意王君老师的观点：教育的幸福，首先体现于教育细节的幸福。这些细节可能是是教师和学生之间的眼神、微笑、泪水、叮咛、抚慰……它们也许不一定能够直接带来班级流动红旗，带来很高的升学率，带来领导的表扬进而获得显赫的荣誉，但无数幸福的细节便构成了校园生活全部的美丽和教育生命的所有魅力。

……我们把自己的生命从容不迫地融进了课堂，更融进学生的生命，学生的生命因此而获得生长的力量，我们的生命因此而永远青春勃发。

——选自拙著《教育与幸福生活》李镇西序言

我将永远带着余映潮老师和李镇西老师的鼓励点拨前行，永远学习做教师，一辈子学习做班主任。

北京深秋

青春求索
——我的教育思想

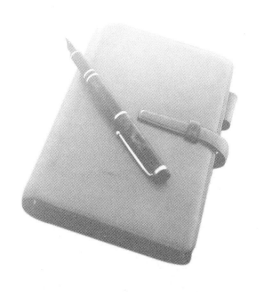

一、孕育诞生

（一）命名原因

我的语文追求，或者说，我的语文愿景，我称她为"青春之语文"。

这样的命名（包括其他师长朋友们的"诗意语文""绿色语文""生命语文"等）曾经和正在遭到一些质疑。我有过回应，在《语文教学通讯》初中刊 2013 年第 6 期上。后来这篇文章被人大复印资料《中学语文教与学》全文转载。

为什么要有这样的命名呢？

首先，从来没有"抽象"的语文。

你看这个"语"字，左边是言，右边是什么？是"吾"。语文天生就是"我"说"我"自己的话。

我以为，理想化的教育乃是个性化的教师培养出个性化的学生的过程。在所有的学科中，语文学科的个性化更为突出。语文教学具体到课堂上，必然要由个性化的教师来演绎。而个性化的教师，必然催生个性化的语文教学。罗素说，参差多态乃幸福之源。丰富多彩的语文教学风格的形成是语文教学健康发展的标志，是教师专业化发展的里程碑。

一些老师拿黄厚江老师曾说过的"语文就是语文"这句话来驳斥诸多"语文"。我以为，要一分为二地客观分析。黄老师的这句话是在具体的语境下针对当前语文教学中出现的一些浮华混乱现象的纠偏，是一种带着主观感情的批评。它本身，不是一个准确的判断。这就好像我们说"人就是人"，这样的语句带有强烈的感情色彩，但没有理性的界定，不能拿它作为价值衡量的标准。所以，黄老师才会一边说"语文就是语文"，一边把自己的语文追求定义为"本色语文"。

有老师质问我们：既然有本色语文，就应该有诗意语文，既然有精致语文，就应该有自然语文……还有人问：教说明文，会不会有诗意语文？教诗歌，会不会有本色语文？教中学生，会不会有少年语文……

事实上，"本色""青春""诗意""绿色"等词在我们的语境中都不是名词，而是形容词。对这些词语，我们有自己的诠释。

比如青春之语文。这里的"青春"和年龄没有什么关系。它只是一种状态：课堂的、生命的、生活的状态。做教师，做一个人，永葆激情，永葆青春的梦想，永远拥有青春的活力和动力，我想，这是我们活着的全部意义和魅力。我自己早期曾经把"青春语文"的追求归纳为四句话：文本，有青春如新的解读；课堂，有青春灵动的设计；师生，有青春勃发的状态；生活，有青春如诗的旋律。这就是我赋予"青春语文"的含义。

就算按照有人把"青春"理解为名词的奇怪思路，我也可以明确答复："少年语文"非常需要！不仅是"少年语文"，就连"幼儿语文""童年语文""中年语文"都有研究的价值。我们事实上不可能用教中学语文的办法来教小学语文，一个优秀的大学中文系教授不一定能够成为优秀的中学语文教师。鲁迅教语文和朱自清教语文肯定是两个味儿。语文教学作为一门科学，跟其他科学一样，其内部的分类越细致，就越标志着这门学科的成熟。如何划分？角度很多，可以是年龄段，可以是学段，可以是城乡差别，可以是教师个性，可以是学生素质……如果非要"大锅饭"一锅煮，萝卜青菜大炖菜，语文研究只会陷于眉毛胡子一把抓的混乱状态。

大家完全不必担忧"各种语文""笔走偏锋，各执一隅，如同盲人摸象，给自己造了一个壳，背负着一个沉重的负担，像蜗牛一样"。语文的事业博大精深，如汪洋大海，如浩渺苍天。吾生也有涯，而知也无涯。我们再怎么努力，可能也只能是触到语文之一隅。这"一隅"已是宝贵，已是不易。要求全，求完美，才真正不过是"痴人说梦"。

提出"青春语文"的时候，我才 25 岁，还只是一个毫无影响力的普通年轻教师而已。对自己的教学做如此的提炼和概括，完全来源于一种直觉——对自己个性特色的直觉，对自己教学风格的直觉，对理想中的语文教学境界或者说对理想中的语文教学生命状态的一种直觉。那段时间，我觉得自己的内心有一种东西在涌动，有一种激情在喷薄，于是在一次偶然的教学手记的写作中，"青春语文"这几个字就那么顺理成章地涌出来了。对我而言，它是在我自己的教学田野中自自然然生长出来的一棵树，开出来的一株花，既非呕心沥血，更无处心积虑。

我喜欢"青春"这个词语。它和我的性格底色很吻合，而且简直就是我灵魂的特质。你怎么活，你就怎么教。你活得青春灿烂，你就教得青春灿烂。你活得老气横秋，你可能也就教得老气横秋。生命的状态就是你的课堂的状态。有白发苍苍的"青年"，也有年纪轻轻的"老人"。决定你"青春不青春"的，不是你的年龄。

语文教学更是这样。课堂的迟暮衰朽已经让长期身处一线的我们自己都忍无可忍了。追求"青春"的课堂也许是我们自我救赎的路径之一。

总之，我的"青春语文"，事实上向"内"的，是面向灵魂的。它是我对自己的鞭策。后来写的文章多了，上的课多了，老师朋友们也渐渐认可了我和这四个字的联系。这也是年轻的时候根本没有想到的。每一个人都有自己的一面镜子。这面镜子就是汉语中的某一个词汇。我们在互相寻找。有的人比较幸运，早早就找到了。有的人晚点儿找到。有的人可能一辈子都找不到。找到总比找不到好。这个词语，其实是对自己的一种定位。人生苦短，没有太多时间左顾右盼。完成自己的方式就是把这个词语放大，再放大，大到让这个词语跟你的身体灵魂完全契合融为一体。到这个时候，也许你就不必再问"我从哪里来，又要到哪里去"等诸多问题了。你要成为什么样的自己，你要教什么风格的语文，你很清楚。这"清楚"乃是生命中的大幸运，教育中的大幸运。

就我的素养和基本功，我根本无力建什么流派，或者振臂一呼应者云集，等等。"青春语文"是我自己的责任田，也是我的精神后花园。我在里边栽花种草，慢慢地享受生活，享受语文，慢慢地完成我自己。我安静得很，笃定得很，我没有想过要"竖立一面大旗，聚集一支研究队伍，吸引人们的眼球"。我没有那个能耐，也没有那个兴趣。

至于慢慢地有了一些共鸣者和同行者，我以为，这只是证明保持青春的生命状态，追求青春的课堂风格契合了部分语文人的灵魂追求。他们拥护的不是我，而是拥护一种生命状态。

至于别人也碰巧提出了这样那样的"语文"，我非常理解，深知其中甘苦冷暖。而其中有部分师长朋友，因为研究精深，理论建构完备，还真能"聚集了一支研究队伍"。我不觉得这是为了"吸引人们的眼球"。这是一种责任和担当。这是以身许语文，是大气魄和大奉献。

总之，我以为，无论如何，能够找到一个词语来为自己的生活重新命名，为自己的语文教育重新命名，这是需要思考力和行动力的。

有思考比不思考好。有提炼比不提炼好。有行动比没行动好。有探索比没探索好。

我觉得部分朋友根本不需要忧心。全国语文老师该有上百万人吧。这么庞大的人群，才有不到十个这样那样的"语文"，我觉得不是太多，而是太少。如果有更多人对自己的个性特质有清楚的自觉，对自己的教学有清晰的定位，这绝对不是坏事。

我们是草根教师，身体柔弱，手无寸铁。因为还有点儿书生意气，所以愿意在语文这方实在还算贫瘠的田园里躬耕垄亩。扰不了乾坤，乱不了世界，更不会"祸语殃文"，大家自当放心欢喜才是。

我们这个国度从来主动习惯或者被动习惯于各种各样形式的专制，警惕个人发出属于自己的声音。这声音哪怕微弱得很，渺小得很，也要急匆匆赶快镇压。我不觉得这是好现象。

想起梁漱溟的那句话：中国文化的最大特点就是个人永远不会被发现。

每一个人都是绝无仅有的那一"个"，都应该有自己的名字，每一个人的语文也应该有自己的名字。哪怕这个名字默默无闻，但在自己的心中是应该明明白白的。

有了这个"名"，你就会去充实这个"实"，有"名"又有"实"，你的教学风格就形成了，你的生命的风格也就形成了。至于有多少人认可，我觉得这不重要。大浪淘沙，语文的历史自有公论。

我们不必追求青史留名。但不留名，我们也必须活得有名有姓。

有多少完整独立的个体，就有多少"语文"。

（二）发展渊源

我是在重庆市著名特级教师黎见明先生的"导读"理论和文兰森先生的"导创"理论的指导下成长起来的青年教师。

20世纪70年代，因为片面追求高考升学率，在语文学科内形成了"满堂灌""满堂练"的教学形式。针对这种落后的、封闭的、单向的、陈旧的语文教学模式，黎见明先生提出了"导读"的新理念，力图使教师从"灌输型"转变为"引导型"，使学生从被动接受转变为积极思维的主动吸收。导读反对以题海战术对付学生，而主张老师在传授知识的时候，注重引导学生抓规律，使之举一反三，触类旁通。总之，导读一反传统的封闭式教育，而主张现代的开放式教育，以与日益丰富多彩的现代生活接轨。导读的具体内容包括七条原则：一是培养超常力，即培养学生的发散思维能力；二是培养进取心，即培养创造的品质，培养学生创造的个性；三是培养想象力；四是培养综合力；五是培养选择力；六是培养批判力；七是培养敏捷力。概言之，导读的原则就是"要努力培养学生敢于创新的超常力、勇于探索的进取力、富于联想的想象力、善于概括演绎的综合力、巧于鉴别的选择力、长于评价的批判力和锐于发现的敏捷力"。

20世纪90年代以来，整个社会教育环境较之于七八十年代，已经有了很大的变化。学生思想随社会进步驱于活跃但是又同时受传统教法的束缚的矛盾愈发尖锐。针对学生的负担越来越重、书越读越死的现状，文兰森先生潜心研究导读理论，并以此为指导，躬行实践，在导读的基础上提出了"导创"的教学理论，更深刻地揭示了当前语文教学的本质。

导创教学的核心是强调"教育者必须是创造者"，教师要培养自己的创造素质和创造精神，引导学生在语文实践中创造性地学习和思考。导创教学的基本任务是诱导学生在五彩缤纷的语文环境中，练就扎实的语文基本功，练就勇于探索的创新精神，培养适应21世纪需要的社会主义创造型人才。导创教学立足于"导"，提倡三个"导出"。一是导出潜能：引导学生在语文实践中发挥自己的创造潜能。二是导出规律：要让学生走"大语文"的学习之路，兴开放式学习之风，要让学生学习一点收集、浓缩、储存、加工信息的方法，让学生在语文实践中精读几本"要紧书"、一些好文章，并经常写读书笔记。三是导出乐趣：引导学生在课内外活动中喜欢语文、乐学语文，真正把语文教学搞活。文兰森先生还提出了自主实践教学法、发现问题教学法、信息辐射法、个性诱导教学法、思维创新教学法等切实可行的导读教法。

总的来说，要立足于"导"、有利于"创"、关键在"活"、落实在"能"。这就是导创教学的基本精神。

导读和导创的理论对我的教学实践产生了重要的指导作用。

从2001年开始，我连续两轮参加了由重庆市著名特级教师龚春燕先生领衔主持的联合国教科文组织的立项课题试验"创新学习"并且担任主研。"创新学习"的课题实验在国内外产生了巨大影响，也赋予了我教学科研的新的活力。"创新学习"和"导创教学"有许多共通之处，在它们的合力下，我有了更加清晰的理论支撑和更加强大的实践指导，我的教学科研插上了飞翔的翅膀。

从"导读"到"导创"再到"创新"，站在前辈们的肩膀上，我的教育教学有了长足的进步。但那些年，我主要还是沉迷于一招一式的语文教法研讨中，醉心于一时一地的德育活动设计上。上好一堂一堂公开课，搞出一个又一个惊世骇俗的活动，带出一个一个超一流的好班就是我的全部追求。在不断的攀登中，我几乎一直处在教育教学的高潮状态。这种状态，让我在很多方面收获了超越语文教学本身的思考。

第一个方面，我的生命激情教育激情让很多同行羡慕。随着全国讲学越来越多，我和老师们的交流也越来越频繁。我发现了一个非常奇怪的现象：一线老师职业倦怠特别严重，而语文老师的倦怠更是超越其他学科的老师。每次讲学后，几乎总有老师抱着我默默流泪，甚至号啕大哭。他们掏心掏肺地向我倾诉作为一名老师的困惑，他们遭遇到的各种问题已经远远不是语文学科技术方面的问题，而是心灵的问题、语文价值观的问题和生命价值观的问题。

那些年，我尚年轻，精力充沛，为了帮助老师们走出精神困境，我不知和多少老师深聊过，不知回过多少封具名或者不具名的求援信。我越来越感觉到，钻研教材也好，课堂设计也好，论文写作也好，如果不是把老师们引向快乐和幸福，而是把老师们逼到痛苦抑郁，甚至绝望的状态，那这样的研究就不是研究，而是摧残。如果我们的老师们不借由语文教师这个职业而成长得更丰富、更喜悦、更从容的话，那么这份职业，也就失去了它应有的价值。

老师们普遍的彷徨和痛苦促我思考：语文作为一门学科，可不可以自带疗愈的功效。语文教学，有没有可能和心理学结合起来形成一门更独具特色的学科。最伟大的"导"和最伟大的"创"难道不应该是把人的心灵导向幸福，把人的生命"创"成超越他自己期待的传奇吗？

第二个方面，因为卓有成效的班主任工作，我把语文教学和班级管理水乳交融地结合在了一起，建设出了一个又一个出色的班级。做教师最大的幸福，就是看到从你的课堂上，从你的教室里走出来的学生，一个个青春阳光，跟你一样充满激情，充满力量。甚至若干年后，孩子们都毕业了，他们的精神，还在这个班级流连，还继续从这个已经消失、但又永远不会消失的班级里汲取能量。

这些班级故事，我写在了《教育与幸福生活》《班主任：青春万岁——王君带班之道》《一路修行做班主任》等书中。

但那些太阳照不到的地方，更促我思考。

我和我先生都是教师。二十多年来，我们的高中同学，我们的已经毕业了的学生，我们的正在共事的同事，先后有八个，以各种可怕的方式提前结束了自己的生命，离开了这个世界。这些晴天霹雳般的噩耗总是猝然降临到我和先生的生活中，让我们捶胸顿足，肝胆俱裂。

是，这些离开，似乎都跟我们没有直接联系。但是，却同样让我们的心灵不能安宁。我们问自己：我的教育，我们的教育，整个社会的教育，是不是哪一个环节没有做好，是不是哪一份关怀没有及时送达？作为一名曾经"路过"这些生命的人，是不是应该反思自我，反思我们共同拥有的课堂，反思我们共同在经营的教育。

教书，如果不把"人"教得更加热爱生活，珍视生命，那这份职业，还有什么尊严可言？

第三个方面，是来自于我自身的。当小小的荣誉积累到一定程度，我开始淡漠，开始厌倦。赛课，已经赛成了得奖专业户；写文章，已经发表论文无数……当眼前都是看得见的职业前景时，未来，不再具有吸引力。我问自己：你将继续走向何方？

我当时思考得还并不太清楚。但灵魂深处，已有呼唤在响起。第一，要超越自己！我必须离开我的舒适区，去一个更具挑战力的环境，重新激发自己的职业激情。第二，超越语文！我必须要靠自己的力量，赋予语文新的内涵。王君的语文，是能持续激发自我的生命能量和激发我的学生、我的朋友们的生命能量的语文。

语文教学的改革创新，绝不仅仅是教学方法层面上的改革创新，而首先更应该表达出一种高昂进取的生活态度，展现出一种诗意蓬勃的生存状态，折射出一种单纯却丰富的生命抉择。

只有当好的教法和好的活法天人合一的时候，我们，才会真正拥有职业的力量和职业的尊严。

就是在这样的思考下，"青春语文"萌芽了。

二、基本内涵

所谓青春之语文，其本质就是提倡通过灵性阅读、生命写作、激情生活三条路径使语文教学过程保持青春状态，进而为教师和学生创造、保持、享受整个人生的青春状态（即幸福人生）作准备。

青春语文有我追求的三级目标。

首先，青春语文还是语文，国家教育部制定的语文课程标准所规定的课程目标，当然就是青春语文的一般目标。但是除此而外，我所追求的"青春语文"，还有自己的特殊目标，这个特殊目标由三个子系统指标组成。

青春语文的一级目标：使语文教学过程保持青春状态。

语文教学过程的青春状态有哪些特点呢？

首先是语文味。语文教学过程的青春状态首先必须是充满语文味的状态，而激活汉语言文字本身的生命力是获得语文味的重要手段。

其他的因素就更多了。我的梦想是：青春语文，要让语文教学系统中的每一个成员永远拥有青春的思维方式和行动方式。青春教法和青春活法相呼相应，互相成全。

比如激情。名家说："语文课堂既可能是地狱，也可能是天堂。有激情的课堂就是天堂，没有激情的课堂就是地狱。"深以为是！青春是激情的代名词。语文教学过程要保持青春状态，首先就是要保持教与学两方面的激情，并且使这种激情可持续发展。青春之语文是充满激情的语文，它既关注教师教学情感的激发和保持，更关注对学生语文学习热情的激发和保持，同时让教师和学生都在这个过程中享受精神与情感发育的欢乐。

比如敏感。这里的敏感包括"思索、烦恼、迷惘、激奋"等。日本著名作家渡边淳一认为："如果问什么是青春的定义，我的回答是'思索、烦恼、迷惘'便是青春。因为不管活到什么岁数，即使是五六十岁，也还是有着太多的思索、烦恼、迷惘。这五六十岁也能说是青春吗？我的回答是肯定的。……一个人如果失去了思索、烦恼与迷惘，安于现状，无所作为的话，那么他的青春才是真正意义上的完结了。"语文教学的重要任务之一，就是在教给学生语文知识和语文技能的同时丰富学生的精神世界，提升学生精神的层次。而学生精神世界的丰富是在"烦恼、迷惘——通过教学达到不烦恼不迷惘——产生新的烦恼和迷惘"这个不断循环往复的过程中达成的。所以，我的青春语文教学观及其实践探索，就是要通过优化语文教学，促进学生保持生命和情感的敏感状态，帮助他们在"思索、烦恼、迷惘、激奋"的状态中更快地成长为有着高尚的、丰富的、细腻的情感体验的人。

比如灵动。真正的青春都是灵动的。灵动甚至也可以说是汉语言文学的一个本质特点。汉语言文学这种灵动的特性要求语文教学过程中无论是在教与学的宏观方面还是微观方面都是活泼而不呆板的，是富于变化的，是充满青春的不断成长不断超越的冲动的。青春的语文不排除教和学的模式，但是反对模式化；青春的语文反对教和学中的匠气十足，提倡匠心独运。没有灵动，就没有匠心独运。

比如自信。自信是青春的风帆。语文教学要保持青春状态，就是要培养和保持教和学双方的自信心。青春之语文，反对教师跪着教书，膜拜权威，迷信教参，呼唤教师的教学个性和教育个信。青春语文反对学生在语文学习中坐井观天，盲从附和，呼唤学生投身语文壮美天地，借语文之东风，舒展健康俊朗的青春个性。

比如浪漫。按《现代汉语词典》的解释，所谓浪漫，就是富有诗意，充满幻想。青春的语文是有诗意的语文，是教学过程中天人合一的过程，具体说就是教师的引导和学生的主体性、教学内容和教学方法、教材的内容和学生的心灵生活等方面高度统一的过程，这一过程必定创造出一种诗意，一种给人以美感的意境。

比如创新。青春意味着成长和超越，语文教学要富有青春状态要培养青春之人就必须在传承中不断创新，这种创新表现为与时俱进，不断地探索语文教学新的天地。青春之语文的创新没有终点。

这样的要素应该还有很多。这些要素都是人的美好"青春"必备的要素，我把它"移植"到语文教学之中，就是想要表达出语文教学的一种个性化的追求。

青春语文的二级目标：为教师创造、保持、享受整个人生的青春状态（即幸福人生）做准备。

语文教师应该是教师群体中的幸福者。在所有的学科中，语文最是妖娆多姿、风华绝代。走进语文，展现在我们眼前的是比任何学科都更为激动人心的生命画卷，我们能够比其他学科的老师看到更多的生命永葆青春状态的奇迹：良好的人生态度和艺术化的生活方式所造就的迷人的生命画卷——那些自我关怀和关怀他人的强健灵魂，那些从容优游、专注好奇、情趣丰富的生活艺术家，那些具有独立意识、独立价值判断能力的公民，那些不忧不惧、乐观大度的自足的君子，那些能够把握自我、超越自我进而改造环境的现代人……这些，就应该是语文教师的青春形象。

日日洗礼于语文的语文教师，更有机遇成为这样的一种人：他们博览群书，学识广博；他们人性丰满，精神强健；他们兴趣广泛，热爱生活；在他们看来，教育的终极目标不仅仅是使学生在知识和技能上有数量的增加，更重要的是让受教育者和教育者同时都保持人性的纯真和完美。

青春语文于教师，应该成为一道进入高尚生活保持青春活力的"不二法门"。

青春语文的三级目标：为学生创造、保持、享受整个人生的青春状态（即幸福人生）作准备。

青春生命的内部本就涌动着一股不可遏止的强烈的自我感，一股主宰自己的思想、意志、情感并趋向完全实现自我的生命冲动。青春的语文课堂，就是要让这生命之潮不息地涌动，成为语文学习的主旋律。

青春之语文必须最迅速最真诚地回到教育学的原点：尊重人、关怀人，让每一个学生的人性在青春语文的课堂上得到保护和释放。青春之语文向学生发出的第一个号召是：我用我的眼睛观察，我用我的头脑思考，我用我的语言表达。

青春的教师用海纳百川的胸襟和独特新颖的教学视角创造出的青春课堂也必定创造出青春之学生。在这个绽放着民主、开放、激情的青春花园里，学生的心灵将得到抚慰，心智将获得解放，学生的个性将被鼓励张扬。因此，学生面对缤纷多彩的大千世界一定会焕发出一种生命活力，经历了青春语文学习的学生一定更有能力凭借青春语文的浮力而畅游生活的海洋。

在我看来，青春绝不是青年的专利，青春是每一个人与生俱来的权利。哪怕你已经白发苍苍，只要你热爱生活，有一颗永远年轻的心，你就永远拥有青春。所以，在我的意念中，"青春语文"应该接近了现阶段语文教学的最高境界。它将以建设健康蓬勃的生命状态为目的，以和谐、民主、鲜活、灵动、扎实、创新的语文教学艺术为手段，让语文教学成为师生共同形成青春生命的养成，完成青春生命的体验，实现青春生命的价值的过程。这种对青春生命的体验生成与建构将不断铸造永远充满青春活力的灵魂，让语文教育焕发青春活力，并无限延伸学生与教师的青春期。

生命化境界被一些语文教育家认为是目前教学的最高境界。而生命的精华乃在青春，所以，"青春之语文"应该是语文生命境界的极品。

风靡全球的，从 70 岁才开始写作的美国作家塞缪尔·厄尔曼的名篇《青春》可作为"青春语文"的宣言。请允许我摘录在此：

青　春
——塞缪尔·厄尔曼

青春不是年华，而是心境；青春不是桃面、丹唇、柔膝，而是深沉的意志、恢宏的想象、炽热的感情；青春是生命的深泉在涌流。

青春气贯长虹，勇锐盖过怯弱，进取压倒苟安。如此锐气，二十后生有之，六旬男子则更多见。年岁有加，并非垂老；理想丢弃，方堕暮年。岁月悠悠，衰微只及肌肤；热忱抛却，颓唐心至灵魂。忧烦、惶恐、丧失自信，定使心灵扭曲，意气如灰。

无论年届花甲，抑或二八芳龄，心中皆有生命之欢乐，奇迹之诱惑，孩童般天真久盛不衰。

人人心中皆有一台天线，只要你从天上人间接受美好、希望、欢乐、勇气和力量的信号，你无不青春永驻、风华长存。

一旦天线降下，锐气便被冰雪覆盖，玩世不恭、自暴自弃油然而生，即便年方二十，实已垂垂老矣；然则只要竖起天线，捕捉乐观信号，你就有望在八十高龄告别尘寰时仍觉年轻。

我也有我自己的青春语文宣言。那就是：

——青春之语文，是恪守最不完美的创新也比最完美的守成伟大一百倍之信条！

——青春之语文，是坚信教学艺术的本质不在于传授本领，而在于激励、唤醒、鼓舞！

——青春之语文，是矢志满头飞雪而童心不泯，是让生活永远荡漾着童真童趣的欢乐！

——青春之语文，是激情不灭的梦想，坎坷岁月里的干将莫邪，平凡人生里脚踏实地的浪漫。

和学生远足

三、情怀修炼

2009 年 4 月，在京城杨花飘扬的美丽季节，我来到人大附中参加招聘考试。

从农村到城市，我参加过很多次招聘考试，有些经验。但这次不一样。这是北京，这是北京非常好的中学，是中国非常牛的中学。我渴望成功。我问自己，你凭什么去靠近成功？重庆最年轻的特级教师的资历吗？全国课堂教学大赛一等奖吗？大量发表的论文吗？已经出版的多部专著吗？响当当的班主任名声吗……我知道，这些，在京城，都不太值钱。京城的人才太多了，再高的学历和再缤纷的荣誉，在京城，都不过如此。关键是，你必须把招聘课上好。一课定成败。

我拿到一本厚厚的人教版高二年级选修教材。人大附中的考试很独特：自选一篇课文，一晚上备课时间，第二天早上第一节课就上公开课。

那个晚上，我备课出奇地顺利。不到 12 点，就安安心心地睡下了。不紧张，睡得很甜美。

第二天神清气爽地起来去上课。教研组长知道我要上艾青的《雪，落在中国的土地上》后，意味深长地感叹了一句："这首长诗，不太好上啊！"我说："我试试。"我胸有成竹。

公开课果然顺利。我酣畅淋漓地上完，全班同学起立热烈地鼓掌欢呼。出来后，教研组长对我说："哇，王老师，你真了不起。这么多老师在这个文科实验班试讲，第一次学生鼓掌呢！"

是吗？我听得也很惊喜，也很自豪。

于是，缘定北京，缘定人大附中。

很多年后，我都已经离开了人大附中了，遇到人大附中的老朋友，他们还在感叹："王老师，你当年那堂招聘课，让我们开了眼界，把我们眼睛都上亮了啊！"

后来我一直在反思：这堂课为什么成功？

我对这首长诗的处理方法是：以朗读为主要教学法，以诗歌中的人称变化为抓手——诗歌中的人称先是"我"，然后变化为"你"，接着又变为"他"，最后变为"我们"，这其中的奥妙在哪儿？通过透视这些人称的变化，感受艾青这位青年知识分子心系底层百姓的草根情怀，再适当拓展，深入了解艾青作为"人民诗人"的伟大，由此激发人大附中文科实验班的优秀学生热爱百姓的情怀。

诚实地说，我之淡定和自信来自于这个有底气的文本解读和很出人意料的切入角度。那个晚上我独自开发出来的教学内容，是任何参考资料上都没有的，是有吸引力和震撼力的。这是成功的重要原因。

如果再往前走一步呢？

我问自己：在那么短的时间内，在那么紧张的氛围里，我能够有如神助一般在厚厚的一本选修教材里选中艾青的这首长诗，更有如神助一般发现这个语用和思想俱佳的切入点，这是偶然吗？偶然中是不是有必然呢？

后来我终于悟得：不是偶然！这样的高规格的招聘考试，它考的，是一个教师全部的情怀和思想，整体的人格和价值观。你在这一堂课上展示的，绝不仅仅是你的教学技艺，而是你对这个世界的理解认识，你对自我的安放方式。

教学设计，是你潜意识中的"活法"的外显。我这一次的"外显"很漂亮。

"我"在场，但"我"已经超越了"我"了。"我"看到了"我"之外的"你"

"他"。我在关注"我"之外，拥有了对"你"和"他"的深度理解、同情、悲悯、关怀。我已经从"我"走向了"我们"。

他们应该通过这节课，看到了一个特级教师的情怀。这个特级教师还比较年轻，但她已经找到，或者正走在找到"我"，并且把"我"自觉地深深地和"我们"联结在一起的路上。

这样的情怀，再加上教学的才华，才是中国最牛的中学最需要的。

我赢在情怀，赢在35岁的时候，我对"我"的认识，赢在我已经懂得"教法就是活法"这个道理。

懂得这个道理，经历了一个漫长的过程。

2005年，第一次成为《语文教学通讯》的封面人物

这些年，我以"青春语文"为自己的教学追求。总有同行问："昭君姐姐，到底什么是青春语文？"我说："青春语文，不仅仅是一种教法的研究，而是一种活法的探索。你怎么活，你就怎么教。你怎么教，你就怎么活。教法和活法，分别指向课堂品质和生命品质。做老师，打通了课堂和生命，让他们彼此呼应和支撑，那这个职业，就成全了你自己。"

所谓青春语文，简单地说，就是课堂上要青春洋溢，而生活中呢，要青春勃发。课堂状态和生命状态，都要追求青春的状态。

要拥有这样的状态，并不容易。就像我们在青春期的时候，要面对的一个一个问题，这些问题是在整个一生中都很严肃重要的问题。这些问题处理不好，我们便不可能上出好课，也不太可能活得精彩。

比如，自我确证的问题。"我"是谁？如何找到"自我"。有些人一辈子都不想这些问题，但也有一些人，很早就在思考这类问题了。我的感受是：作为语文老师，必须思考这个问题，弄清楚"我"了，才可能真正进入文本，进入课堂。"我"不见了，或者模糊了，那语文课，也会上得眉眼模糊。

我也晚熟。我对"我"的认识启蒙，是从30岁左右时上《我的叔叔于勒》开始的。这个事件，是我教学生涯中的标志性事件。表面上看，这是个教学事件，后来我才知道，其实它是个生命事件。

在此之前，我都一直兢兢业业地教书，老老实实地读课文，啃教参，写教案，从不敢马虎。应该说，我是个很负责任的年轻老师，甚至似乎还获了一些奖，有点儿优秀。

但"于勒"唤醒了我。

这好像是我第三次上《我的叔叔于勒》了。

前两次上，都无非是循教参而为，教学目标定位为批判"资本主义社会人与人之间的金钱关系"。教学方法也很传统，梳理情节，组织学生讨论诵读，特别是要读出菲利普夫人的母老虎之态和势力鬼之丑及菲利普的狼狈样儿。课上得很热闹。若干年后知道，那时走的是"公共话语系统"的路子。

第三次上，有了一点儿想法。我把当时同在一个单元的《我的叔叔于勒》和《麦琪的礼物》整合在一起，让学生进行对比阅读，引导学生讨论这样一个话题：都是面对金钱，菲利普夫妇和吉姆夫妇有什么不一样。这算是我早期的"整合课"了。教学目标没有变，还是要学生"批判资本主义社会人与人之间的金钱关系"。结果上课的时候发生了一点儿意外，一个小女孩儿（我清楚地记得是卢容）揭竿而起，她认为这两对夫妇根本不具有可比性，因为他们一对是初婚，而另一对却是早为人父人母的老夫妻。卢容的发言引发了课堂"政变"，学生们大多反戈，纷纷表态同情菲利普夫妇。其中有两个孩子的提问，很是震撼了我。

一个孩子问："王老师，如果十年后二十年后，吉姆德拉夫妇还是那么穷，跟菲利普夫妇一样穷，那他们还会这么相爱吗？"

这个问题激发我写出了从教以来的第一篇教学手记《孩子，请相信爱》，而且，从此一发不可收。我成为了一个既能够赛课，也能够写点儿东西的老师。

另外一个孩子的问题更尖锐。他说："王老师，请您诚实地回答我。如果您家里也有这样一个于勒弟弟，请问，您让他回家吗？"

这个问题把我问晕倒了。因为孩子问到了我的痛处。我的家里还真有这么一个"于勒哥哥"。这个哥哥不太争气，从小给我们这个本来就灾难深重的家庭带来了更深的灾难。很多年来，他于我的意义，也似乎只有"借钱"两个字。我害怕这个哥哥，很长一段时间，有意识和潜意识里，我也在躲他。他真出现的话，实事求是地说，我不愿意他回到我的家。

也就是说，这么多年来，当我率领着我的学生，在对文本的解读中义正词严声势俱烈地批判菲利普夫妇的时候，在我的生活中，正发生着一个几乎一模一样的故事。如果，我哪怕是稍微把自己的故事和莫泊桑的故事做一个联结和对比，我对这个小说的态度，对小说中人物的态度，就会有一个很大的转变。

但是，当时，作为一个语文老师，"我"是分裂的。面对文本，我不过是一个可怜可鄙的"道学家"。我缺的，不仅仅是文本解读的技巧，更是对"自我"的认知。我忘掉了"我"，我把"我"混同为了那个躲在教参里喋喋不休的"他人"。这个"他人"，把我压迫在了他的皮袍下。讲台上的那个"我"，不是真我，是"假我"，是"虚我"，是"无我"。这样一个糟糕的我，把我的课堂世界和生命世界截然分开。我人在课堂，但是，灵魂缺席。

这堂课给予我的启示是：不能再这样上课了。我必须找到那个真正的"我"，用那个真实的我去和文本对话，和生命对话！

"找我"成为了那段时间教学和生活的主题。

"找我"的过程是艰辛的。幸运的是，语文老师这个职业，天然要在文本里出生入死。对于有心之人，每一个文本都是哲学文本、美学文本、生命文本。研读教材的过程，教学设计的过程，无不是生命被激活、被点化的过程。

文本解读，就是我们的修行之路。一篇篇经典文本，像一面一面镜子，照出我们灵魂的样子，促使我们反省，带领我们走向那个未知的"自我"。

比如《皇帝的新装》，让我懂得自我的迷失有多么容易，"我"对"我"其实有多么不了解。

在安徒生的这个故事中，"缺乏自我"的表达方式很奇特。它是以人在不同阶段因为偏激地固守自我反而导致彻底失掉自我来呈现的。

首先，表现为对"自我世界"的偏执性认同。没有一个人意识到"不称职的或者愚蠢得不可救药的"人会是自己。没有人想到首先应该接受检测的是自己。因为如果都以自我为圆心，人看到的自我世界必然都是圆满无缺的。人性最可怕的弱点就是看不到也不相信自己会有问题。

其次，表现为对"他者世界"的偏执性怀疑。以"我视角"来看他人时，"他者世界"一定是满目疮痍。所以，才有了故事中所有人在集体无意识中的第一反应：看看别人有多么笨，或者多么傻。

当然，最耐人寻味的是"自我世界"和"他者世界"的转换颠倒。完美的"自我世界"和糟糕的"他者世界"其实是主体潜意识的一种虚幻——它貌似强大其实不堪一击。就如,"自我世界"突然遭遇现实的重创——人们恐惧地突然发现自己居然看不见那神奇的布,原来"不称职和愚蠢得不可救药"居然是自己后,"自我世界"便轰然倒塌。而且顷刻之间,"他者世界"就翻身成为了主宰者——对"他者世界"的偏执性怀疑马上变为了偏执性迷信。人人都绝对相信别人是能看得见那衣服的,人人都以最快的速度彻底否定了自己。

孙绍振老师说,"皇帝的新装"是一个"心照不宣的谎言",我认为不太准确。安徒生之精彩就在于写出了人群面对这样一个谎言时的无知——如果当时大家都真的怀疑了,故事的讽刺力度就大打折扣了。所有人都被自己看不见布料的现实吓晕了,所有人都相信别人是看得见布料的。在当时,没有人敢怀疑,也没有人有能力怀疑。于是,高傲的"自我世界"和卑微的"他者世界"无声换位。这"换"一下子就换出了人性的可耻、可怜、可悲:自视过高是可耻,自视过低是可怜,全部的自我否定是可悲。

这个文本给予我最大的启示是:我当如何"自信",又当如何"他信"。

哲人早就感叹过:人会认识宇宙,然而却不认识自我。因为自己比任何星球都来得遥远。所以早在 2000 年前,古希腊人就把"认识你自己"作为铭文刻在阿波罗神庙的门柱上。据说,传世的德尔斐神谕大约有 600 条,影响最大的有两条:一条就是"认识你自己";另一条则是"凡事勿过度"。这两条合起来,我们是不是可以这样理解:只有"自信"和"他信"都不过度时,人才能不迷失本性。而《皇帝的新装》中的可怜虫们的闹剧,恰恰就是因为"自信"和"他信"都过度了。

如果说,《我的叔叔于勒》把我"打回"到了生活中,那《皇帝的新装》,则把我"引回"了灵魂世界。从此,我不再那么"执着"。我的生命开始呈现开放的状态。

在认识自我的这条道路上,和那只丑小鸭的再次相遇,是另一个重大事件。

那正是我从教以来最灰色最煎熬的一段日子。

踌躇满志地到了北方,我的心中燃烧着要重新建功立业的豪情。我的词典里根本没有"适应"这个词语。我觉得自己经验在胸,胜券在握。

但实际上,前后有好几年的时间,在北京的行走,都只意味着在天安门城墙上碰壁。鼻青脸肿,狼狈不堪。

像我这样天天叫喊着"热爱生命超越自我"的人,也会有害怕太阳升起的时候,也会有哭了长夜不能睡去的时候,也会有害怕走进教室,面对学生和家长不知所措

2015 年，第二次成为《语文教学通讯》的封面人物

紧张恐惧的时候——像突然被扔在了时间的旷野里，我迷了路。很长一段时间，我对放弃老家的优越条件北上产生了深深的怀疑，甚至后悔。

最可怕的是，我对自己产生了怀疑。我甚至觉得在北方的水土中，我不再适合做老师，不再适合教语文了。

幸而在这个节骨眼上，经典文本像一个永恒的召唤，总在你最需要的时候响起。我听到了那呼唤。

《丑小鸭》像一个寓言，重新循循善诱地告诉我生活和生命的真相。

它说：你要勇敢。我们生活的这个世界，有它天然冷酷荒诞的一面。

这个世界最有地位，身份最高贵的母鸭子只不过是因为她有"西班牙的血统"。这个世界的法则是"长得和别人不一样"，所以"就该挨打"。这个世界以"生蛋、咪咪叫、拱起背、迸出火花"哄主人高兴为天大的本事。这个世界住着一些鼠目寸光的井底之蛙。它还不是一个公民社会法制社会，更不是一个有着高尚追求的社会。

人人都面临着这样一个变形的"世界"。谁都身在其中。不必躲。躲不过。

它说：你不必焦虑。其实，人人都是丑小鸭。

表象上看，"丑"是周围环境对可怜的小鸭的强行灌输。究其本质，小鸭的"丑"更是因为它体型"太大"，跟其他鸭子都不一样。

个体和群体不一样，这是一个人命定的困境。

最智慧的中国人老子在《道德经》中就谆谆告诫大家要"和光同尘"——"挫去锋芒，解脱纷争，收敛光耀，混同尘世"，这样不露锋芒，消解纷争，个体和群体就一样了。此乃生存的"大道"。

那只有着西班牙血统的最高贵的母鸭子给丑小鸭妈妈的建议就是——"我希望你能把他再孵一次"，而鸭妈妈对自己孩子的期许也不过是——"他会长得小一点儿的"——因为长小了，就变得和周围一样了，个体和群体的差异就消失了。

与环境苟且就是与自我苟且。苟活与否，是生命和尊严的选择。

丑小鸭说：我不苟且。我选择尊严。所以，我选择逃离。

余秋雨在《流亡的意义》当中有这样的话：我一直认为，除了少数逃罪人员和受骗人员，正常意义上的远行者总是人世间比较优秀的群落。他们如果没有特别健康的情志和体魄，何以脱离早已调适了的温室去领受漫长而陌生的时空折磨。天天都可能遭遇意外，时时都需要面对未知，许多难题超越精神储备，大量考验关乎生死安危，如果没有比较健全的人格，只能半途而返。

而这只小鸭子的"逃"还有更重大的意义。

我后来和学生探讨安徒生的丑小鸭、米切尔的犟龟、严文井的小溪流这些都因为坚持和执着最后成就了自我的童话形象的高下。最后丑小鸭胜出！因为只有这只小鸭子不仅不知道自己未来将是高贵的白天鹅，而且根本不知道自己的目标在哪里。他只是靠着一种生命的本能在奔跑。目标的不确定甚至无目标让丑小鸭的逃亡之路真正充满了隐喻。而这点，和我们普通人的生命处境多么相似啊！

因为不苟且，因为奔跑，丑小鸭迎来了他生命中最重要的时刻。

长期处于颠沛流离状态，尝尽了人生冷暖的丑小鸭在逃亡途中忽然看到了"那一群美丽的大鸟"。这一时刻，丑小鸭并不知道大鸟们的美丽形象就是未来自己的形象，大鸟们自由高飞的生命状态就是自己未来的状态。这一时刻的意义在于他给逆境中的小可怜展示了生命走向高贵和幸福的可能性。这样的一种生命状态让丑小鸭的心中燃烧着飞翔的渴望。他觉醒了开悟了。如果活得这么美是一种可能的话，那么，活着就是有意义的，逃离就是有意义的！

安徒生写得最有禅意的一笔乃是：在变为白天鹅的前一时刻，丑小鸭做出了宁愿抛弃生命也要奔向美的选择。因为这毅然决然地抛弃，丑小鸭的重生被赋予了更深刻的意义——他不仅发现了身体的美，而且，因为选择的坚定而获得了最最宝贵的灵魂确证！他的外在之美和内在之美完美融合。

对于处在生命低潮中的我而言，《丑小鸭》其实更是一个成人童话。

是的，我们谁不是，或者曾经是丑小鸭呢？细细观察，"丑"这个汉字真是充满魅惑：它只比"王"字多一笔。我们是不是可以这样想像：那一笔就是丑小鸭的逃亡之路。小鸭子逃啊逃啊，坚决逃离群体对它的同化，奔向他生命本能中的精神桃花源。他的"逃"靠的是一颗"好"的心——这颗心视生命的尊严和美高于一切，这颗心执着、善良、谦卑。于是，逃亡的过程成为了不断寻觅和成就自我的过程。个体生命因此而得以走向自身的完满。

就这样，"丑"变成为了"王"。

公开课

　　重新解读《丑小鸭》让我释然。这个过程，是我重新赋予北上以新的意义的过程，是一个自我确证的过程。我终于懂得：对于个体生命而言，道路的抉择无所谓成败。经历"逃离"，不管是逃离已经拥有的成功还是逃离失败，都是一种追寻，都是一种遇合。没有这个过程，就不可能见自我见天地，更遑论见众生。

　　逃离自我与遇见自我，放弃自我与坚持自我，解构自我与创造自我，是生命的一体两面，是我们必须同时去经历的经历。所以，永远不要畏惧出发，永远不要为未来焦虑。

　　那个真正的我，一定在路上。

　　找到"我"的另外一个标志是：因为发现了"我"，进而发现和懂得了"你们""他们"，最后，终于拥有了"我们"。

　　我的每一堂被人喜欢的课，都和"我"变"小"而"他们""我们"变大有关。

　　就像《我的叔叔于勒》。

　　当我的"我"膨胀厉害，高高在上像一位道德审判官一样时，我什么都看不见，只能自以为是居高临下地批判菲利普夫妇。而有一天，当我自觉地放低自己的时候，我终于看到了更多的生命真相。

　　我看到于勒最后出场，"衣服褴褛，又老又脏，满脸皱纹，狼狈不堪"，这给予了一个底层家庭十年希望的于勒，穷困潦倒，穷途末路，哀苦悲凉。

　　衣冠整齐的菲利普们，向往着高贵生活的菲利普们，在穷困潦倒的"于勒"面前终于彻底倒下了，他们风度全失，神色狼狈，暴跳如雷。菲利普们终于彻底清醒了，终于必须彻底地告别一个不切实际的梦了。表面看来，他们并没有损失什么——因为于勒其实从来就没有真正带给他们过什么。但是，只有读懂了这篇小说的人才知道，他们付出了惨重的代价——他们的梦破灭了，他们的唯一的一个理想被埋葬了。

　　灰色的人生啊，终于又彻底回到了那漫漫长夜中去了。小人物们的弱不禁风的人生理想啊，让人一声叹息，全身寒意顿生！

　　我看到了《我的叔叔于勒》哪里是在讲什么"资本主义社会人与人之间的金钱关系"，它写的其实是底层灰色小人物的灰色人生啊。人是社会的人质，人都在命运的大网中挣扎。菲利普夫妇也好，于勒也好，小说中其他人物也好，无不有时可敬，有时可爱，有时可恨，有时可笑，有时可怜，有时可鄙，有时可叹……莫泊桑含泪的讽刺中带着微笑，他从来没有彻底地批判任何人，他只是如实地表现了生活的悲哀，人生的无奈，人性的复杂。

一个被困于"我"的人，怎么能够看到这些？

而一旦看到这些，你的课堂，便会因为懂得了"他们"而开始有了温度，有了力量。

又比如《背影》。

其实很长一段时间，我都不喜欢《背影》的那种平实到无波无澜的语言。小时候学《背影》，从教之后教《背影》，都勉强地定位在"父爱"上，从不曾真正感动。人到中年，为人妻为人母已久之后，才渐渐在那些文字的罅隙里读出了太多的欲说还休。

而这些欲说还休跟自己岁月里的诸多不敢触碰的零散片段渐渐融合，我突然发现，《背影》带着我走回了内心深处的那个原生家庭，我找到了那个小时候受伤的我。我的心中也躲着一个《背影》中那样的父亲，一模一样，一模一样！

是，平日里，我们说男性之美，常常用形象之伟岸、精神之刚毅、风度之儒雅、情怀之博大、行为之果断、语言之利落等来形容。但是，这些，都和《背影》中的父亲形象不沾边。但这恰恰是《背影》的魅力所在。父亲的形象当然是"美"的，但这种"美"，其实是通过"审丑"得来的。它不是传统的"男性"之美，而是独特的"父性"之美。这种美甚至以抛弃男性美作为成熟的标志。《背影》证明着一个惨痛的真理：爱，不仅仅是关心、体贴、融合、奉献、温情、蜜意；爱，还是矛盾、斗争、忍耐、等待、求和……朱自清《背影》之出色，就在于表现出了磨难中挣扎着生长的父性之美：身处乱世的凄惶，家道中落的伤感，母亲离世的悲凉，事业衰颓的辛酸，父子生隙的隐痛，送子远行的牵挂，无涯代沟的尴尬，年事渐高的颓唐，死期将至的惶恐……所有的一切，父亲都背负在羸弱的肩上。于是，一个时代的风雨飘摇，一个家庭的凋零没落，一对父子的情感战争，一个男人的事业败退……这些，都成为了《背影》的解读符号……

重读《背影》，重上《背影》，我不仅读懂了朱自清的父亲，也读懂了自己的父亲。甚至，也因此读懂了我的哥哥，以及其他被我认为曾经伤害过我的人。我终于和那个从小心怀怨恨的"我"真正和解了。

我更深的认识还在于《背影》让我更加相信"爱"的力量。生命的本质是一种联结——我们自己的生命和其他生命的联结，"我"与"他们"的联结。而这"联结"，是多么多么艰难！只有真正的"爱"——完全的理解认同接纳才能创造联结和修复联结，并且赋予这联结更多的意义。

后来我上《老王》、上《纪念白求恩》、上《散步》、上《湖心亭看雪》、上《安塞腰鼓》，甚至上《松鼠》、上《苏州园林》……都常常把学生和老师们上哭，上得欲罢不能无法下课。那些孩子，那些姐妹兄弟，那些长者后辈，执着地等到人群散尽，只为拥抱我一下，跟我说一句："谢谢你，王君老师，听你一堂课，胜读十年书。你不是在教课，你是在探索生活的艺术啊！"

我用了很长的时间，来消化这些赞美，理解这些赞美。到今天，终于渐渐悟得：

月牙泉留影

朋友们经由我的课堂而爱我，是因为我的课堂里不仅有"我"，更有"他"，有"他们"，有"我们"。

有"他"，所以就能够在上《纪念白求恩》的时候，把一个英雄还原成平凡人，就能够在上《老王》时，为一个生命对另一个生命的愧怍而同样愧怍，就能够在上《湖心亭看雪》时超越政治，而带领学生走向生命的"孤独之美"……

而"我们"，是上《松鼠》时洋溢出来的那份对所有生命的"喜欢"，是上《安恩与奶牛》时更加懂得了因为慈悲所以悲悯，是上《散步》被那一个"我们"所吸引于是循着这两个字走进了文本深处也走进了生命深处……

而在人大附中上的《雪，在中国的土地上》，不过是在"我"走向"我们"的跋涉之路上的一个高潮。

是的，二十多年的教学生涯，我就是在努力完成一件事：认识"我"，更认识"我们"。路漫漫其修远兮，我的每一个听课者和阅读者，都在我的课堂里和文字中听到了行走的足音。他们爱这足音，享受，甚至跟随。于是，联结产生，于是，爱，生生不息。

我哪里在教"书"，而是"书"在教我！生命中的那些有字之书和无字之书，建构了青春语文的精神追求，那就是：一路修行，终生修行，永远在路上，去，见自我，见天地，见众生。

四、两大元素

在同龄的老师中，我大概算是上公开课最多的一类。也幸运，23 岁就获得了重庆市赛课的第一名，25 岁就代表重庆市走上了全国课堂教学大赛的舞台——虽然铩羽而归，但毕竟得到了历练。因为年轻，于是反反复复地被推举参加市里和全国的各种各样的比赛，年年在油锅里烹，担了压力受了煎熬也收获了成长。30 岁之前，我几乎获得了重庆市和教师专业成长有关的所有大赛的一等奖，成为了名副其实的"获奖专业户"。没有这样的历练和积累，不可能不到 35 岁就被评为中学语文特级教师。

有朋友问我："谁是你的教学法老师？"

贵阳公开课

　　这是个有趣的问题。在重庆教育学院读了两年中文系，时间太短太短，板凳还没有坐热，老师的精髓还没有领悟到，就卷起铺盖到农村了。那真是遗憾的事情。以后的修炼，就得靠自己的造化了。

　　要说老师，第一个老师是我自己。

　　我的教学风格的形成，根本无需寻找，无需提炼。我怎么活我就怎么教，我是个什么样的人，我就在课堂上表现出什么样的状态。我一亮相，所有人便都说：这个女孩儿，好灵动，好有激情！

　　这就是我的教学风格，至今未变。

　　呈现灵动是天性，拥有激情是本能。

　　这就是我！

　　若干年后，我说：教法就是活法，活法直接决定你的教法。此乃真言！

　　我初出茅庐，一个土里土气的乡下小丫头片子到市里比赛，扎着两个小辫，像个傻大姐，什么教学理念都没有，教学策略之类更无概念。但在1994年的时候上《驿路梨花》，我就知道在现场组织一个速读比赛，在黑板上画一个小茅屋，用一个大大的问号罩住，以"谁是小茅屋的主人"支撑起全课，用一个漂亮的圆形画出板书，知道引用孩子们最爱的踢足球的文字来讲正面描写和侧面描写，甚至最后还知道用对联的方式总结全课……现在想来，那堂最早期的参赛课，上得童趣盎然，摇曳多姿，就已经初显了青春语文的教法雏形。

然后25岁就跑到全国去赛课，上蒲松龄的《狼》。我就居然知道用两幅错误的"杀狼图"教学生灵动地学习积累文言语言，就知道用各种各样的情景朗读带领学生走进文本……这个设计后来20多年来跟我的很多其他课一样，被老师们反复学用，一年又一年地出现在各省级课堂大学大赛的一等奖案例中，带给我永远的欣喜和幸福。

本书开篇即说：我最大的幸运就在于，做成了语文老师。这是实话。任何职业都呼唤天赋，人最大的幸运就在于能够从事天赋所在的工作。显然，我是这样的幸运儿。

而教学法，无不深深地镌刻上了自我成长的痕迹。我越来越相信，上天给你的任何一段经历，哪怕当时看来是极端糟糕的经历，也是恩赐，也是点化。这些经历，都决定了你以后以何种心态去解读文本，去建构课堂。

原生家庭是我的爱与痛。我14岁就几乎完全独立了。内心深处埋着对母亲对父亲对哥哥的爱与怨。没有这些情感几十年的发酵，我读不懂《我的叔叔于勒》，读不懂《丑小鸭》，读不懂《背影》，读不懂《台阶》，读不懂《柳叶儿》……而也恰恰是这些文本，通过课堂，治疗了我内心的伤痛，呵护我天性中的善良和阳光。很多听课者都说，王君老师的课堂有疗救的魅力，是治愈系的。这真是极高的评价。我曾经做过自己的医生，成功地拯救过自己。也许，这种疗救灵魂的意识便成为了本能。在课堂上，自然而然传递给学生的，就是尽可能多的支持，尽可能多的鼓励，尽可能多的爱。

你永远觉得，你面对的那个小孩儿，就是当年一无所依的自己。你爱他们，就是爱自己。

所谓激情，本质上是一种持续不断地对自我的提醒和呼唤。激情的能量源，来自于生命深处的不妥协不苟且不放弃。激情最终极的表现，就是越来越爱自己，也越来越爱所有的人，越来越爱这个世界。

激情，事实上是一种深情——对"我"和"我们"的深情。

而灵动，主要是因为贪玩。

小时候太贪玩，资质也差，学习自然不好，初中是中下等生，高中彻底沦为劣等生。高三一败涂地，"高四"数学也还是没有及格，勉强进入了收分最低的教育学院。贪玩不适于应试教育的学习，但对于教师职业，实在是个不可多得的优点。丢掉了那些倒霉的数理化英语之后，在语文方面我显示出了重庆女娃子敢玩能玩的突出特质。野丫头从小没人管，綦江河大长江就是澡盆子，西部连绵不绝的高山就是游乐园，从小野到大的丫头，当了老师做了班主任后无法无天肆意妄为，什么都敢想什么都敢做。我敢说遇到我这样的班主任，我这样的年级组长，实在是孩子们的大幸运。我们的玩法、玩的规格，是其他班、其他年级想都不敢想的。而这些玩的资源，最后全都变为了语文的资源。我说，"青春语文"从来不仅仅是一种可以写在书上的教学法，而是由"生命阅读、灵性写作、激情生活"共同建构的。没有玩儿的兴趣，没有激情洋溢的生活，就没有青春语文。

后来我选择远行，从农村走到县城走到市里省里走到北方，走了人大，还要走走清华……在他人看来这小女子太有理想，其实是高看了，没有那么多理想，就是爱野、爱玩、爱折腾罢了。不好玩，活着就没意思，教着就没意思啊！

玩法就是活法，活法就是教法。今年我开始整理我的所谓"教学法"，尝试进行理论提炼。越整理越发现，哪有什么教学法，全是玩法：激活啊，整合啊，修复啊，创造啊，提炼啊，对话啊，点拨啊，任何一种教法，都必然对应着一种玩法和活法。教书的技巧，全是生活的技巧、玩的技巧。

所以，我的教学法老师，第一个就是我自己。

第二个老师呢？他藏在哪里？

教学法除了藏在生活中，就是藏在文本里。

我们教"书"，"书"也在教我们。优质的文本，本身就是一种教学法。

比如《谈生命》里就有。冰心说生命有两种形态：一种是像一江春水一样奔向大海，一路欢歌，一路雀跃，停滞和迂回也是一种前行；一种是像一棵树，长在最初的土地里，他的远方是向上向上再向上，迎着阳光和雨露，不移一步，也依旧找到了归宿。

冰心谈生命，也是在谈教学法。语文教学，各有各的路子，各有各的门派。我喜欢激情，喜欢青春，人家喜欢本色，喜欢诗意，喜欢简约，喜欢深度——有多少完整独立的个体，就有多少语文。每个人都成为自己就好，每个人都按照自己喜欢的路径奔向语文的怀抱就好。可以学习，可以模仿，但个体，不可以替代。我们的

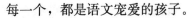

每一个，都是语文宠爱的孩子。

成为你自己，是语文教师成长的终极追求。

比如《走一步，再走一步》里就有。无论哪种教学法，内核里都是对学生的爱，都是对学生心智的呵护与成全。"下来吧，孩子，晚饭做好了"，没有这样的一种关怀，"教学法"就不成其为教学法。理解孩子的学习恐惧，并帮助孩子消除这种恐惧，是所有教学法的共同特点。而"一小步一小步地走"的阶梯意识，更是田野课堂一线教法必备的要素。任何"法"，其本质都是"一对一"的帮助提携。要对得上这个"一"，咱这个"一"就得研究学生的那一个"一"。用这种思想来建设教学法，那"法"才能真正被课堂所用，而不是悬在空中的落不了地的理论。

还比如，《社戏》里就有。《社戏》中的那个小双喜，可是个好老师。在他的帮助下，迅哥儿成功看上了戏，还看得很开心。这个过程，全是教学法。平桥村中的孩子们都很有同理心，迅哥儿没船看不成戏，悲哀得不得了，大家伙儿都跟着"叹息且同情"。只有这个双喜，除了跟着"叹息和同情"外，还能跳出这"叹息和同情"，琢磨船的问题。他一琢磨，问题就出现了转机。所以，这个孩子，是个不沉溺于问题，而能够站在高处俯瞰问题的家伙。这就是我们面对文本的态度——既要能够在文字中出生入死，又要能够跳出文本，居高临下俯瞰文本。这样"看"文本，一定能够看出东西来。

而后来，双喜的表现，更是处处是教学法：为了让母亲放心，他分析"可以去看戏"的三大理由，你看那先后顺序的安排，看那逻辑，是不是很严谨，一环扣一环，各种预设，各种预案，步步为营，我们研究教法，研究如何帮助学生，不外乎也是这样的思路。小双喜后来和六一公公对质，那心理学原理应用得，六一这样的老家伙根本不是小家伙的对手。教学法也是这样，没有心理学的支撑，是很难见"法力无边"的。双喜最可爱的还是一方面特别懂事机灵，另一方面也还是个"孩子"，跟着大家伙儿"破口喃喃地骂"那老旦，骂那戏不好看。双喜要不骂，这个形象就没有那么跳脱了。我们做老师呢，教学法的最高之法也不是哪一种具体的技巧，而是到时候了，自己也能变成那个年龄阶段的孩子，跟着他们一起闹，一起疯。"教""学"合一，就意味着天人合一，"合"上了，这课堂，就"活"了。而课堂最不好的状态，一定是"隔"的状态，教师和学生分离，心意无法沟通。再好的教学内容，也都白搭了。

《社戏》里不仅有教学原理，还有教学心境的指导。我一直觉得，"教学法"绝不仅仅是些具体的方法，他还应该有一块儿，就是"教学心法"，教老师如何打理自己的教学心情——我们活，不是活个心情吗？教，其实也就教个心情。心情好，什么都值，再累也是幸福。心情不好，学生考出来的成绩再好看，也没什么意思。《社戏》里边到处都是心理学。比如那戏好看吗？不好看，难看！豆好吃吗？一般般，普通得很。为什么最后一律都成为了"最好看最好吃"的呢？原因很简单，原因就在文本里：

> 月还没有落，仿佛看戏也并不很久似的，而一离赵庄，月光又显得格外的皎洁。回望戏台在灯火光中，却又如初来乍到时候一般，又缥缈得像一座仙山楼阁，满被红霞罩着了。吹到耳边来的又是横笛，很悠扬；我疑心老旦已经进去了，但也不好意思说再回去看。

你看，这就是人的心情。再糟糕的经历，一旦离开了，一回望，"月光又分外皎洁"了，那"戏台"，又"缥缈得像一座仙山楼阁"了，生活又像"横笛"一样悠扬了，主人公们呢，又想"再回去"了。这就是生活，"一切逝去了的，都将成为美好的怀恋"。鲁迅写得是不是极富禅意？这是生命的心境，也可以成为教学的心境。

教学现场其实都是生命现场，没有都顺利的，都美好的。处于这个现场中的我们，焦虑是难免的，甚至打退堂鼓的时候都有。但实在难熬的时候看看《社戏》，你就释然了。我们对未来一定要有一种"信"，我们所经历的，好与不好，最后都将被"红霞"罩住，都将成为"最好看最好吃"恨不得"再回去看看"的传奇。

所以，活在当下，教在当下，欢天喜地地享受当下的一切，这就是活法，这就是教法。

要说最值得提一提的教学法老师，我觉得，非苏轼莫属。

第五次教完《记承天寺夜游》之后，我觉得，我似乎有一点点悟了。这世界上，实在没有谁能比苏轼更懂教学法了。我的所有疑问，他只用百十来字就讲得清清楚楚。

所以，好多年前，我写过一篇教学后记，题目就叫做《苏轼教我教学法》。苏轼若在，我一定要当门拜师谢师的。虽然，我整体资质太差，可能入不了他的门儿。

苏轼解了我的困惑。我有哪些困惑呢？

很多朋友们都看我风风火火地活，以为我没有啥困惑。其实，我困惑多着呢，从来就没有"不惑"过。

比如关于"思想"的问题。教着教着，突然发现身边有太多"深度"骇人的同行，一写文章一上课，哲学美学名言引用一大堆，某些名句我都不知道出自哪里，更遑论理解了。好家伙，我连人家学生的水平都没有。我脸红耳热地自我反省一番，挺羞涩。读书是童子功，我这差生童子功就是不好。无字之书读得算多，有字之书还真读得不够。怎么看，自己就是那轻轻浅浅"小溪流"的样子，在那些大江大洋面前，抬不起头来。

又比如关于"节奏"的问题。我这激情派，一上课就张牙舞爪，入戏太深，属于"课疯子"一类。张家港的蔡明前辈在公开场合就打趣过我："王君的课啊，精彩得让我们气都喘不过来啊！"我知道，这是批评，是善意的提醒。但要我这个野丫头走"淑女路线"，难啊！

又比如语文教学的许多"经典纠纷"也常常将我裹挟。人文性工具性之争，我也有不知所措的时候。课堂的穿插引入潮，我也有被搞得乱花渐欲迷双眼的时候。职业倦怠语文疲乏病我也不是完全没有……

总之，20岁惑，30岁惑，现在40多了，眼看着就要奔五了，还是惑。

结果呢，人家苏轼一篇《承天寺夜游》，把所有"惑"全解了。

解惑之解药就在文中的两个字：空明。

啥是"空明"？

空明首先就是要会"为乐"。解衣欲睡之时，月亮来访。既然客人来了，那就开门迎客。于是欣欣然穿衣出行。还嫌一个人不够热闹，再抓一个去。而且心中有谱，哪个人是值得去"抓"的，不会跑空的。苏轼准得很，那人果然亦未寝。于是两个大男人在大冷的深夜一起散步一起看月亮。我的天，好浪漫哟！苏轼之可爱，首先在于他会玩儿。要玩就能玩起来。管他什么时间什么地点什么天气，都能玩得很嗨。

空明就是那点儿"闲"。不太满，不着急。月亮在头顶上照着，天宽地阔，月色无限。深冬的夜里，时间好像也变慢了，日子变长了，只适合"步"了。"有什么歇不得处"？歇了就是。

空明就是那份"欣然"。见了月亮，"欣然"起行，小开心小确幸。朋友没有睡，也欣然。步于中庭，欣然。觉得月亮好看，欣然。自我表扬一番，欣然。欣然不是大乐，是内心深处的一份喜悦。快乐可能是外加的，喜悦一定是发自内心的哟。

空明就是"盖"的味道——原来是这样啊！这种小惊喜在童年的时候常常出现。长大了，还动不动就"盖"，会被人骂大惊小怪没有见识。可是，没有了"原来是这样啊"的轻叹，生命少了多少喜悦啊！

空明就是人如月下之积水，各种心情似有若无。万般感慨，也不过就几个字"闲人而已"。但这几个字，直指人心，万古如新。

……

这里边，全是教学法。

要"为乐"：课堂要带给孩子们快乐，课堂上要和孩子们一起"作乐"。

要有一点儿"闲"。课不能上得太满太急。

要有一点儿"欣然"。课堂的气氛应该是和谐的，师生都要有"欣然"的冲动，而不是被压迫被催促。

要有"盖"味儿——"原来是"，哦，一定要给学生一点儿惊喜。好的语文老师要懂得抖包袱，卖关子。

要如"积水空明"。摒除杂念，灵魂安宁。所以课堂上枝蔓就不要太多，目标就不要太杂。返璞归真，化繁为简是必由之路。

人空明，课，才能空明。

惑就这么解了：

做小溪流，也挺好，只要不是烂泥潭。不用羡慕人家的"厚重"，真正的厚重不是抡起重剑骇人，而是拈花摘叶均能为剑。有的人能把简单表述得很复杂，有的人能把复杂表述很简单。我要努力做后一种人。我的青春语文，就是清浅如溪的语文。

所有的纠缠都是无意义的。不必争。语文也如一轮皓月，夜晚的时候，安静的时间，它才有光，有色，有形。而心中空明之人才能欣赏到它的好。摒弃复杂，回归本源。语文人做好语文人的事，就好。

倦怠的不是语文，而是自己的心。修得苏轼之心，便修得苏轼眼前之月。语文如月，便"江月年年只相似"，时间流逝，美与趣均不流逝也。

语文的状态，最好的是苏轼赏月的状态：空灵之境，空灵之友，空灵之眼，空灵之心……慢慢地稳稳地，中庭信步，深夜不倦，不惑。

这便是苏轼教我的：课，一清如水；人，明心见性。

2014年"语文湿地"创造者大会上，认真听先生尹东演讲

五、三阶追求

青春语文的终极目标在于改变和提升教师和学生的生命状态，让师生双方都永葆青春的激情。其具体行动的路径有三条：灵性阅读，生命写作，激情生活。

"灵性阅读"是青春语文基于阅读教学打通"教法和活法"的探索。

"生命写作"是青春语文实践"写作是我们的道场"的现场。

"激情生活"是青春语文让班主任工作和语文教学工作相融，让职业和日常生活共鸣的实践。

青春语文的底座是生活，是整个语文教学系统中的每个人的生命状态。只有当灵性阅读、生命写作和激情生活相互融合，互为支撑的时候，青春语文，才真正成为了一种语文追求。

篇幅时间所限，灵性写作，大家可以阅读我的专著《听王君讲作文》（上卷下卷）、《写作是我们的道场》等书。

激情生活，大家如果阅读《班主任：青春万岁——王君带班之道》《教育与幸福生活》《一路修行做老师》《一路修行做班主任》《一路修行做女人》等书，则会有更多的了解。

这一次，我着重给大家介绍的是"灵性阅读"。

二十多年来，我结合"导创教学"和"创新学习"的理论躬身实践，在青春语文的创新之路上，"灵性阅读"大概经历了六个阶段的创新。

第一阶段：在新颖独特的课堂设计中创新。

第二阶段：在灵活扎实的语言品味中创新。

第三阶段：在诚恳机智的学情应变中创新。

第四阶段：在把握语文学习规律和健全语文学习制度中创新。

第五阶段：在研究文本特质和丰富课型中创新。

第六阶段：在构建语文课程和创造语文生活中创新。

这六个方面既呈螺旋上升的关系，又是相互呼应相互渗透的。

总之，课型定位的灵清、组织形式的灵活、文本解读的灵透、语言学用的灵动、学情应变的灵敏、规律把握的灵便、情怀熏陶的灵重多方面的合力，就共同形成了青春语文课堂创新教学的魅力，这是青年语文教师教学追求必然要经历的阶段，也是青春之语文不断超越不断建构的过程。

今天，我想另辟蹊径，从另外一个角度切入，那就是教师的生命成长。

因为青春语文跟其他的语文追求最大的不同在于，青春语文不仅仅是一种教法，更是一种活法。或者说我心目中的青春语文，它是一种借助语言文字去探索生命幸福之道的语文追求。青春语文的研究点着力点在于打通教法和活法。一个人你怎么活，你就怎么教；你怎么教，你就怎么活；你怎么活，你就怎么写；你怎么写，反过来会影响你怎么活。这些"语文行为"一定是相通的。

【投影展示】

教法和活法的共同修炼

　　"见自我，见天地，见众生"是章子怡主演的《一代宗师》中宫二小姐的父亲对于武功境界的阐述，看电影时很打动我。后来我一琢磨，其实深入任何一种职业，我们都会经历"见自我，见天地，见众生"。它们不仅是呈阶梯形的逐步提升的过程，它们还是一个圆形，循环互生。一个人越能见众生，他就越能见自我，见天地。

　　我想借用"见自我，见天地，见众生"来阐述青春语文的教法和活法的共同修炼。

　　年轻的时候，或者说，40岁以前，我都痴迷于教法研究。40岁以后，慢慢觉得其实教法不算啥，起码不是最有意思的。把一堂课上好，上得有些趣味，远远不如把一段日子过好有趣。解读一个文本不容易，但要安顿好自己的心灵更不容易。这就是我2015年出版《一路修行做老师》《一路修行做班主任》《一路修行做女人》的原因。我在书跋里这样写：

　　　　感谢教师这个职业。我爱这个职业。最初的爱是因为它切合我的个性特质，切合我的能力倾向。这个职业不仅让我养活了自己，更赋予我生而为人的尊严感价值感。更重要的是，在爱这个职业也被这个职业所爱的过程中，我渐渐地意识到教师的成长归根结底还是心灵的成长。这几年来，这个职业敦促着我从审视教材审视教法转移到审视自己的内心世界。我的兴趣点从研究语文教学研究班主任工作转移到研究自己的灵魂世界。这是一个更加奇妙的过程：修炼一颗好的心远比上好一堂公开课，带好一个班更难，更复杂，更具挑战性，更需持恒心。"修炼"系列的三本书既是对"青春语文、青春教育"的纵深探索，也是我自己对自己的成全。我经由对职业的思考进入到我对自我生命的思考。而且这些思考，也不经意间带给了年轻的兄弟姐妹们很多帮助。我很欣慰，我不仅能为这世界奉献一堂一堂的精彩的语文课，我还能为这世界奉献一段有价值的心路历程。

就是这样的。在我教了 24 年书之后，我醒悟：研究教法真的不算复杂。我大概算是在我们"70 后"的教师当中参加课堂教学大赛及各种各样的教育教学大赛最多最早的老师之一。如果把所有的公开课做一个大数据的分析，文本解读的方法，语文教学的教法不过就是这些。

【投影展示】

> 语言丰腴延展能力
> 支柱词语发掘能力
> 同类信息整合能力
> 咬文嚼字探秘能力
> 矛盾发现破解能力
> 填补空白还原能力
> 多元对比提炼能力
> 情景创设再造能力
> 追问点拨对话能力
> 源头活水引入能力
> 写读说画原创能力
> ……

这些教法在我即将展开的讲座里，在我所举的例子当中可能都会涉及。无外乎就是语言的丰腴延展能力——用联想法把词语的背景故事还原；支柱词语的发现能力——在全篇万千词语中精选一个词语作为一篇文章的支柱词语，支撑全课教学；同类信息整合能力——其实就是"语言社群"的意识，这个能力通杀所有文体。其他的，联结的能力、咬文嚼字的能力，发现矛盾、破解矛盾的能力，填补语境空白的能力，多元对比提炼的能力，情景创设和再造的能力，追问点拨对话的能力，源头活水引入的能力，听说读写的能力……再怎么玩儿，不外乎就这些了。我个人觉得，仅仅从教法来说，万变不离其宗，每位名师的教学风格不一样，但往深里研究，其文本解读和教材教法从本质上看是基本相通的。所以，教法，其实卑之无甚高论，通过集中的针对性的训练，大部分老师都能掌握一二。

九寨沟留影

但"活法"就难了。

所以我今天就以活法为主线，教法为辅助，改善教师的生命质量为目标，来谈谈青春语文。青春语文的修炼，那就是"见自我""见天地""见众生"的三级追求。

（一）见自我

青春语文修炼的第一个层次——见自我。

哲人说，在世上，最让人恐惧的恰恰是，通往自己的道路。

犹太哲学家马丁·布伯说：你必须以你自己的方式去揭示你生存的意义。

米兰·昆德拉说：我们的脚正走向我们自己选定的终点上。

什么叫做"见"了"自我"——

【投影展示】

见自我

生命的存在、活跃和强盛……

容不得束缚，容不得羁绊，容不得闭塞。是挣脱了、冲破了、撞开了的那么一股劲……

——《安塞腰鼓》

这就是见了自我！

用《安塞腰鼓》中的话，就是每一个生命都感受到了"存在、活跃和强盛"。我教《安塞腰鼓》，抓的就是这三个核心词语，最后定格在板书上的，也是这三个词语。除此之外，还抓取原文中一个段落"容不得束缚，容不得羁绊，容不得闭塞。是挣脱了、冲破了、撞开了的那么一股劲"中的两组词语"束缚、羁绊、闭塞"和"挣脱、冲破、撞开"共同构造成了流动型板书。人的生命成长过程、自我认识过程，最后自我确证的过程就是"挣脱束缚、冲破羁绊、撞开闭塞，而最后感受到我们生命的存在、活跃和强盛"的这样一个过程。

但事实上，不是每一个生命都有这样的幸运，很多时候，我们"见不了自我"，我们见到的，只是"小我""无我""虚我"，总之，是"坏我"。

1. "坏我"

"坏我"的表现很多。在我们的教材文本中，有最好的诠释。

【投影展示】

我绝不轻易放过这件事！

我要拿点颜色出来给那些放出狗来到处乱跑的人看看。

我要好好地教训他一顿！

【投影展示】

"哎呀，天！他是惦记他的兄弟了……可我还不知道呢！这么说，这是他老人家的狗？高兴得很……把它带走吧。这小狗还不赖，怪伶俐的，一口就咬破了这家伙的手指头！哈哈哈……得了，你干什么发抖呀？呜呜……呜呜……这坏蛋生气了……好一条小狗……"

这是《变色龙》的一个教学片断，我引导学生认识奥楚蔑洛夫，用的就是最简单的"同类信息整合法"。在奥楚蔑洛夫知道那条狗和将军没有什么关系的时候，他说话就是这个样子的，一口一个"我"。这个时候他的"我"是顶天立地的，是巍峨高大的，就跟他穿着新的军大衣出场一样，很耀武扬威的样子。但当他一旦知道，这条狗是将军家的之后，"我"就不见了，"我"变小了。我们在读这句话的时候，"可我还不知道呢……"是不是应该尽量轻读、虚读，把这个"我"读"没"才好。而读"将军"，读那条狗"你"，是不是应该提高语语调，用哈巴狗一样的语气呢？咱一对比，这其实就是一种"无我"——权势面前的自我萎缩和自动猥琐。

后来课后我反思，我讽刺奥楚蔑洛夫，其实我自己，也是这个样子的。这些年，我被调动搞怕了，只要一站在人事科的办公室门前，只要面对人事局的干部，我就是这种猥琐的状态，"我"立马就没有了，自动矮半截儿了，说话都不敢高声了……在权力面前，我们还缺乏一种"老百姓的破茅屋，风可以进来，雨可以进来，但国王不可以进来"的气度。我们这些小知识分子，也不同程度地被犬儒化了。所以，讽刺他的同时，我们也应该反省反省我们自己，是不是也是另一个生活场景中的奥楚蔑洛夫。

又比如，很多时候我们会觉得自己很丑，"无我"状态的直接表现就是总觉得自己不够漂亮。我看今天参加年会主旨演讲的老师都讲得特别谦逊，反反复复地强调说自己是狗尾巴草，说自己怎么怎么渺小，我特别理解这种心理。一方面我们真的还不够强大不够优秀，另一方面，那就是环境的原因。我们来看看安徒生是怎么分析这个问题的，这个"丑"到底是怎么来的？

我讲《丑小鸭》时用的还是同类信息的整合法。当我们把诸多信息都整合在一起的时候，我们会发现一个现象，《丑小鸭》七千多字的原文里，安徒生没有一句话去具体描写这只鸭子到底哪点儿丑，那么丑小鸭觉得自己丑的原因是什么？你能分析出来吗？

【投影展示】

他是又大又丑。鸭妈妈把他瞧了一眼。"这个小鸭子大得怕人。"她说，"别的没有一个像他。"

别的鸭子站在旁边看着，同时用相当大的声音说："……呸！瞧那只小鸭的一副丑相！我们真看不惯！"

"对，不过他长得太大、太特别了，"啄过他的那只鸭子说，"因此他必须挨打！"

"他真是又粗又大！"大家都说。

"那个母鸭的孩子都很漂亮，"腿上有一条红布的那个母鸭说，"他们都很漂亮，只有一只是例外。这真是可惜。我希望能把他再孵一次。"

"丑星"黄渤有一句幽默：我并不觉得自己丑，都是别人说的。听节目时，我们大笑。笑过之后再一琢磨，人生世事很多都是这样啊！丑小鸭的命运也是这样啊！

对，是别人不断在它耳边对它说"你真丑你真丑……"说得多了，那小鸭子就觉得自己真丑了。这在心理学中叫做"外部信息强力投射"，渗透力量强大，少有人能抵挡住。

但这也并不是最核心的原因，最核心的原因是什么？"这只小鸭子大得怕人"，"他长得太大、太特别了"，"他真是又粗又大"，"只有一只是例外"，他为什么丑？也不是因为它大，根本原因是其他的鸭子身形都很小，只有他一只长得大。当"个体"和"集体"不一样的时候，你就容易被定义为"丑"。然后集体的力量不断在耳边对你强调"你丑你丑……"，最后的结果就是你自己也觉得自己丑了。

大家明白这个道理吗？我知道我们今天在座来参加语文湿地年会的大部分老师可能在自己原学校的环境中或多或少都会有相同的遭遇。痴迷于语文，醉心于教研的语文老师比例并不大，可能一个学校很难超过五个。在大部分学校，也许你在其他人眼里，就是另类，就是疯子。不是吗？这么热的天，居然还要自掏腰包来参加一个民间语文组织的会议，真的不可思议！对不对？这就是"丑"啊！你看，这就是同类信息整合法，进行文本解读的重要方法。

还有一种"我"，也是"假我""无我"。你看，《皇帝的新装》中的皇帝，为什么会被骗？当他知道"那件衣服"有识别人的特异功能的时候，第一反应是什么？当他知道自己看不见那件衣服的时候，他的反应又是什么？我们来个组合，来个对比，答案就出来了。

【投影展示】

"那正是理想的衣服!"皇帝心里想,"我穿了这样的衣服,就可以看出我的王国里哪些人和自己的职位不相称;我就可以辨别出哪些人是聪明人,哪些人是傻子。"

"这是怎么一回事呢?"皇帝心里想,"我什么也没有看见!这可骇人听闻了。难道我是一个愚蠢的人吗?难道我不够资格当一个皇帝吗?这可是我遇见的一件最可怕的事情。"

——《皇帝的新装》

"我就可以辨别出哪些人是聪明人,哪些人是傻子"。他的第一反应是绝对自信——我自己是肯定没有问题的,别人肯定是有问题的,他百分之一万的自信。但是当他在织布机上什么都没有看到的时候,他的想法马上变了,"难道我是一个愚蠢的人吗?难道我不够资格当一个皇帝吗"?大家发现没有,他的绝对自信瞬间就崩溃了,在分秒之间他就完全把自己否定了。而这个思维的转换基本没有任何的过渡。这就从巨大的自我偏执,变成了完全的自我怀疑。

课堂上我问学生:"如果皇帝＿＿＿＿＿＿＿＿＿＿,他就不会被骗?"学生说:"如果皇帝不那么喜欢新装,他就不会被骗。""如果皇帝稍微自信一点,他就不会被骗。""如果皇帝不是那么偏执,他就不会被骗。""如果皇帝对他人有那么一点儿相信,他就不会骗……"其实皇帝被骗的背后,是他心中"真我"的模糊和消退。他虽然是一国之君,但并没有君王之心,他轻而易举就被骗子牵着跑了,被周围的大臣牵着跑了,被他的臣民牵着跑了。这些都是"无我"的表现。

认识自我非常难,所以希腊哲言中最著名的一句就是"认识你自己"。认识自己的前提是——自我心性的"成熟"。

木心说:"五四以来,许多文学作品不成熟,原因是作者的人没有成熟。"

同理,我们读不懂文本,读不出文本的"真意和新意",归根结底,是我们还不够成熟。

2. "好我"

刚才说了"坏我",那么什么叫做"好我"呢?"好的我"内涵更丰富,我也举教材中的例子来说。

一个"好的我",是《陈涉世家》中青年时代的陈涉表现出来的那个我。

现在我告诉大家什么叫做"语言的延展丰腴法",或者干脆就叫文本解读的"讲故事法"。这个是我的师傅甘肃酒泉中学的霍军老师的解读。当时我三十岁出头,遍寻名师,终于"发现"了霍军老师。我在很多文章中都提到这位师傅,他对我的文本解读、课堂教学,甚至班主任工作,都产生了很大的影响。他决意留在酒泉,是真正的世外高人。

霍军老师解读《陈涉世家》的法子,便是语言的延展丰腴法——讲故事的法子。讲故事,是"霍大侠"的"解读十八掌"中的"一掌"。

"霍大侠"讲故事,你可以选择最舒服的姿势来听。因为这位大师从来不摆架子,不装腔作势,他是真正的高手——用文本来讲故事的高手。他博览群书,哲学、美学、心理学都有根基。他还是书法家,一生追求艺术之美。他的知识背景决定了他有能力讲出最好的文本故事。我说文本解读要深刻而不高深,要能化学术为情趣。在我的视野中,"霍大侠"是做得最好的一个。

"霍大侠"讲故事,很多时候是从推敲一个个词语开始的。"霍大侠"的妙,就妙在他对文字,对词语的态度。因为这种态度,词语,在他这里,获得了超乎寻常的生长力。

对于文本解读,王尧先生曾有妙言:在文字中出生入死。我曾着迷过这句话。写《老王》一课的"悟课",就由这句话而来。后来觉得,这个表述好,但还不是最好的。"出生入死"太紧张,太血腥了。其实,读文本,是一个很浪漫很优雅的过程,是读者和文本,和文本中的一个个词语日久生情、悱恻缠绵的过程。读者一旦和词语相爱,便会产生一种神奇的力量,他会主动地去探寻这个词语的前世今生,会心醉神迷地为这个词语去耕耘建设一个家园。他把自己的智慧和热情灌注到这个词语中,他注视着这个词语的生长,并且用这种生长来表达自己对于生命的认识。

"霍大侠"对词语的珍惜,集中表现在他的内功。他能够"定格"词语,"慢镜头回放"词语,"特写"词语。比如讲《陈涉世家》的故事,他精心培育的第一个词语是"辍耕"。

"辍耕"是停止耕田的意思。"见肌肤"的老师会纠正"辍"的读音,落实"辍"的意义。"见腠理"的老师会把"辍"和"掇、啜、缀"等词相比较。"见肠胃"的老师会引导学生思考"耕"着的陈胜突然"辍"了,他内心的冲突和思考。而"霍大侠",他的"辍耕",境界之阔大,真是让人叹为观止。我们来欣赏几段。我尝试写几句简单的心得为大家解读这种神奇的解读方法。

【投影原文】

陈涉少时,尝与人佣耕,辍耕之垄上,怅恨久之,曰:"苟富贵,无相忘。"佣者笑而应曰:"若为佣耕,何富贵也?"陈涉太息曰:"嗟乎!燕雀安知鸿鹄之志哉!"

【霍军老师解读】

在这次"辍耕"之前,他已"耕"了多久?见过白发枯瘦的祖父"耕",见过贫寒的父亲"耕",一家人还是忍饥挨饿,苦苦挣扎;见过"闾左"的乡亲"耕",见过憨厚的伙伴"耕",大家都是"星晨沾露起,带月荷锄归",却个个是吃苦的人,人人是受穷的命。

【王君点评】

你看,"霍大侠"的词语,不是长在土里,而在长在星空之上。他从来都在时间和空间的经纬交错中,行为和意义的相互印证中编织文本的故事。既匪夷所思,又合情合理。从"祖父"到"父亲"到"我",从"闾左的乡亲"到"伙伴"到"大家",从世世代代的勤"耕"不"辍",到"个个"还是"吃苦","人人"依旧"受穷",历史的延展感,生命的延续感出来了。凝固的文字,开始自由生长,开始产生意义。

【霍军老师解读】

看他人"耕",到自己"耕",从刚刚有力气举动锄头,成了高大的汉子,汗水摔进泥土里,刨出多少老辈讲述的传说与历史,辛酸与苦难?弯腰播撒时,眼前飘过多少纷争的硝烟,耳边响起几多改朝换代的杀伐之声?只是耕者一直是嚼糠咽菜,起五更,睡半夜,将相从来都衣轻策肥,居高位,得厚禄,这就是庄稼一茬黄了一茬绿、一茬绿了一茬黄那样的硬道理吗?这就是每个人应该重复接受的命运吗?

【王君点评】

自我追问!在"霍大侠"的文本解读中,从来不缺少自我追问。"我",是最终的立足点。看,"霍大侠"驱遣文字,从"群体"回到"自我"了:从"刚刚有力气"到"成了高大的汉子"——这是时间的流转,"自我"不可拒绝的被动生长;"弯腰撒播时"——这是瞬间的定格,是"自我"的主动凝思。"……多少……几多……只是……从来都……这就是……这就是……"一个比一个急促的反问句构成了霍军式的"天问。"文本解读的高下，全在于每一个解读个体能否把自我的"问"和文本进行巧妙的"嫁接"，"借问还魂"，让文本形象因之而饱满，因之而立体。所以木心才说："文本解读的不成熟，乃是因为'人的不成熟'"。反之，人成熟了，你就不会轻易"辍词"了。某一个词语的意义，是有能力赋予它意义的人赋予的。

【霍军老师解读】

不要小看这小小的"辍耕"两个字吧，要知道，在陈涉之前，多少代的奴隶，他们从小耕到死，也从不曾如此"辍耕"过，他们从没觉得有走向田埂、眺望远方、感慨人生的必要。正是这样的许多人、这样一代代重复自身苦难的人，把同样的历史一直传给了陈涉，他们只是完美的、毫无差错的、合格的奴隶，只是奴隶。他们不曾让惯性的、麻木运转的历史车轮"辍"下来，改变哪怕一点点方向。可以肯定，他们从来也不会、或者不敢、最后多半是厌恶站在田野里出神片刻，遐思一时。他们不曾眺望远方，想象另一种人生。春去秋来，大雁飞来又飞去，庄稼黄了又绿，绿了又黄，从来如此，永远如此，他们不觉得这一切有什么想头，从不觉得这一切有什么深意。这样的人太多了，他们以为世界的一切是永恒的，不变的，不该变的，从而以为自己的一生也是上天注定，一成不变。他们只会弯腰而作，永不抬头，就那么一直"耕"着，一代又一代。

【王君点评】

看出这些文字是在把陈涉和其他佣耕者进行比较，并不难。难的是看出这比较背后的思想铺展艺术。我称其为"艺术"，是想强调一个语文老师和一个纯粹的哲学家的不同。哲学家更多的是用道理说明道理，但语文老师不一样，优秀的语文老师要用形象来说明道理。如木心评论，说尼采是哲学家太简单了，我以为他是一个艺术家在竭力思想。所以，我们纵观许多语文界大家，其文字，其言谈，总是很通俗，很形象。要深刻，不要高深。这是语文教学研究的人道主义追求。当我读到"可以肯定，他们从来也不会、或者不敢、最后多半是厌恶站在田野里出神片刻，遐思一时。他们不曾眺望远方，想象另一种人生"，我便想到了"霍大侠"对萨特的存在主义哲学"我们能够塑造自己"的精简论述，想到了他对海德格尔"去蔽""回到事实本身""敞开""澄明"的概念的分析。当初读他的《教师如何读经典》，还有些昏昏然，再回读他的《陈涉》，便理解得多了些。这样的"比"，回到了"生命"本身，让这个生命由缄默状态而进入了"敞开"状态，他为我们揭示了生命与生命的不同，这样的"澄明"，为后来进一步阐释《陈涉世家》的意义做了铺垫。

【霍军老师解读】

而此时，陈涉"辍耕"了！而且一"辍"就是好长时间——"怅恨久之"。他开始沉思，感慨，他在遐想，他思绪纷纷而悠远。他一定想到了很多很多，他的思想一定丰富无比，浪漫多姿。当一个人在田野上如此眺望遐想时，他是多么沉静又美丽啊！我想，他的思考一定关乎作为一个人的意义与命运。

他发出叹息了，一张口就超凡脱俗，振聋发聩，地动山响，惊天动地："苟富贵，毋相忘！"看着这些"佣耕"的人，他仿佛已看到他们抛下锄头去做了别的大事。这些人筋肉结实，活力四射。他们能改变土地，就一定能改变别的东西，比如，命运。可是，他们使他失望，他们脸上根本没出现他期待的光芒。他们像听到了孩子气的傻话——这六个字那样不可靠，仿佛远在天边的缥缈的烟云，根本够不着，却有这么一个大男人认真严肃、诚恳庄重地讲了出来，怎不令人好笑！"富贵"？那是帝王将相的事，与我们何干？这不是风马牛不相及又是什么？"这是人话么？"鲁迅小说《药》中那帮茶客就这么惊奇过。同样，陈涉的一帮伙伴自然而然、不假思索地"笑"了："若为佣耕，何富贵也？""佣耕"与"富贵"，多不相称的两个词啊，牛头不对马嘴，狼筋扯到狗腿上！他们只会在"佣耕"中思考言说，超出"佣耕"，也就超出了他们的思维边界。"佣耕"是他们的篱笆墙，他们从没走出去过……

【王君点评】

读文本，从来都是自我生命的投射；教语文，教到最后，一定教的是自我。如果自我这个生命足够的好，那投射到文本上去的就是清明，就是通透，就是领悟，就是谦卑，就是反省。如果这个自我还不够好，那不仅"看不见"，而且，甚至会"看歪""看错"。霍军老师自身，是一个成熟的智慧的拥有顿悟能力的"很好"的生命，所以，他的解读故事才能拥有让人怦然心动的生命细节。这些细节，不仅靠的是想象力，更靠的，是对日常琐细的关注和凝视。一个对生活抱着无关痛痒态度的人，缺少的不仅是生活意识，更是生命意识。没有细腻的描写，是因为缺乏细腻的情感。没有精妙的还原，是因为没有深刻的思考。所以阅读文本设计课堂的质量和分量，归根结底，还是人的质量和分量。不修炼自己，岂能"修理"文本！所以，成为一个更好的教师的前提，是成为一个更好的人。

大家看，从一个"辍耕"中，我们就看到了教法和活法是怎么相融的。文本解读，归根结底，不是复杂高超的技巧在起作用，而是丰富深刻的心灵在言说。没有那些与生命相关的体验，一切艺术的欣赏都是空洞的，流于表象的。文字从来都不仅仅是艺术形式，更多的是人成长中重要的生活载体和情感附着体。

报告会合影

所以，周国平说：一切有效的阅读不只是接受，更是自我发现，是阅读者既有的内在经历被唤醒和继续生长。

回到原来的话题上，一个"好的我"是什么样子的，我觉得就应该是陈涉当初的那个样子：对当下的生命状态有一种警觉，有一种理智的反省，有一种超拔的审视，唯有如此，我们才有可能看到生命中的另外一种可能，从而走出自我，走向新的生命状态。

这个"好的我"还是什么样子的呢？

【投影展示】

我们在田野散步：我，我的母亲，我的妻子和儿子。

　　我的母亲又熬过了一个酷冬。

　　我和母亲走在前面，我的妻子和儿子走在后面。

　　后来发生了分歧：母亲要走大路，大路平顺；我的儿子要走小路，小路有意思。

——《散步》

　　你看，又是同类信息整合法了。就像《散步》当中的这些"我的"。我问孩子们可不可以删掉这些似乎删掉了也不影响文本理解的"我的"。孩子们说不能。为什么呢？大部分孩子只能停留在这些"我的"有一种自豪感，有一种对生活的热爱，对家人的热爱的情感上。我说，大家再读读，往深一点儿想。当你说"我的"的时候——比如王老师说"我的清华附中""我的圆明书院""我的四班"，温暖幸福自豪的另一方，就一定还传递着一个东西，那就是对"清华附中""圆明书院""四班"的责任和担当。《散步》其实也是一样的，"我的"深层意蕴就是"我"对"我的母亲，我的妻子，我的儿子"的责任和担当。

　　一个好的我，是不回避这样的责任和担当的。

　　一个好的我还是什么样子的呢？

【投影】

　　爷娘闻女来，出郭相扶将；阿姊闻妹来，当户理红妆；小弟闻姊来，磨刀霍霍向猪羊。开我东阁门，坐我西阁床，脱我战时袍，著我旧时裳，当窗理云鬓，对镜帖花黄。出门看火伴，火伴皆惊忙：同行十二年，不知木兰是女郎。

——《木兰诗》

　　这是我上过的一堂非常重要的公开课《木兰诗》。我一直在想：这个故事为什么动人？爷娘、阿姊、小弟、我、伙伴……最后这个段落中出现那么多的人，我们读的时候为什么感觉那么美，那么有生气？这就需要调动我们的生活积累，去想象，去还原了。"爷娘闻女来，出郭相扶将"，这是人世间非常非常温暖且重要的场面。父母双方均健在，老人身体硬朗到尚能走略远一些的路，且感情深笃，互相扶持。特别是听闻十多年征战在外音讯渺茫的女儿居然就要载誉荣归，这是多么隆重的幸福，多么温馨的场面——这就是木兰出生入死的价值——她的奋斗换来了家园的宁静和家人的幸福。每次读到这里，我就觉得心中热流滚滚，因为我的母亲已经去世了，我如何奋斗，如何成功，都不再会看到这样的场面了。

而"阿姊闻妹来，当户理红妆"呢？我问孩子们，妹妹回来了妹妹应该打扮自己，姐姐把自己打扮得那么漂亮干什么？一是因为开心啊，喜欢啊，盛装出迎，是中国传统社会的礼貌。更重要的是我觉得作者特别要展示姐姐的美，姐姐的爱美，这些，都是木兰征战的价值——如果家园被涂炭，命都难保，女性，是很难再关注自己的美的。

特别是"小弟闻姊来，磨刀霍霍向猪羊"这一句，我以前一直在想这个句子应该怎么给孩子们讲，写弟弟和木兰有什么联系。很多孩子也只能答到他要亲自杀猪宰羊迎接姐姐，好肉好菜说明家里还很富裕，这也是木兰征战的价值。但我总觉得还不够，后来我仔仔细细琢磨，咬文嚼字儿地咀嚼，终于明白，这句诗有多么妙！你看，它有形象，磨刀的动作，孔武有力；有声音，"霍霍"，热气腾腾的声音呢；还有色泽，可以想象那"霍霍"之刀银光闪闪很锋利闪着光泽呢！我们还似乎听到了人吆喝的声音，猪羊叫的声音，气氛热烈得很呀！这就是人世间平凡而温馨的生活。但这还不是最重要的，最重要的是小兄弟已经能够"磨刀霍霍向猪羊"了，他那么健壮，那么阳光，充满着虎虎生气，浑身是青年男子的阳刚之美。这些，都是木兰征战的价值啊！如果没有他的木兰姐姐代父从军，如果父亲上了战场，甚至后来这个男孩子被抓壮丁上了战场，说不定就战死沙场了呢。即使没死，也有可能没有能力"磨刀霍霍向猪羊"了。家里十多年没有青年男子，在古代社会，这个家是比较残缺的。总之，"磨刀霍霍向猪羊"，那是万丈红尘中一个平凡底层家庭最富活力的景象。而这些，都是木兰征战的价值啊！

"开我东阁门，坐我西阁床。脱我战时袍，著我旧时裳"呢？我在文本解读《女子何必要如男》中写道：

> 木兰也有夸耀，但这夸耀分外动人：不知木兰是女郎！好个"女郎"，这真真是世界上最妙不可言的夸耀。一身女儿装，真的抵了百千强。女儿娇颜依旧在，十年征战不寻常。护国护家固然光荣，但是，护了自己的美貌才是最最值得的夸耀。
>
> ——节选自拙著《女子何必要如男》

　　木兰没有被战争异化为男人，艰苦卓绝的征战之后，她依旧保持着所有的女儿特质，这是木兰最大的成功。她没有丢掉自我！

　　然后"伙伴皆惊忙"，发现没有？木兰回家后不仅带给家人充沛的幸福，带给自己那么多欢喜甜蜜，同时，也把欢乐惊喜带给了伙伴们——我们可以想象她女装出现在伙伴面前的"表情包"，该多么丰富，而她调侃大家的语言，该多么俏皮。

　　你看，我们读《木兰诗》的方法，还是词语丰腴延展法，句子丰腴延展法。你要展得开，还是你必须对生活有丰富的认知和体验。否则，你就被静止的词语箍死了。词语是死的，但生命是活的。你需要用自己的体温去温暖每一个词语才可能把文本读活。

　　《木兰诗》一课的总结阶段，我设计了一个练习，就是对对联。我写了很多上联，孩子们说下联，基本对上就可以。这是教师的概括写作能力，这个能力很重要，在许多画龙点睛的时刻，都可以用到。

　　　上能赴疆场挥刀保家卫国
　　　下可去厨房运筹油米柴盐

　　　既要停机叹息想爷娘泪水潸潸
　　　更能精挑细选购装备豪情满满

　　　既为忠臣良将威武壮士
　　　更是贤妹慈姐孝顺女儿

　　　上立明堂见天子侃侃辞官
　　　下回故乡戏战友机灵鬼怪

　　　既有飒爽英姿横刀立马
　　　更有对镜梳妆娇媚容颜

　　　既能战功赫赫威震朝野

又能俏丽活泼欢笑家园

做美娇娘，娇嗔可爱
变女汉子，豪气冲天

在家是顶梁柱撑门立户
出门成女汉子建功创业

我用以支撑《木兰诗》教学的不是哪个词语，而是一种思维方法，叫"矛盾对立法"。听说读写都围绕矛盾对立来展开。木兰这个形象，是越矛盾越和谐，越矛盾越丰满。

总结起来，《木兰诗》给我们的启示是：什么是"好的我"，一个好的我，一定是一方面不丢失自我，一方面又带给了周围人欢乐和幸福的那个我。这个"我"是很慷慨的。不慷慨的"我"，绝不是好我。

所以哲人说：当我们自己足够美好，一切美好都将随之而来——唯有先爱自己因而感到安全的人，才具有更温润更慈悲的心境，才能自然而然地流露出对别人的爱。

一个"好我"还是什么样子的呢？继续看——

【投影展示】

21 日下午五时起，我西路军开始渡江，地点在九江、安庆段。

和中路军所遇敌情一样，我西路军当面之敌亦纷纷溃退，毫无斗志，我军所遇之抵抗，甚为微弱。

我东路 35 万大军与西路同日同时发起渡江作战。

至发电时止，我东路各军已大部渡过南岸，余部 23 日可以渡完。

……在 21 日下午至 22 日下午的整天激战中，我已歼灭及击溃一切抵抗之敌……

我军前锋，业已切断镇江无锡段铁路线。

　　　　　　　　　　　　　　——《人民解放军百万大军横渡长江》

　　这些句子出自新闻《人民解放军百万大军横渡长江》。看，我们又在同类信息整合了。这么多"我"聚合后，看到了没有，这是一个多么自信的我，多么豪迈的我。这个"我"，让你想到"数风流人物，还看今朝"了吗？让你想到"到中流击水，浪遏飞舟"了吗？让你想到"钟山风雨起苍黄，百万雄师过大江"了吗？这也是典型的"好我"，有一种睥睨天下横扫千军的气概。生命战场上，我们是需要这样的气概的。

　　"好我"还是怎么样的呢？

　　她在这幅举世闻名的画卷之中。

【投影展示】

雾凇沆砀，

天与云与山与水，

上下一白。

湖上影子，

惟长堤一痕、

湖心亭一点、

与余舟一芥、

舟中人两三粒而已。

——《湖心亭看雪》

　　这好像是写景，其实写的是人。一切景语皆情语嘛！教学时，我做了这样一个情境设置——注意，情景设置是语文教学常用的方法，我让学生做了一个情景选择。

【投影展示】

　　情景一：到亭上，有两人铺毡对坐，一童子烧酒炉正沸。见余，大喜曰："湖中焉得更有此人！"拉余同饮。余亦大喜曰："知音也！知音也！"余强饮三大白而别。问其姓氏，是金陵人，客此。

　　情景二：到亭上，有两人铺毡对坐，一童子烧酒炉正沸。见余，大喜曰："湖中焉得更有此人！"拉余同饮。余心曰："憾也！憾也！"余强饮三大白而别。问其姓氏，是金陵人，客此。

　　做这样情景设置的目的是什么？就是引导学生去认识一幅画卷后边的那个"我"。那个我，正在享受孤独。

【投影展示】

　　狂欢是一群人的孤单，孤单是一个人的狂欢。（阿桑《叶子》）

　　孤独和寂寞是不一样的。寂寞会发慌，孤独则是饱满的……孤独往往确定生命与宇宙间的对话，已经到了最完美的状态……孤独往往是自豪的。（蒋勋《孤独六讲》）

　　当你静下来，处于孤独的状态，内心的语言就会浮现。你不是在跟别人沟通，而是与自己沟通。所以不管禅宗或者西方教派，都有闭关的仪式……（蒋勋《孤独六讲》）

　　这就是"好我"，具备"独与天地精神往来"的能力。这个"我"懂得：一个人活着，一定首先要学会和自己相处，要留出时间让自己安静地与天地精神对话。向外发现自然，向内发现自我，从而走向生命的圆满……

　　那个"我"在享受一个人的狂欢，那个人他不寂寞，他有一种自豪的孤独，那个人不是在与别人沟通，而是在与自己沟通。这种能力，在心理学中就叫做"静默"。所有的宗教都讲究打坐、面壁、参禅……说法不一样，目的一样，其实就是要让我们自己的身体自己的心灵进入沉潜宁静状态。很多时候我们的身体就像浑浊的水，我们需要通过打坐、坐禅、面壁这样的方式让浑浊的水沉淀下来。王阳明说："破山中贼易，破心中贼难。"所有得道之高人他们都具有非同一般的静默的能力。修心，目的，就是破心中之贼。

　　千经万典，只是修心。《西游记》中的唐僧如是说。此中有真意也！

　　一个"好的我"，还在《记承天寺夜游》当中。

　　讲这篇课文，我们一般会选择穿插苏轼的名言，比如——

【投影展示】

苏轼说：

江山风月，本无常主，闲者便是主人。

吾上可陪玉皇大帝，下可陪卑田院乞儿，眼前见天下无一个不是好人。

谁道人生无再少？门前流水尚能西！休将白发唱黄鸡。

莫听穿林打叶声，何妨吟啸且徐行。竹杖芒鞋轻胜马，谁怕，一蓑烟雨任平生。

这叫做资料的引入。引入之前，我们必然经历一个文本激活的过程——课内文本和课外文本产生"共燃"。"共燃"才能"共情"，才能形成有助于学生理解文本的文字场。过多过深过远过玄的资料引入是我反对的。那叫做"引入大于文本"，"新娘"跟着"伴娘"跑了，或者是小沈阳的裤子——跑偏了。这些现场在我们的教学中是常见的，需要警惕。

我引用苏轼的经典言论配合《记承天寺夜游》，目的是什么呢？是想要帮助学生理解这么一个问题：

【投影展示】

月是"空明之月"

人是＿＿＿＿＿之人

这里就藏着"好我"了。因为人是空明之人，所以，月才成为了空明之月。什么是空？了无尘埃。什么是明？明心见性。一个人最好的修炼就是修炼到了这样一个状态，因为有了空明之心，所以才可能"一蓑烟雨任平生"，才可能"眼前见天下无一个不是好人"，才可能"何处歇不得"，才可能"江海寄余生"……这个"我"好到了无论在什么境遇下，都保持了自我选择的权力。选择什么？选择快乐，选择洒脱，选择超然。

看到了吗？苏轼人在红尘，但他的心，一直在修行状态。他已经修到了"空明"的境界。

我们普通人的心，总是向外追求，追求，追求，修行则让我们练习放下，放下，放下。把一切放下，没有什么好追求的。到最后，内心无有恐惧，没有什么是不安全的。不需要找避风港，此刻，当下，就是我的避风港。苏轼就是这样的。他已经找到了"没有归属的归属"，任何一时一处，都是他的归属，即使大风大浪，也是他的归属。

据说，佛陀就是彻底根除了痛苦和挫折的人，他已经发现了恒常不死的快乐和祥和。

苏轼，是红尘中的佛陀。

"好我"还是什么样子的呢？在《丑小鸭》中，安徒生有最好的诠释——你看，童话的最高潮，安徒生把生命成长的最重要的一把钥匙埋在了他的故事当中。

【投影展示】

"我要飞向他们，飞向这些高贵的鸟儿！可是他们会把我弄死，因为我是这样丑，居然敢接近他们。不过这没有什么关系！这比被人们打死，被鸭子咬，被鸡群啄，被看管养鸭场的那个女佣人踢和冬天受苦要好得多！"于是他飞到水里，向这些美丽的天鹅游去。这些动物看到他，马上就竖起羽毛向他游来。

"请你们弄死我吧！"这只可怜的动物说。他把头低低地垂到水上，只等待着死。但是他在这清澈的水上看到了什么呢？他看到了自己的倒影。但那不再是一只粗笨的、深灰色的、又丑又令人讨厌的鸭子，而却是——一只天鹅！

——《丑小鸭》

当丑小鸭就要变成白天鹅之前的那个时刻，他做出了生命当中最为重要的一个选择，那就是，宁愿死，"我"也要游向那些鸟儿。在"生命"和"美"之间，他选择了"美"。而一个连死都不怕的生命，他一定是美的！所以，什么是好的"我"，一个好的"我"是为了追求美执着到了敢于舍弃自我的这样一个"我"。

人的生命是由身、心、灵三个部分构成的。身指身体——身体是否健康，事业是否有成；心代表心智——如能否正常与人沟通，以及学习、思考、反应上；灵是一种赋予自己生命意义的能力。"灵"更是一种整合能力，整合自己的多重角色，使生命力量不再分散，内心不再挣扎，不再撕裂。只有灵性的修养，才有可能使一个人不论从事什么活动，也不论其遭遇如何，更不论是否完成既定目标，皆可以活在充满使命感的氛围中。

丑小鸭即是如此。它变身为白天鹅，不是形象上的变化，而是心理上的"涅槃"。

还有什么是"好的我"呢？我觉得特别要强调的一点就是，这个"我"，不仅仅只有"我"，还有了"我们"。就如《安恩与奶牛》中的老奶奶——

【投影展示】

> 这头奶牛太孤单了！
> 我的小村庄上就只有这么一头奶牛，
> 它又没法同别的牲口在一起，
> 所以我就想：
> 不如把它带到集市上来，
> 至少可以让它跟同类聚聚，散散心。
> ……
> 这样，我们就到这里来了。
> 但是我不是来做生意的。
> 既然已经弄成这样，我们只好回去了。
> ……

这是"人"与"动物"之间的"我们"，自然而然，多么动人！

我多次讲过我的应聘故事。2009年4月，我到人大附中参加我生命当中非常重要的一次应聘考试。我拿到了厚厚的一本高二选修课教材，要求是：在这本教材里任选一篇文章，一个晚上备课，第二天第一节课上课。后来我选定了艾青的《雪，落在中国的土地上》这首长诗。第二天上完课之后，所有学生都起立噼里啪啦地鼓掌，我就知道我成功了。教研组长李老师说："王老师你太厉害了，我们这里有好多全国特级教师来试讲，你是唯一一个让他们鼓掌的人。"我就知道我考上了。确实也考上了。当时就见了刘校长，就这样，"北京欢迎你"，我就到北京了。

我是怎么上的呢？

【投影展示】

请大家先快速浏览全诗，看看艾青在诗中涉及了哪些人物？

（生答：农夫、小妇、母亲、垦殖者……）

师：再找找，诗人是用什么样的人称去称呼这些人物的？

生：他们。

生：你们。

生：我，我们。

生：你，你们。

师：这就怪了。按一般道理，诗人的主体并没有变，那人称就应该是一致的。可是为什么在同一首诗中人称却在不断地变化呢？这变化当中是不是就有诗人情感的奥妙呢？我们今天的学习就从这些人称代词入手。

【投影展示】

那破烂的乌篷船里

映着灯光，垂着头

坐着的是谁呀？

——啊，你

蓬发垢面的少妇，

是不是

你的家

——那幸福与温暖的巢穴——

已被暴戾的敌人

烧毁了么？

【投影展示】

咳，就在如此寒冷的今夜

无数的

我们的年老的母亲

都蜷伏在不是自己的家里，

就像异邦人

不知明天的车轮

要滚上怎样的路程……

【投影展示】

透过雪夜的草原，
那些被烽火所啮啃着的地域
无数的，土地的垦殖者
失去了他们所饲养的家畜
失去了他们肥沃的田地
拥挤在，
生活的绝望的污巷里；

【投影展示】

告诉你
我也是农人的后裔——
由于你们的
刻满了痛苦的皱纹的脸
我能如此深深地
知道了
生活在草原上的人们的
岁月的艰辛

【投影展示】

而我
也并不比你们快乐啊
——躺在时间的河流上
苦难的浪涛
曾经几次把我吞没而又卷起——
流浪与监禁
已失去了我的青春的最可贵的日子
我的生命
也像你们的生命
一样的憔悴呀

【投影展示】

语文不仅是高雅的唐诗宋词，浪漫的汉宫秋月，语文更是黄土地上的稻谷香气……是祖辈的苍颜白发，是父辈的伛偻腰身，是孩子的笑涡，是青年的血气……

【投影展示】

这些所谓知识精英就是这样由读书人不断演变为以知识作为敲门砖的投机者。他们不断追逐个人或集团经济利益，丧失了知识分子的人格，也丧失了对公共领域的历史责任。面对市场经济的潮流，中国知识分子的全面溃退是令人深思的。

——选自诗哲魂《知识分子众生相：背叛、逃亡、消极、沉沦》

【投影展示】

知识的纯粹品质告诉人们：真正的知识分子必能担当天下道德与良知，懂得百姓冷暖民生疾苦。为民争，为民爱，为民呼，为民死，这才是天下读书人的本分。

——选自诗哲魂《知识分子众生相：背叛、逃亡、消极、沉沦》

从 PPT 上你可以看出，其实那次备课我用的方法还是老法子——咬文嚼字，嚼的是什么？人称的变化。一首长诗，诗人的主体没有变，但是它的人称不断地在变。从开始的"我"写着写着变成了"你"，写着写着变成"我们"，写着写着变成了"他们"，我就沿着人称变化的这条线，引导学生朗读、创作、评析，让学生去感受年轻时代的艾青，他的那种"我"的生命也像"你们"的生命的情怀，最后落点到什么是语文……然后引入了诗哲魂的名句，我们有太多的知识分子已经变质了。而艾青，在那样的时代，在他还那么年轻的时候，他就知道，真正的知识分子必能担当天下道德与良知，懂得百姓冷暖民生疾苦，他为民争为民爱为民呼为民死，所以后来艾青被称为"人民诗人"。我说："人大附中的孩子们，你在全国最好的学校，最好的班级，以后一定能去北大清华或者全球更好的学校，希望有一天你们成为这个社会政治精英和经济精英的时候，不要忘记，你的根在老百姓这里。"

　　我想，这个课之所以成功，应该是人大附中看到了一个特级教师的"好我"——这个"我"正在从"我"走向"我们"。一所有情怀的学校，需要有这样有情怀的老师。所以，我就成功了。

　　从"我"走向"我们"，是一个人走向真正成熟的标志。孔子说，"仁者爱人"，"仁"的右边是"二"，两个人以上才称得上有"仁"。所以，一个人，在人群中，才最能检验他是不是真的拥有了一个"好我"。

　　这个话题，在另外一个专门的讲座中，我还将详细阐述。

【投影展示】

好我

时刻领悟的我

能够担当的我

带去欢乐的我

充满自信的我

能够静默的我

保持空明的我

敢于舍弃的我

超越自我的我

融入"我们"的我

……

　　最后做一个总结，"好我"是什么呢？那就是一个时刻领悟的我。能够担当的我，带去欢乐的我，充满自信的我，能够静默的我，保持空明的我，敢于舍弃的我，超越自我的我，融入"我们"的我……

　　具备了这些要素，基本可以算作是"见自我"了。要做到其中任何一点，其实都不容易，都是需要修炼的。

　　我很喜欢一句话：做你自己，不是做你想要的自己，而是做回你本来的、本源的、清净无染的自己。

　　那个好的自己就是"好我"，我们终生的成长，就是在寻找这个好的自己。

重读《西游记》，感慨良多。

每个人的人生，都是一次打不了折扣的"西游"。我们每一个人，都在寻找自己的"灵山"。

赴深圳讲学

灵山不是一个地方，而是人心的一种高等意识状态——即处在当下的状态。这种状态意味着人从心理上的日常沉睡状态回到神圣当下的清醒状态。灵山代表的是延长的当下。西游记则是一个通往清醒的内在旅程。

所谓各式"魔鬼"，实际上来说，就是人的低等自我和低等欲望。

作者借行者之言叮嘱我们：但要一片赤诚，雷音只在跟下。似你这般恐惧惊惶，神思不安，大道远矣，雷音亦远矣。且莫狐疑，随我去！

行者还说：只要你见性志诚，念念回首处，即是灵山。

我亲爱的朋友们，让我们从"见自我"开始，且莫狐疑，随"我去"！

战胜我们的低等自我和低等欲望，抵达我们的"灵山"。

（二）见天地

1."天地"何样

有了一个"好我"，我们才有可能"见天地"。而"见天地"，能够使我们见到更好的自我。

什么是天地？自我之外的那个世界就是天地。

走向天地，是灵魂远行，走出主观的过程。人不可能没有主观，可是慢慢在远行里边，修正自己的偏见跟主观，这就是远行的意义。所以，见天见地，不只是看，更是找到自己的内在——外在的风景，其实是你自己的心情。所以壮游，不只是向外的观察，而是向内的反省。

这个天地，我也想用教材中的文字来描述——

【投影展示】

见天地

慢慢地，稳稳地，走向我们生命中的阳光、菜花、桑树和鱼塘。

——《散步》

"我要飞向他们，飞向这些高贵的鸟儿！"

——《丑小鸭》

要"见"是一种什么样的状态，就是《丑小鸭》中"我要飞向他们，飞向这些高贵的鸟儿"的欲望和行动。理想中的"天地"是什么样子的，那应该是《散步》中的那个有着"阳光、菜花、桑树和鱼塘"的世界。

"阳光、菜花、桑树和鱼塘"不是那么容易见到的，因为，任何事物都有两面性，"天地"亦是如此。

所以，我们所说的天地，既有天地之明媚、天地之壮美，更有天地之荒谬、天地之缺陷、天地之无常。全"见"了，才叫"见"。

"天地"的本来面目有时候让人接受起来是很难的。让我们回到安徒生，再一次走进《丑小鸭》。《丑小鸭》这个童话，简直就是一个意味深长的全息文本，无论从哪个角度看，都能看到生命的本相，让人百读不厌，常读常新。

《丑小鸭》中就有一个"天地"，是小鸭子生活的环境，那是很让人抓狂的。

【投影展示】

这样，他们就到养鸡场里来了。场里响起了一阵可怕的喧闹声，因为有两个家族正在争夺一个鳝鱼头，而结果猫儿却把它抢走了。

"……你们如果看到那儿的一个老母鸭，你们就得把头低下来，因为她是这儿最有声望的人物。她有西班牙的血统——因为她长得非常胖。你们看，她的腿上有一块红布条。这是一件非常出色的东西，也是一个鸭子可能得到的最大光荣：它的意义很大，说明人们不愿意失去她，动物和人统统都得认识她。"

"对，不过他长得太大、太特别了，"啄过他的那只鸭子说，"因此他必须挨打！"

"你能够生蛋吗？"母鸡问。

"不能！"

"那么就请你不要发表意见。"

雄猫说："你能拱起背，发出咪咪的叫声和迸出火花吗？"

"不能！"

"那么，当有理智的人在讲话的时候，你就没有发表意见的必要！"

"请你注意学习生蛋，或者咪咪地叫，或者迸出火花吧！"

——《丑小鸭》

我们用的还是同类信息整合法。你看，这个世界，两个家族为争夺一个鳝鱼头，每天都在打架。这个世界最有身份和地位的老母鸭，不过是因为她有西班牙的血统。这个世界因为一个社会成员"长"得太大太特别了，因此他"必须挨打"。你想想这里面是怎样一个混乱的逻辑！这个世界最可怕的是总有人在你面前指手画脚，想要教导你：母鸡想教你必须要学会生蛋，猫想教你必须要发出咪咪的叫声，学会拱起背和迸出火花。如果你不生蛋，不发出咪咪的叫声，不拱起背和迸出火花，你就不能成为一个得到主人宠爱的奴隶。你说，这是一个多么荒谬的世界。在我们的城市，我们的学校，在我们生活的小小办公室里，是不是时时刻刻都有这个世界的影子？

这就叫见天地之荒谬。

这个世界还是什么样的呢？《从百草园到三味书屋》是这样告诉我们的：

【投影展示】

我于是常常拔它起来，牵连不断地拔起来，也曾因此弄坏了泥墙，却从来没有见过有一块根像人样。

但直到现在，总还没有得到，但也没有遇见过赤练蛇和美女蛇……

明明见它们进去了，拉了绳，跑去一看，却什么都没有，费了半天力，捉住的不过三四只。闰土的父亲是小半天便能捕获几十只，装在叉袋里叫着撞着的。

——《从百草园到三味书屋》

你看，还是同类信息整合吧？再欢乐美丽的百草园，还是有很多遗憾。我这样和学生总结：

【投影展示】

童年纵情百草园

甜蜜里有遗憾，

越憾越留念。

三味书屋呢？那里边似乎确有不少的怨言，但是，如果我们进行又一次"同类信息整合"——

【投影展示】

第二次行礼时，先生便和蔼地在一旁答礼。

先生最初这几天对我很严厉，后来却好起来了……对课也渐渐地加上字去，从三言到五言，终于到七言。

他有一条戒尺，但是不常用，也有罚跪的规则，但也不常用……

因为读到这里，他总是微笑起来，而且将头仰起，摇着，向后面拗过去，拗过去。

——《从百草园到三味书屋》

细细体会这些虚词，是不是感觉到了不一样，三味书屋中的这个先生，虽然名声赫赫很吓人，但其实——

【投影展示】

> 严而不厉
> 严而可亲
> 有点儿迂腐
> 比较开明

所以，鲁迅对《从百草园到三味书屋》的感情，其实是挺复杂的，我带领学生用现场创作的方式这样评价——

【投影展示】

> 童年纵情百草园，甜蜜里有遗憾，
> 越憾越留念。
> 少年书斋识三味，叹息中多笑颜，
> 且叹且珍爱。

你看，这就是生活的真相：任何一种日子，都是有缺陷的，都是不完美的。任何一个地方，都既是我们的百草园，又是我们的三味书屋。或者说更明白一些，天堂和地狱，其实是同时存在的。因为同时存在，所以生命才充满魅惑。

又比如，今天我们上了《看云识天气》。这是篇说明文，但从说明文中，也有世界的真相。我问孩子们——

【投影展示】

下面这个句子和开篇哪个句子相呼应？

但是，天气变化异常复杂，看云识天气毕竟有一定的限度。要准确掌握天气变化的情况，还得依靠天气预报。

——《看云识天气》

这么问，是想引导孩子们关注前两个自然段的"敏感词语"，比如"往往""常常"等表达不确定意义的词语，比如"变化无常"等有哲理意味的词语。结课阶段，我是扣住"无常"二字稍微做了一点点延伸。

【投影展示】

宠辱不惊，看庭前花开花落；
去留无意，望天空云卷云舒。

——《幽窗小记》

我来问道无余话，
云在青天水在瓶！

愿你生命中有足够多的云翳，来造成一个美丽的黄昏。

——冰心《谈生命》

最后，课在祝愿孩子们老师们"看生活之云识无常之道""行到水穷处，坐看云起时"中结束。

青春语文的这种课型，一般由"看篇、看段、看句、看词"几大板块组成。"看意"是最后画龙点睛的部分，追求简而有力，余味无穷。

你看，说明文的课，也可以渗透我们对生命的认识。"无常"就是一切都在不断变化当中。人类的理性，虽然已经高度发达，但是，世界的运转，生命的轮回，还是有许多是我们不可控的，靠理性的力量无法解决的。"无常"也是天地的特征，而且是特别重要的一个特征。发自内心地理解和接纳这个特征，就能够面对无常之人生，多一分淡定和从容。

当然，这个世界更多的还是明媚，是亮丽，这个世界是南方的初春的田野——

【投影展示】

这南方初春的田野！
大块小块的新绿随意地铺着，
有的浓，有的淡；
树上的嫩芽也密了；
田里的冬水也咕咕地起着水泡。

这一切都使人想着一样东西
——生命。

她的眼随小路望去：
那里有金色的菜花，
两行整齐的桑树，
尽头一口
水波粼粼的鱼塘

就这样，
我们
在阳光下，
向着那
菜花、桑树和鱼塘
走去

——《散步》

景物描写很重要。如何讲？我们可以创造很多方法出来。比如花式朗读，比如相关文化信息的引入穿插。讲《散步》时，我问，孩子们，菜花让你想起了哪些古诗词？桑树让你想到了哪些古诗词？鱼塘让你想起了哪些古诗词？当菜花、桑树、鱼塘加上阳光、小路成为一个完整的意象群的时候，文字的内在意境就出来了。我们走向的还仅仅是阳光、菜花、桑树和鱼塘吗？不是的，我们走向的就是那和谐、幸福、美满的蓬蓬勃勃的生活啊！

这就是我们梦想中的世界！梦想中的天地！

这个世界，这个天地，一旦见到了，它在我们的心中，会激起什么样的反应呢？

还是回到《丑小鸭》。丑小鸭如果不走出去，如果见不到天地，它的命运是怎么样的呢？安徒生是这样写的：

【投影展示】

"那个母鸭的孩子都很漂亮，"腿上有一条红布的那个母鸭说，"他们都很漂亮，只有一只是例外。这真是可惜。我希望能把他再孵一次。"

"那可不能，太太，"鸭妈妈回答说，"他不好看，但是他的脾气非常好。他游起水来也不比别人差——我还可以说，游得比别人好呢。我想他会慢慢长得漂亮的，或者到适当的时候，他也可能缩小一点。他在蛋里躺得太久了，因此他的模样有点不太自然。"

——《丑小鸭》

你看，解读文本，是离不开"同类信息整合"的。整合之后，山高而月小，水落就石出了。那只最有身份的母鸭子提出的解决"丑"问题的方案是：我希望你能够把它再孵一次。咱琢磨一下，一个孩子都生下来了，如何再孵？这其实就是对这个生命完全、彻底地否定。"重孵"就是打回原处，重新来过。现实世界不认同你，不接纳你，你就是活着，也是一种虚无。你得服从，得按照人家的标准自我改造自我重塑。

丑小鸭的妈妈呢，她的思路也很怪异。她说自己的孩子"在适当的时候，也可能缩小一点"，哪有一个母亲希望自己的孩子越长越小的？这言外之意，你懂吗？缩小的最后的目标是什么——个儿变小了，身形和其他鸭子一样了，差异消弭了，个体和群体的矛盾就没了，问题也就解决了。就如我们，你不再坚持自己的追求了，你最后决定混迹于平庸无聊的大众，跟他们一起天天喝酒打麻将斗地主了，跟他们过一模一样的日子，你就不是另类了，那个"世界"自然就接纳你了。

但丑小鸭不是这样的。他的心中藏着另外一个世界，另外一方天空。他决定走出去，所以他选择了逃亡。他做出这个决定并且付诸行动之后，他生命当中最重要的那个时刻就到来了。这重要的时刻不是他变成白天鹅的那个辉煌的时刻，而是他看到一个另外的世界、另一片天地的时刻。这片天地是这样的——

【投影展示】

一天晚上，当太阳正在美丽地落下去的时候，有一群漂亮的大鸟从灌木林里飞出来，小鸭从来没有看到过这样美丽的东西。他们白得发亮，颈项又长又柔软。这就是天鹅。他们发出一种奇异的叫声，展开美丽的长翅膀，从寒冷的地带飞向温暖的国度，飞向不结冰的湖上去。

　　他们飞得很高——那么高，丑小鸭不禁感到一种说不出的兴奋。他在水上像一个车轮似地不停地旋转着，同时，把自己的颈项高高地向他们伸着，发出一种响亮的怪叫声，连他自己也害怕起来。啊！他再也忘记不了这些美丽的鸟儿，这些幸福的鸟儿。

——《丑小鸭》

　　在这个时刻，丑小鸭有了弥足珍贵的领悟：原来还有其他的生命状态，叫做自由，叫做舒展，叫做漂亮；原来还有一种活法，叫"飞得很高，那么高"。这个时刻，是这只小鸭子颠沛流离的流浪生涯中醍醐灌顶的一个时刻，他看到一个美好的壮丽多姿的世界，他的落荒而逃，从此被赋予了新的意义。

　　内心没有方向的人，走到哪里都是流浪；而对于生命有方向的人，走向哪里都是追寻。

　　从这个时刻开始，丑小鸭漫无目标的"逃亡"，变成为了"行走"，变成为了"追寻"。

　　克里希拉穆提说："一旦发现了真正爱做的事情，你就是一个自由的人啦。你心中有爱，让爱自己去运作，就不会有选择的问题啦。"

　　是的，从这个时刻开始，丑小鸭的选择就只有一个了，那就是美，生命的美！

　　是的，追寻新天地，产生变化的，不仅是我们的身体，更是我们的心灵。就如《安塞腰鼓》中描绘的——

　　【投影展示】

　　使人想起：落日照大旗，马鸣风萧萧！

　　使人想起：千里的雷声万里的闪！

　　使人想起：晦暗了又明晰、明晰了又晦暗、尔后最终永远明晰了的大彻大悟！

　　容不得束缚，容不得羁绊，容不得闭塞。是挣脱了、冲破了、撞开了的那么一股劲！

——《安塞腰鼓》

　　见天地的路上，落日照大旗，马鸣风萧萧；见天地的路上，千里的雷声万里的

课堂留影

闪……见天地的过程，就是挣脱束缚，冲破羁绊，撞开闭塞的过程。在这条路上，我们必将经历晦暗了又明晰，明晰了又晦暗，而最终，迎来大彻大悟。

行走，让我们理解：真正的进步不是被自己的不满和焦虑驱赶着，而是被美好的目标吸引着。

在行走中，我们更加理解：人生中出现的一切，都无法占有，只能经历。我们只是时间的过客，总有一天，我们会和所有的一切永别。深知这一点，就会懂得：无所谓失去，那只是经过而已；亦无所谓得到，而只是体验罢了。

在行走中，我们更加笃信一点，那就是：真正重要的不是活着，而是要活得好。

这就是我们即将走向的天地——一个充满荒谬、缺陷、无常，但同时既明媚又壮美的世界。它们将同时出现在我们面前。

积极心理学家弗兰克说过一句名言：即使在极端恶劣的环境里，人也会拥有一种最后的自由，那就是选择自己态度的自由。

是的，天地就在那里。事实上，你想看到哪个世界，就能看到那个世界。你想拥有哪个世界，你就能拥有那个世界。

先成为帝王，才会拥有王国。

你是你自己的帝王吗？

2. 如何"见天地"

如何才能见天地？

哲人说：真正的行走不是被自己的不满和焦虑驱赶着，而是被美好的目标吸引着。真正的行走都不是那么着急，我们默默努力耕耘，耐心地等待它开花结果。

所以，见天地需要一些禀赋，或者说，需要一些心理特质。我们先要问问自己——

【投影展示】

见天地
见的决心？
见的路径？
见的节奏？
见的目标？

什么是"见的决心"？我们来看余秋雨先生是怎么说的。

【投影展示】

我一直认为，除了少数逃罪人员和受骗人员，正常意义上的远行者总是人世间比较优秀的群落。他们如果没有特别健康的情志和体魄，何以脱离早已调试了的温室去领受漫长而陌生的时空折磨。天天都可能遭遇意外，时时都需要面对未知，许多难题超越精神储备，大量考验关乎生死安危，如果没有比较健全的人格，只能半途而返。

——余秋雨《流浪的本义》

对此，我深有共鸣。我从农村走到县城，从县城走到重庆，从重庆走到北京，从人大附中走到清华附中——每走一步，都"鲜血淋漓"。我写过《二十年目睹调动之怪现状》《我已出走半生，归来仍是少年》等系列文章，读过的朋友大概会明白什么叫"被折磨"。那种经历，很多时候真是生不如死。打道回府吧，举手投降吧……凡此种种情绪此起彼伏，不一而足。总之，没有长夜痛哭，你是不懂余秋雨这句话的。但也只有在这样的压力下，你的选择，才会显出分量。就像丑小鸭——

【投影展示】

他有可以不逃的时候……

唯一安全的一次，他也可以留在农家小屋里。但是……

小鸭坐在一个墙角里，心情非常不好。这时他想起了新鲜空气和太阳光。他觉得有一种奇怪的渴望：他想到水里去游泳。

"我想我还是走到广大的世界上去好。"小鸭说。

——《丑小鸭》

这就叫"见天地"的决心，不被暂时的安稳所迷惑，内心世界对于"新鲜空气和太阳光"，对于到"水里去游泳"，对于"广大的世界"有一种坚定的执着，哪怕是被人讽刺为"你简直就是在发疯"也不怀疑，也不放弃。

我们说，追随自己的内心，就是这个意思了。

"见"的路径呢？那是丰富多彩的。上《谈生命》时，我问孩子们——

【投影展示】

《谈生命》中冰心先把生命比喻成"春水"，又把生命比喻成"小树"，可不可以删掉其中的一个比喻。

答案是不可以的。罗素说，参差多态乃幸福的本源。生命成长的方式也是如此。你可以像我，生命如春水，以不断流动的方式，在不同的城市，体验感受天地之壮美。也可以如树，终生站立在一个地方，向上生长，向宇宙伸展你的枝叶，拥抱广袤天空。

成长，更多是心灵意义上，而不是地理距离上的。

"见"的节奏呢？

要像《紫藤萝瀑布》中见到藤萝花一样，时时惊喜，时时流连。

【投影展示】

我不觉停住了脚步……

——《紫藤萝瀑布》

这其实是一种生命的审美力。因为美，所以驻足，所以陶醉，所以成长。

行走不是一直往前冲，而是边走边看，边走边赏。

木心先生说过一句话："没有审美力是绝症，知识也救不了。"现在很多人穷，穷的不是物质，而是精神。没有精气神，没有恰当的审美，生活剥露出最务实、最粗俗的一面，越来越追求实用化的背后，就是越来越平庸，越来越枯萎。

我们，应该引以为戒。

行走，要像《安塞腰鼓》中描绘的那样，生命如鼓，酣畅淋漓——

【投影展示】

骤雨一样，

是急促的鼓点；

旋风一样，

是飞扬的流苏；

乱蛙一样，

是蹦跳的脚步；

火花一样，

是闪射的瞳仁；

斗虎一样，

是强健的风姿。

黄土高原上，

爆出一场

多么壮阔、

多么豪放、

多么火烈

的舞蹈哇

安塞腰鼓！

——《安塞腰鼓》

更要像《散步》中那样，文字的节奏就是生命的节奏，慢慢地，稳稳地——

【投影展示】

神奇的"圆形句式"

内容相呼相答

形式相扶相持
思想相辉相映
情感相融相生

更要像《苏州园林》中叶圣陶的那种语言风度——

【投影展示】

池沼里养着金鱼或各色鲤鱼，
夏秋季节荷花或睡莲开放，
游览者看"鱼戏莲叶间"，
又是入画的一景。

有几个园里有古老的藤萝，
盘曲嶙峋的枝干就是一幅好画。
开花的时候满眼的珠光宝气，
使游览者感到无限的繁华和欢悦，
可是没法说出来。

那些门和窗尽量工细而决不庸俗，
即使简朴而别具匠心。
这些颜色与草木的绿色配合，
引起人们安静闲适的感觉。
花开时节，
更显得各种花明艳照眼。

——《苏州园林》

我 40 岁以后再读叶圣陶，终于读出了年轻时代读不出的美好。他的文字特点，我和学生归纳为——

【投影展示】

> 有准确严谨的表达力
> 有典雅端庄的文言范
> 有从容流转的音韵美
> 有过目难忘的画面感
> 有气定神闲的情感流
> ……

《苏州园林》现在让我着迷的，就是那种从容流转典雅端庄和气定神闲。行走中的我们，更多的时候，应该是这样的一种状态！

像宗璞一样，被一束花洗礼之后，"不觉加快了脚步"，像莫顿·亨特一样，被困在高崖上一次之后，终生笃信"走一步，再走一步"……

行走的过程当中，心态很重要。

好心态就是能够读懂弗罗斯特的《未选择的路》——

【投影展示】

> 也许多少年后在某个地方，
> 我将轻声叹息将往事回顾：
> 一片树林里分出两条路——
> 而我选择了人迹更少的一条，
> 从此决定了我一生的道路。
>
> ——《未选择的路》

人生，永远和"轻声叹息"相连。因为，《未选择的路》告诉我们：与其说"路"是一种象征，不如说，"路"和"我"合起来共同形成了一种象征：那是选择带来的生命困惑。是生命个体对生命多元的期待和眷念。是生命个体对看似可以把握实际无法把握的命运流向的执着追寻——我们只有一次行走的机会；我们无法进行第二次选择；我——这其实是一种生命困境。是人类无法超越的生命之有限。而谁又不在这"有限"中呢？于是，《未选择的路》道出了所有生命的遗憾，它是所有生命的知音。

　　我以为，对于每一位在路上的人，都有必要真正读懂这首经典。读懂了，当你要去见天地的时候，便会有一种心理准备：在我选择之前，我已经被选择。我不可反悔，不可回溯。我当更谨慎，更珍惜。我当有遗憾而不焦虑，有叹息而不沉沦。

　　走向天地，是走向生命的真相，走向认知的繁华，其意义，就在行走本身，就在追求本身。行走，就是终点和目标。所以，我问——

　　【投影展示】

　　在冰心的《谈生命》中，为什么很精彩地活了一辈子后，最后却"说不上快乐，也没有悲哀！"

　　为了帮助学生理解，我进行了两次联结：一是弘一法师的故事；二是乔布斯观禅的故事。

　　【投影展示】

　　【投影展示】

华枝春满，天心月圆。

——1941 年 10 月 13 日弘一大师圆寂前引用的话

　　【意思是：但只见春满花开，皓月当空，一片宁静安详，那就是我的归处啊。】

在千岛湖

多么好啊！冰心为我们描述了终点的状态：行走，不是走到别处，不是走到高处，而是走到华枝春满天心月圆之处。因为行走，我们的生命，与天与地，相谐相融。我们自己，因此而成为了天地的一部分，所以，也无穷远，也无穷大。我们心满意足，无怨无悔。

我们自己，也成了天地——既灿烂，又宁静。

我们必将懂得罗曼·罗兰所说，创造就是消灭死。

我们也将如《安妮日记》中所说：

我希望我死之后，能够继续活着。

（三）见众生

什么叫见众生？这好像挺深奥，很"佛家"，跟红尘中的我们搭不上关系。

其实没有这么高深。

我的理解，"众生"就是"我们"，"见众生"就是从"我"走向"我们"，就是理顺"我"和"我们"之间的关系。

乔治·华盛顿·卡弗说：所有学习的过程都是理解关系的过程。

周国平说过，什么是觉醒？一个是生命，一个是自我，一个是灵性。生命有三个不同的层次：第一是自然生命的觉醒，人要有平常心，可以让人得到平常的幸福；

第二是自我的觉醒，人要有进取心，要优秀，可以让你得到事业的幸福；第三是灵性的觉醒，就是要有菩提心、清净心，可以让你得到超越的幸福。

见众生，本质上就是灵性的觉醒，就是渐渐拥有了菩提心、清净心，渐渐拥有了超越的幸福。

我还是试着借用咱们语文教材做简单的诠释。

我读布丰的作品，甚是喜欢。《松鼠》这一篇，更喜欢。它开篇即说：

松鼠是一种漂亮的小动物，乖巧，驯良，很讨人喜欢。

对万物有情的布丰字字词词都讨人喜欢，但"讨人喜欢"四字更让我喜欢。我教《松鼠》，就是扣住这四个字大作的文章。后来，我有所悟，所谓"见众生"，就是拥有了一种能力，能够发自内心地赞叹：世间的一切，都是那么讨人喜欢！

还有一句名言，让我一直喜欢。它说：生命中最美好的事情就是，在喜欢你的每一天里，被你喜欢。

说得多么漂亮！

"讨人喜欢"的背后，是两种能力：

【投影展示】

1. 理解接纳每一个人的生命状态。

2. 懂得用最恰当的方式面对他人的生命状态。

（1）什么叫"理解接纳每一个人的生命状态"

理解了，接纳了，在解读《老王》的时候，你就能够敏锐地发现足以支撑全篇的支柱词语——

【投影展示】

他靠着活命的只是一辆破旧的三轮车。

——《老王》

那个词语就是"活命"。老王在活命状态，杨绛也在活命状态，就是因为都在活命状态，所以，他们之间的温情交往与心酸隔膜才有了非同寻常的艺术感染力。朋友们惊叹我怎么能够发现这么一个词语支撑全课？我说，只有你这个阅读者自身对"活命"二字有所体验，感同身受之后，你才能够发现藏在《老王》的字里行间的秘密，进而设计语言训练，引领学生走到文本深处。

【投影展示】

1. 让学生为老王自述身世：理解老王被社会遗弃的痛苦。

2. 老师演杨绛，学生饰老王，创造性对话：理解老王没有家人的孤苦无依。

3. 让学生饰看客，创造性"演说"社会闲人对老王的挖苦讽刺：理解社会对老王的凉薄。

4. 演读老王和杨绛的对话：理解老王有"房"无家的痛苦。

5. 诵读文中反复出现的"只"字，感受老王的走投无路。

这些设计的诞生，单看方法技巧，不过还是同类信息整合呀，情景设置呀，语言空白还原修补啊，但往深里看，全是情怀。一个没有多少经历些人生苦难的教师，对"活命"之生命有所悲悯的教师，大概是很难读出文本意味的。读不出，自然设计不出。

对《老王》是如此，对《背影》也是如此。教这篇课文时，我让学生做了这么一个语言修复的训练——

【投影展示】

近几年来，（　　）父亲和我都是东奔西走，（　　），家中光景还是一日不如一日。

——《背影》

修复的结果自然是：

【投影展示】

近几年来，（虽然）父亲和我都是东奔西走，（但是），家中光景还是一日不如一日。

　　如果我们和《背影》的开头父亲所说的"事已如此，不必难过，好在天无绝人之路"一比较，父亲的艰难就被还原了。在这个背景下再去研磨父亲的爱，对《背影》的理解，就会不一样。

　　这个很受大家称道的教学设计的诞生，靠的是什么？不是技巧，靠的是调动自己的人生体验去温暖文字，去激活文字。教课，永远教的是自己的积淀。

　　也就是说，你懂文本之前，你得懂文本承载的那种生命状态。比如教《台阶》，我用的是标点符号切入法——

【投影展示】

《台阶》的结尾是：怎能了呢，父亲老了。

——《台阶》

　　我问："这个句子在标点的运用上耐人寻味。结尾句表达的感情毫无疑问是无比沉重的，但作者为什么会舍弃表情达意相对丰富的问号和感叹号，而偏偏锁定了一个淡淡的句号呢？"

　　我这么问学生，是因为我对这个问题，有比较多的思考。其实，《台阶》中的父亲就是我现实生活中的父亲，两位老人的人生经历简直一模一样，几乎重合。我懂：

　　　　这最后似乎是不经意的一声感叹，其实是作者最无奈最沉重的一句呻吟。父亲老了，这里的"老"，不仅仅是指父亲年事已高身体受伤无法再操持农活，还是指儿子感受到父亲心灵世界的"老化"——父亲不但失去了健康的身体，也同时失去了奋斗目标。身体的老朽固然已经可悲，追求的丧失更让人心痛。但儿子之痛还更在于他几乎是眼睁睁地看着父亲为了造屋而耗尽了一生的精力，他在父亲身体和心灵都迅速衰老的残酷现实面前无能为力。一个句号，悲凉地道出了中国农民再勤劳善良也无法彻底改变命运得到幸福的残酷现实。小说中的父亲是如此，无数中国农民又何尝不是如此呢？

——节选自王君《台阶的结尾是败笔吗？》

　　一遍遍地读《台阶》，反复解读《台阶》，针对听到不少课在批评父亲的"台阶意识"的现状，我还撰文呼吁：

> 我以为，面对《台阶》这一类的小说，我们这些比农民生活得稍好一点儿的人，应该有"俯下身去"读的意识。但这"俯"，绝不仅仅只是悲悯。只有真正的爱和深刻的理解，才会读懂《台阶》们的主人公，才不会在有意无意之中犯了居高临下的错误。究其根本，这其实是涉及阅读观的问题——到底是平民的阅读观，还是精英阶层的阅读观。唯有如此，《台阶》们的文学价值、美学价值、思想价值才会避免被扭曲的可能。
>
> ——节选自王君《〈台阶〉的结尾是败笔吗?》

教书，很多时候教的是自己对人生的认识：我们所有人，在某种层面上，其实都在"活命"状态。天有绝人之路，并非可怜者必有可恨之处。很多时候，我们都没有选择，都无法选择。对所有人的生命状态的理解，对每个生命的悲悯和同情，是我们解读文本的情感底座。这个底座是否坚实，决定着我们课堂的深度和高度。

所以，我最大的领悟是：只有自己这个"我"足够好，上出来的课，才可能足够好。

就如那个我给老师们反复讲反复讲，怎么讲都觉得讲不够的《我的叔叔于勒》的教学故事。在我的《六上〈我的叔叔于勒〉》中，我曾经这样写道：

> 菲利普夫妇眼里只有钱吗?
>
> 直到现在，我还看到许多文章在大肆批判菲利普夫妇。不仅是对他们不认亲人进行批判，而且坚持把"衣冠整齐地去散步"和"请女儿吃牡蛎""给外人看于勒的信件""没有钱却还要去旅行"等行为全部定义为"虚荣"。对此，除了无奈，我没有什么可说的。
>
> 我是穷人家的女儿，青少年时代经历过因为经济困窘险些辍学的生活艰辛之痛。我以为，没有类似经历的人很不容易读懂《我的叔叔于勒》及类似的小说的。因为习惯于简单地道德批判几乎算是中国教育的特点，而这特点已经异化了人们的审美，造成了伪道德化的阅读思维和审美取向。
>
> 散步，这对普通家庭也不是一件容易坚持的事。对"很晚才从办公室回来，

挣的钱不多"的菲利普家庭更不容易。这"每一个"星期日的散步，而且是"衣冠整齐"的散步（真正的休闲的散步应该绝不讲究衣冠整齐而应追求闲适舒适吧），我认为表达的乃是穷人家对生活的一种态度。在这短暂的悠闲和庄重里，菲利普一家可能找到了一种生命的尊严。

确实，人生不仅仅是一场为了衣食的战斗，生命的尊严可能更多时候表现在其他方面。虽然生活的风霜刀剑严相逼，到了"一尺花边"也要计较，正常的人际交往都需回避，甚至连女儿因为没有嫁妆都嫁不出去的地步，但是，菲利普一家还没有完全被生活压垮。他们的心里还对生活抱有希望。

我以为，一家人去散步，这是对沉重的生活压力的一种缓解释放，是展示一个贫穷家庭对抗灰色人生的倔强态度。

吃牡蛎的情节也是的。

父亲"突然看见两位先生在请两位打扮得很漂亮的太太吃牡蛎……"，他"被这种高贵的吃法打动了"，于是，向夫人提出了请求。这样的请求显然是超出了这次哲尔赛旅游的开支预算，因此，立即遭到了夫人的软性抵抗，引发了夫妻之间微妙的矛盾。虽然菲利普夫人勉强答应了让两个姐姐和女婿去吃牡蛎，但从她的迟疑不决中，我们可以感受到菲利普为此必须要面对的尴尬甚至回家后必然要面临的苛责。

但是，深谙家庭经济捉襟见肘状况，对老婆言听计从的菲利普还是提出了这个看似荒唐的要求。他无法抵挡这种"高贵的吃法"的魅力，他渴望自己能够成为请漂亮女士吃牡蛎的先生，渴望女儿们能够哪怕是短暂地享受这样的美好和尊严。

就是哲尔赛的旅行，让他们感受到"快活而骄傲"的原因也绝不仅仅是玩耍本身，而是旅行带给人的尊严感和幸福感。

这些细节让我很感动：在灰色的生活中浮沉，需要用尽全力才能够勉强维持家庭生活的普通百姓，应该有权力拥有这样的关于"高贵"的梦想。

所以，如果我们能够不完全躲开生活的尘土，而以悲悯的情怀来设身处地感受这些小人物的生活，那么，在失望和批评之外，也许我们还会多一些宽容和理解。

——节选自拙著《永远无法完成的救赎——〈我的叔叔于勒〉再读》

读"于勒"读"菲利普"是如此，读任何生命，都该如此！

宽容之情，宽恕之心，指引我们走向文本深处。

真正的宽容是什么？它不是道德，而是认识。它是一种类宗教观念：众生之愚，皆我之愚；众生之罪，皆我之罪。它是一种同情性理解。以我及他，以此及彼，深入事件，体谅人和世界的挣扎，才有不轻易责难的修为。如果有一天，我们的生活与心境，均已别有洞天。对任何事任何人，都怀有明亮的慈悲和自由的柔软。那时候，或许我们才可以说，我真正可以开始阅读了。

"见众生"就是回到生命的原点，理解一切生命的正常渴望，还原每一个生命的自然状态。

《纪念白求恩》是我 2012 年的代表课，这堂课是我课堂教学的一个高潮了——一节课，如果上到学生和听课老师都不愿意下课，上到学生产生了无穷无尽的问题和热烈的探究欲望，这节课，一定是节好课。这样的好，好到其他的瑕疵都可以忽略不计——这是我的评课观。事实上，我们没有谁可以上出十全十美的课出来。

但这个课，也引发了一些争论。争论集中在我的"争鸣"阶段：我穿插引入了源头活水——白求恩的信件，还原了白求恩的形象。原来这个在中国完全被神化圣化，被推到了神坛上的英雄，也是一个有普通人欲望的正常人。比如——

【投影展示】

白求恩给友人的信件

收不到你的信，我已经习惯了！向上帝保证，我已经习惯了。又有两个月过去了，仍然没有你的回信。延安的医疗队于 11 月 25 日到了这里，却没有带来信件。我一直盼望着这支医疗队能够带给我一些书籍、杂志和报纸，以及一封你的信，让我了解一些外界的情况。但是，他们却只带来一台没有电机和支架，所以将无法工作的 X 光机……

……顺便说一句，我从延安收到的所有东西都已经开封。这其中包括我的所有信件。一些信件还有缺页。下次请一定将所有物品和信件多加一层保护。中国人的好奇心太强了。

除了一张日本人留在一座小林子里的 4 月 18 日的《日本宣传报》，我已经有六个月没有见到过英文报纸了。我也没有收音机。我完全与世隔绝。如果不是因为一天中有 18 个小时要忙于工作，我肯定会有不满情绪的。

我梦想咖啡、上等的烤牛肉、苹果派和冰激凌。美妙的食品的幻影！书籍——书还在被写出来吗？音乐还在被演奏吗？你还在跳舞、喝啤酒和看电影吗？铺在松软床上的干净的白床单是什么感觉？女人们还喜欢被人爱吗？

所有这一切在我境况好的时候都是可以轻而易举地得到的。这多么令人伤心！

这些材料，让《纪念白求恩》这篇和当代学生隔膜甚深的文章有了热度，让这篇议论文的学习真正从"共鸣"走向了"争鸣"。学生的思想火花在课堂上摩擦飞溅，精彩纷呈。老师们感慨"听君一堂课，胜读十年书"。

而部分老师则认为，语文课的主要任务是学习语言文字，没有必要引入这么多内容，课堂上落实工具性任务就可以了。这么做是画蛇添足，喧宾夺主。

仁者见仁，智者见智。我也认同语文教学应以工具性训练为立足点。但具体问题需要具体分析。事实上，人文性和工具性"皮之不存，毛将焉附"？平衡它们之间的关系，打通它们之间的藩篱，是语文教学艺术化思想化的必由之路。我至今依然认为，不为学生还原一个真实的白求恩，而仅仅靠毛主席的一篇短文就要让学生理解接受那些崇高的评价，是不负责任的。

为学生呈现生命的实相，引导他们以语言文字为桥，理解每一个生命的复杂性多面性，这样的语文教学，才可能真正"养育生命"。

只有老师走在"理解众生"的路上，学生才有可能在未来成为真正的人道主义者。

理解卑微生命的崇高，向平凡而伟大的生命致敬，应该是一位有良知的语文老师在课堂教学中不断渗透的目标。

比如上《最后一课》这篇小说，经历了诸多语言揣摩后，我最后归结道——

【投影展示】

师： 同学们，我们曾经读过太多太多让我们热血奔涌的顶天立地的英雄故事，这些英雄人物影响了历史的进程甚至改变了历史，他们的名字在历史的丰碑上熠熠生辉，他们是一个国家的筋骨和脊梁，他们是国之"王者"！

（师板书，写巨大的"国"字，只留一个点不写）

师：但是，还有另外一种人物，他们只是草根，他们没有太大的力量，甚至全无力量，他们自己也彼此用"可怜"来互相称呼。但是，他们也爱国，虽然爱得无奈，爱得无力，爱得沧桑。这是底层老百姓的爱。也许这样的爱无法青史留名，也影响不了，更不可能改变历史，但这样的爱，乃是一个国家的地火。它虽然微弱，但是却倔强蓬勃。它是一个民族隐形的筋骨和脊梁。就比如"国"字中的小小的一点——

（师板书，为黑板上的"国"字添"点"，在"点"中写上"韩麦尔、小弗朗士……"）

师：大背景大事件，小人物"小故事"。没有惊天动地的战争，没有血雨腥风，没有丰功伟业，没有力挽乾坤……只有无奈、承受、痛苦……无声地反抗，默默地挣扎，这是小人物的爱国故事。这也是都德的《最后一课》在无数爱国主义作品中独树一帜的重要原因……这是最真实的平民之爱。给大家准备了一点点资料，关于《最后一课》之后的故事。有兴趣的同学可以多想一想，也欢迎课后来和老师讨论。

……

——节选自拙著《为学生的感动负责——〈最后一课〉课堂实录》

青春语文说"见众生"，其实就是教到最后，学到最后，能够妥帖地在心中安放世间众生的生命形态，理解、包容、接纳且成全。

因为我们自己，也是这"众生"中的一员，我们自身的不完美，完全可能超越其他生命的不完美。

就像《喂——出来》——

【投影展示】

谁之罪

生：其实我觉得故事中的大部分人既是刽子手也是受害者。因为从始至终，大家都不知道这样做的后果是什么。他们并不想害别人，更不想害自己。学者顾全面子，商人谋求利润，普通人想要一份轻松一些的生活，这固然不高尚，但是也还可以理解。我觉得悲剧更在于人们对即将到来的危险一无所知。

师：在某一个层面上，人类是愚昧的。虽然科学已经很发达了，但是我们还是不可救药地发现，我们经常处于蒙昧状态，是吧？说到这里，那准许王老师问一个涉及隐私的问题。请你说实话——如果你是故事中的人，你会往这个洞子里投东西吗？

【投影展示】

你

师：是啊，同学们，庙被台风吹走了，真善美被台风刮走了，于是，洞出现了。这个洞，哪里是自然的洞，那分明是人性的漏洞，是社会的漏洞啊！在故事中，受到污染的岂止是环境，更是我们人类的心啊！

【投影展示】

庙被吹走了：现代社会人性的丢失，文化的丢失，人们精神家园的贫瘠，内心的"漏洞"的产生……

这样的追问，也是语文教学中常常用到的，叫做"角色变换问"。一变，我们就从阅读客体变为了故事主体。一变，生命的很多真相就呈现出来了。

因为"我是众生"，所以，"见自我"才能"见众生"，"见众生"才能更好地"见自我"。此中真意，需得经历生命的千山万水，才能悟得。

这样的教学例子太多太多，举不胜举。

"见众生"需得有一颗慈悲之心，就是理解——

【投影展示】

> 艰难和沉重是生命的本色
> 每一个生命成为那个样子一定有他的理由
> 唯有理解唯有接纳唯有成全才能够成就他人
> 也成就自己

因为懂得，所以理解。当我们懂得了艰难和沉重是生命的本色，懂得了每一个生命成为那个样子一定有他的理由，我们就会接纳，就会成全，就会去爱。而最神奇的是，当我们走上了"爱他人"的路，我们也就走上了"自爱"之路。

这是最难的修行。

最难的修行，不是在深山独处，与人世隔绝；不是在禅坐，掉入某个境界。最难的修行，是在关系中。

爱，不是因为你找到了一个完美的人，而是你以一种完美的方式来看待一个不完美的人。

成长的最高标准是成为了有责任感的，人格健全的人。这样的人，对人类，有深切的关怀；对别人的命运，有由衷的同情。这样的人，愿意与他人一起承担痛苦，一起分担责任。

看电影《命悬一线》，有一段台词记忆深刻：

心想事成的人绝对不会快乐。最符合人性的真谛是：尽力活在你的想法和理想中，不要依据你达成多少欲望来衡量你的生活，而该以获得多少真诚、怜悯、理性，甚至自我牺牲的时刻来衡量。因为到头来，衡量我们生平轻重的唯一标准，取决于你如何看待他人的生命。

是的，我现在也渐渐懂了，什么是：衡量我们生平轻重的唯一标准，取决于你如何看待他人的生命。

这就是——见众生。

和我的恩师重庆著名特级教师龚春燕先生在一起

2. 懂得用恰当的方式面对他人的生命状态

优秀的语文教材，其实从头到尾都在讲"如何对待其他生命"的问题。

比如《珍珠鸟》——

【投影展示】

我很少扒开叶蔓瞧它们。

我绝不掀开叶片往里看，连添食加水时也不睁大好奇的眼睛去惊动它们。

我不管它。

我只是微微一笑，依旧写东西。

我不动声色地写，默默享受着这小家伙亲近的情意。

我手中的笔不觉停了，生怕惊跑它。

——《珍珠鸟》

你看，这又是同类信息整合了。当我们把这些显性和隐性的"不"整合在一起的时候，就可以看到冯骥才对珍珠鸟态度——

【投影展示】

看来，作者对珍珠鸟的原则是"不看、不管、不扰"。作者说是信赖创造了美好的境界，真是只有信赖吗？下面我们就通过这些"不"去深入思考作者创造美好境界的奥妙到底在哪里？

"不看、不管、不扰"，细细琢磨，那真是极高的境界。"三不"的背后是信任，是信心，是信念。想想我们对我们的学生，对我们自己的孩子，对我们的爱人，对我们的朋友，我们有没有这样的信任信心和信念。我们的手是不是经常伸得太长，干涉、管控、怀疑是不是还是太多。

要做到"三不"，需要内心特别强大，需要对人性有很深的信任。而且认识到：信任跟别人无关，跟自己有关。敢于信任对方是因为心中无惧。信任的实质是相信自己和对自我的肯定。一个人能够得到别人的信任是幸福的。一个敢于信任别人的人，内心也是强大的。

　　要做到"三不"，就要懂得：要求，期望，负责，并不意味着爱。这些，仅仅只是恐惧的另外一种化身。

　　万物需要的不是他我教育，而是自我学习和自我教育……心存恐惧的我们，总在无意识中把对方当成了自我安全感的人质。

　　一个成熟的人，应把生命重心由教育他人放到教育自己上来。影响别人只是一个借口，自我教育才是真正目的。当你把自己教育好了，教育只是美好的你的反映，外在世界，自然会得变好。

　　所以，真正的爱是完全无条件的。无论如何你都爱他，无论怎么样你都爱他。你的爱甚至和他无关。这才是真正的爱。这爱就像老天对万物的态度一样，给予你但是对你没有要求，没有期待，他对你无为。

　　所以，爱一个人，首先就是给他选择的自由。尊重一个人，就要有勇气让他成为他自己。

　　这样一种心态，我以前也没有，现在，慢慢有一点了。有了，就解放了别人，也解放了自己。没有，你就还在控制别人的状态，而最终被控制的，一定是自己。

　　没有心灵的自由，是无法见自我见众生的。

　　一个心灵自由的人，在任何情景之中，他表现出来的，都是对自己这个生命，对别人那个生命的自然而然的尊重。

　　比如《走一步，再走一步》——

　　【投影展示】

　　"晚饭做好了。"

　　"听我说吧，"我父亲说，"不要想着距离有多远。你只要想着你是在走一小步。你能办得到的……"

　　"现在你把左脚踏到那块岩石上。不要担心下一步。听我的话。"

　　"现在移动右脚，把它移到右边稍低一点的地方，那里有另外一个落脚点。"

　　　　　　　　　　　　　　　　　　　　　　　　——《走一步，再走一步》

　　请大家注意"父亲"语言用的标点符号，没有一个感叹号，都是句号，或者是逗号。大家想想，儿子被困在石崖上，天都黑了，所有同伴都跑了，只有这个儿子，那么懦弱，那么胆怯。如果这次玩耍算是一次考试的话，这儿子，最后一名，而且名落孙山，被倒数第二抛得远远的。如果这儿子是你的，你生气吗？我看多半家长都会生气，都稳不住，焦虑，指责，抱怨，批评，恐怕都免不了。这样的时刻，就是最能验证一个人心里是不是有真爱的时刻。你爱的是孩子本身，还是爱孩子带给你的荣光。如果你爱孩子本身，你就能站在孩子的立场，充分感受孩子的感受，把帮助孩子当做第一要务，你就知道在这样危急的时刻，怎么说话是最恰当的，是最能传递给孩子信心的。所以，接纳孩子当下的状态，允许孩子停留在这样的状态之中，源源不断地输送给孩子信任，也是"爱众生"的表现。

作者写得漂亮，如果我们在教学中能够抓住这些语言现象引导学生理解文本，理解人物，我们教的，就不仅仅是语言知识，同时还有生命知识了。

"爱"的知识，是所有知识中最重要的知识。

又比如《邓稼先》——

【投影展示】

比如讲《邓稼先》一课，人物形象品味到到高潮的时候，我们的视线集中到了邓稼先的一句话上"……一次井下突然有一个信号测不到了，大家十分焦虑，人们劝他回去，他只说了一句话：'我不能走。'"我抓住时机提问：如何朗读"我不能走"？

——《邓稼先》

请关注这一个"句号"。我教《邓稼先》，以"奇"撑起全课，引导学生理解这位"中国男儿"的"奇"，此处为咀嚼琢磨的关键语言点。如此生命攸关、科研成败攸关的紧急时刻，要换作是文章中的另一位美国科学家奥尔海默，以他的性格，他会如此表现？我们可以引导学生结合全文去推理去想象。邓稼先的表现如此沉稳，表达如此朴素平和但又如此坚定。一个句号，就把一位中国特色的知识分子的形象描绘到位了。

在人群中，如何更恰当地表达自己的意愿，如何让自己的能量被他人更好地吸收而不产生"反噬"，都是"爱众生"的表现。

在上《散步》的时候，我也把这样的思考带到了教学之中。

【投影展示】

我说："走大路。"

妻子说："＿＿＿＿＿＿＿＿＿＿＿＿＿。"

教记叙文特质的经典文本，我有一个体会：如果人物说了话，关注人物语言就一定是一条走进文本的好路径。教《背影》，我用的是关键句切入法，抓住全文第一句"我们在田野散步"，分别循"我们""田野""散步"三个词语深入文本。突破"我们"时，关注的就是人物语言。"我""母亲""儿子"三个人都说了话，朗读研究他们的话，人物形象就跃然纸上了。"妻子没有说话"，怎么办？创造语言，假设在"我"说"走大路"的时候，"妻子"说了一句话，她可能会如何说？

不要小看这个"创造"练习。难度相当大。第一，要结合后文，对"在外边，妻子总是听我的"这句话有深入的理解。第二，要明白妻子身份的多重性，她既是"妻子"，又是"母亲"，还是"媳妇"，一句话说出来，最好的效果是"母亲、丈夫、儿子"三方都舒服，都满意，而且，还要不违本心。你想想，是不是很难。所以，我们常说女人"贤惠贤惠"，想"贤"需得先"慧"，没有足够的智慧，是做不好女人的。

再往深一步看，一个人在人群里，哪怕是在家庭这个"小群"中，如果没有"见众生"的心理准备，是很难和周围人协调好关系的。

《背影》中的和谐，来自于"我们"的和谐——

【投影展示】

我们

母慈

子孝

媳贤

孙慧

"我们"是什么？是"我""你""他"的相互渗透，相互接纳，相互懂得，相互支撑，是相互的"慈悲"——相互"拔苦"，又相互"予乐"。在《青春语文情怀修炼：从"我"走向"我们"》一文中，我还有专门的阐述。

按照流行时尚的话来说，"见众生"是一种绝对的高情商。什么是高情商？心中有他人就是高情商！

想起绝代佳人著名影星奥黛丽·赫本的遗言：

若要优美的嘴唇，就要讲亲切的话；

若要可爱的眼睛，就要看到别人的好处；

若要苗条的身材，就把食物分享给饥饿的人；

若要美丽的秀发，在于有孩子的手指穿过它；

若要优雅的姿态，走路时要记住行人不只有你。

人之所以为人，是必须充满精力，

自我悔改、自我反省、自我成长，而并非向人抱怨；

当你需要帮助时，你可以求助于自己的双手；

年老之后，你会发现自己双手能解决很多难题，

一只手用来帮助自己，另一只用来帮助别人。

世人因此评价说：若要好相貌，先要心灵美。你的容貌，正是你赋予生活的样子。

是的，见了"众生"，再来见"自我"，那个"我"，一定越来越好，越来越美。

最后，我想化用朱良志教授的《中国美学十五讲》前言中的一个句子来为《青春语文：见自我，见天地，见众生》这个专题做一个总结。

青春语文，追求教法和活法的相融。青春语文的哲学是一种生命安顿之学。她将宇宙和人生视为一个大生命，一流动欢畅之大全体。青春语文具有突出的重视生命体验和超越的特点。她不以认识外在美的知识为中心，而强调归返内心，由对知识的荡涤，进而体验万物，通于天地，融自我与万物为一体，从而获得灵魂的适意。

胸中所养已浩大，尽付得丧于茫茫。这是明代哲学家沈周的一联诗。也是青春语文的灵魂追求——重视生命，重视体验的真实，强调通过认识自我，拥抱天地，走向众生，从而超越小我，达到生命的飞跃。

课间和孩子们在一起

六、解读之道

讲出故事里的故事

——青春语文文本解读之道

（一）

我一直在琢磨着寻找一种更有趣儿也更轻松的方式来跟自己聊一聊，也跟朋友们聊一聊文本细读这码子事儿。

对于语文老师而言，文本细读的功夫，是看家功夫，是当家立命的本事。很难以想象，一个在文本细读上没有真功夫的老师，能够上出好课来。细读文本，是备课的第一步。所以，训练文本细读的能力，是教师专业修炼的第一步。一个老师的专业素养如何，大抵可以从文本细读的能耐上看出一二。

　　我自己好像勉强具备"聊一聊"的资格。我上的公开课在全国老师中可能算多的。每一节公开课的背后，都绝对有一次呕心沥血的文本解读经历。我直接写就的文本解读文字，也有好几十篇。当然质量并不整齐。有的有些深度，有些还很浅薄。但也因为部分不成功的公开课和不成功的解读，反而让我对文本解读有了些许"心法"。失败，永远是我们成长的最好的助手。

　　让我讲，我就用聊的方式。早些年写文章，拼了命地争取要发表。所以，还在努力要用"论文"的写作路子去写。事实证明，写"论文"很痛苦。那大概更应该是大学教授的路子，或者是研究生博士生做研究的路子。很苦，很乏味。写出来，也很不好看。我这样的草根教师，底子太薄弱，理论水平也没有，硬要摆出做论文的姿态，那就是自己跟自己过不去。而且，即使"搞"出来一两篇，也是不伦不类。所以，索性不搞。现在的我，已经过了要发表论文的年龄了。写点儿文字，思考点儿教育教学的事儿，完全是自娱自乐。无欲无求，也就不怕别人谴责我"只会煽情啊""没有高度啊"。没有高度也有没有高度的说话的法子。我是语文老百姓，我就用老百姓的腔调说话。这样比较放松，比较愉悦，也让自己和朋友们不需要搬个梯子爬上去才能读得懂。

　　在说话方面，我有我自己的榜样：那是余映潮，是王晓春，是李镇西，是蒋勋，是黄厚江……总之，说大实话，大土话，接地气的话。尽量不引用。即使要引用，也得把别人的"话"先"化"为自己的话。

　　恰好又读到了陕西城固沙河营初中何定琴老师的一系列文章。特别是其中的一篇《浅谈〈陈涉世家〉中的留白艺术》。我很是喜欢。有很多共鸣。定琴妹妹之才，早在"语文湿地"中见识了一二。陕西的女子，从小长在秦砖汉瓦，汉赋唐诗上，怎么的，也有一种大家气度。他们来解读文本，就像我到西安旅游，怀里就时时刻刻揣着个小兔子，因为一脚落下去，全是文化。所以，先感谢定琴妹妹，这篇文字，本来是想写给她的。题目都取好了，就叫《跟着定琴学解读》。可刚刚写个开头，就另有想法：干脆就趁给定琴写"文评"这个契机，多谈些文本解读的事儿。对自己，对大家，或许都有意义。定琴的文字，是这个系列的契机。生命的成长，不过就是在等待和寻找这一个又一个的契机。我和定琴，算是有缘了。文本解读是小事儿，生命解读才是更有趣儿的事儿。谢谢定琴，谢谢你给了我写作的冲动。

　　说文本解读，大概应该从两个方面来说。一是文学作品的解读，二是实用性文本的解读。两种作品的解读，有相通的地方，也有各为特点的地方。我先说文学作品的解读。

文学作品的解读是个啥样儿呢？我想找个最形象的比喻。我想起了扁鹊见蔡桓公的故事。扁鹊观病，很有层次：病在腠理，病在肌肤，病在肠胃，病在骨髓。其实，文本细读，亦是如此。见文本之肌肤，见文本之腠理，见文本之肠胃，见文本之骨髓。每一个层次，都需"见"，都有"见"的价值。功力到哪一个境界，就见到哪一个境界的风景。不知道这个比喻恰不恰当？

再换一个比喻。文学作品的解读，其实非常好玩儿。因为，你看高水平的解读，本质上就是在讲故事——讲故事里的故事。文本是一个故事。但这个故事还是粗线条的，含蓄的，留白的，"转轴拨弦三两声，欲抱琵琶半遮面"的。所谓解读，好玩极了，就是从自己的角度，调动自己的智慧，探索故事旁边、故事里边、故事侧面、故事反面、故事内核里面的奥妙，然后整合这些发现，"生出"一个又一个的新故事出来。

哦，就是这样的。解读者，事实上暂时成为了一个"孕妇"。胚胎就是那个"文本"。你把他种在自己的子宫里，给他营养，给他温柔，天天带着他去晒太阳，去吹清风，去呼吸新鲜空气，于是，这个文本胎儿就长起来了，长成了一个属于你自己的故事。真是好玩极了。

我打定琴老师的例子，你就明白了。

（二）

《陈涉世家》这个文本，是初中教材中比较难的文本。在文言文中，也算佶屈聱牙的一类。我还没有去深入研究过。有两个老师的解读，让我开了眼界。一是霍军"霍大侠"的；二是定琴老师的。十多年前，初识"霍大侠"。我在山城，他在酒泉，山长水远，但只读了他这一篇文字，便豁然开朗，觉得此人可以为师。从此追随，半生受益。定琴还年轻，但文字中已露峥嵘，颇见功力了。

比如这个普通的句子：

弗胜，守丞死，乃入据陈。

我以前读《陈涉世家》，最不喜欢这些描写战争经过的文字，匆匆看一眼，大概懂了字面意思就停止了。这就是只见文字之腠理的读法：我能够认识这些字，知道"弗"不读"佛"，明白"乃"讲为"才"，"据"讲为"占领"。合起来也能够比较准确地解释：没有胜利，守丞死了，于是就进入陈占领了陈。不敏感的人，迟钝的人，也就到此为止了。

但定琴不满意，她开始追问：到底是谁胜利了？是起义军，还是守丞。守丞是怎么死的？是被起义军杀死的，还是被自己人弄死的？或者，干脆就是自杀？

不喜欢动脑筋的朋友会不满意：这是干啥呢？有这个必要吗？就是把司马迁从地底下挖出来当面质问，他也不一定搞得清楚嘛。他又不在现场。

殊不知，读文本，最有意思的就是这个"追问"。一追问，趣味就出来了。刨根问底儿的好处是，你需得去寻找那文字底下埋着的草灰蛇线，你就得去左右拈连，前后巡查，细细推敲琢磨，咬文嚼字。你就得像福尔摩斯，而且没有华生这样的助手；你就得像狄仁杰，也不可能有个李元芳站在旁边时不时来一句"元芳，你怎么看"。你一个人就是一个重案组，一个警察局。你能找到线索吗？

定琴显然是个高明的办案人员。她找到了线索。这个线索，是联系前文找到的。

线索一：攻大泽乡，收而攻蕲。蕲下，乃令符离人葛婴将兵徇蕲以东，攻铚、酂、苦、柘、谯，皆下之。行收兵。

线索二：攻陈，陈守令皆不在，独守丞与战谯门中。

咱们看定琴的分析推敲，我梳理了一下她的思路，她应该经历了这样的思考。

其一，大泽乡用"攻"，用"收"。蕲也用"攻"和"下"。铚、酂、苦、柘、谯等地也是"下"，还是"皆下"。可见，攻陈之前的战争起义军都是势如破竹，秦军根本不可抵挡。而下文单独详写攻陈，从文气来说，战争应该另有状况。否则，就不必详写了。

其二，陈守令为何不在？他跑哪儿去了？"独"字意味深长。和前文的"车六七百乘，骑千余，卒数万人"恰好形成对比。从中又可以看出什么？

这样读，就是见"肌肤"的读法了。不断地追问，不断地推敲。于是，定琴有了比较全面客观的分析。她拿出了两种理解。她在这两种理解面前凝神静思。她的样子，使我想起刘德华和郑秀文主演的那部《盲探》，很精彩。摆在我们面前的很多文本，简直就是"出土文物"，谜一样，我们得有刘德华的功夫，闭上眼睛，进入情境，去想象，去推理，去编织合乎逻辑的故事。

定琴是这样讲她的故事的：

　　结合上下文以及有关史料，我有两种解释。第一种理解是：起义军不能取胜，毕竟他们是一支没有经过专门的军事训练乌合之众。虽然"骑千余，卒数万人"，既然那个守丞能"独与战"，除了对秦的忠诚以外，必有所恃：陈县的军力、物力以及守丞个人的军事能力都是相当过硬。因此义军"弗胜"才较为合理。这样的一个守丞，怎么会轻而易举地死了呢？他不是死在起义军手里，他被自己的部下"杀之以应陈涉"了。一个"入"字，体现陈胜队伍浩浩荡荡、长驱直入、了无阻碍、顺应民意，再次呼应前文的"天下苦秦久矣""宜多应者"。第二种理解是：守丞因为是"独"战（并非上下一心），因此不能取胜，他被起义军杀死，呼应前文起义队伍浩浩荡荡的巨大声势。如果真是这样，用"克之""下之"即可，何必费那么多笔墨呢？"乃入据陈"的"乃"字，解释为"才"，表明这场战斗过程曲折、胜之不易，因此我比较倾向于第一种解释。

故事讲到这个地步，前后贯通，自成逻辑，且有多种假设和对比论证，算是见"肠胃"了。

看到了吗？朋友们，是不是很有意思？一句很平常的话——司马迁作品中最不见风采的话，经定琴这样一折腾，就成气候了，成故事了。这样的读法，很有情趣，很有生气，把文本读活了，把语文的小日子也读活了。

（三）

如果您还是有点儿迷糊，我就再举定琴解读中的另一个例子，可能您对"讲故事式文本解读法"就更有领悟了。比如：

　　将尉醉，广故数言欲亡，忿恚尉，令辱之，以激怒其众。尉果笞广。尉剑挺，广起，夺而杀尉。陈胜佐之，并杀两尉。

太精短了不是？只有区区 40 来字。但在定琴那里，我数了数，她洋洋洒洒足足分析了 800 多字。细究起来，化文本为故事，定琴又做了以下工作。

首先，她点燃了炉火，她成了打金匠。原来精简的字句成为了她的原材料，她细细捶打，让每一个词句都充分呈现出延展性——她沿着词句，恣意想象，竭尽全力充实每一个细节的内容，努力还原每一个细节的原貌。历史的瞬间因此而定格了，变得有声有响，有血有肉了。比如：

> 另一个尉（陈胜的尉）闻讯赶来，"大胆狗奴才，造反了你！"要杀吴广，二人相持对峙（此时吴广手里应该也有剑，那个已死的尉的剑）。陈胜挺身而出，从后面死死制住将尉，吴广杀了他⋯⋯

你看，写着写着，定琴自己就已经进入状态了。她在原音重现的同时，自己也完成了通过文字向秦代历史的穿越。她自己就站在大泽乡，大雨滂沱，满路狼藉，空气中散发着就要改朝换代的死亡的气息。她如智者，在云端，在天际，在人群中，清晰地聆听陈胜、吴广的心跳，观察他们的心电图，分析他们的心路历程，然后，忠实地还原和记录。

其次，定琴一边讲故事，一边痕迹不露地开始人物个性诊断。是，这很重要。做文本解读如创作小说。"情节"永远不是最重要的。"情节"背后的那个"形象"，那个生命，才是最重要的。定琴指点"情节"，激扬"人物"，很是智慧。

她让我们看到了陈胜吴广之冷静——他们善选时机在"将尉醉"时。他们计划的缜密——吴广负责去激怒将尉，而陈胜则负责"佐"。这样的安排，是因为陈胜在先前的诸多"树威"活动时已经成为了"公众人物"，不宜出场了。他们配合的默契——吴广演戏入戏出戏，招招密不透风；陈胜旁观寻机出手，处处出人意料。起义之初，他们肝胆相照，相呼相应。能成大事者，必定有过人之处。陈胜吴广，非普通"佣耕"之人也。

当然，对定琴的分析，某些地方，我也还存疑。比如定琴论议"吴广素爱人"。她说：

> "吴广素爱人"一句还有令人不解的地方，如果说在起义之前吴广豪侠仗义，与士卒打成一片，为何后文做了"假将军"之后就骄横霸道，终被下属所

杀呢？看来之前的笼络人心，也是吴广有意无意地为自己反秦的计划做准备，呼应印证了前文"陈胜、吴广乃谋曰"这句话，吴广早有"举大名"之意。

对此，我有不同意见。吴广举大计之前的"素爱人"未必是假装的。"真诚"这个事儿，是最不好骗人的。从他和陈胜的默契配合，对陈胜的支持拥戴，自己甘心情愿当"老二"的诸多细节看来，起义之前，对战友，他是宽厚的、尊重的，认可陈胜这个伙伴比自己强的。虽然文中没有直接写他对士卒如何，但从士卒的"被激怒"可看出他平时的为人，是深得人心的。但此一时，彼一时也。一旦大计举成，权力在握，有多少英雄，能保持当初的情怀呢？人一阔脸就变。陈胜变了，不仅很快忘记了"苟富贵，勿相忘"的诺言，而且毫不留情杀掉了来投奔他的佣耕伙伴。陈胜是如此，吴广后来的变化应该就不足为奇了。他的"同事"评价他"骄蹇自大""刚愎自用"，我想，不是完全没有原因的。陈胜和吴广最后都没有死在战场上，而死在自己人的手中，不能不说，这里边，有太多人性的悖论值得感叹。

当然，这种"文本侦破法"，因为毕竟隔着遥远时代的烟云，每一位读者都必须调动自己的生命体验去验证，见解自然个个不同。这就是有趣儿，这就是好玩了。

（四）

定琴用的这种讲出"故事里的故事"的法子，使我想起了台湾著名作家吴念真。吴老师被称为台湾最会讲故事的人。他说讲出好故事也好，营销也好，法子其实很简单，不外乎三条：第一，清楚地知道你在跟谁说话；第二，营造一种场景；第三，充分地调动自己的生命体验。

我想，定琴是深谙吴老师的这个"理论"的。对于语文老师，特别是初中小学的语文老师，更要懂得吴老师的话外之意。第一，我们得知道我们在跟谁说话。我们的身份是基础教育阶段的语文老师，我们面对的教育对象是小孩子。我们思维的方式，言说的方式，越接近小孩子的心理图式，就越可能产生好的教育效果。在这个意义上来说，中小学的文本解读，绝对不是越"深刻"越好，越"华丽"越好。而是越"贴近"学生的心理需要越好，越有助于提升学生的"语文"素养越好。语文老师的文本解读，不是自己过瘾，不是炫耀才华。哲学、美学、心理学这些东西，都是好东西。但如果要引入文本解读，要转化，要优化，要"淡化"。我是持这个观点的。所以，我特别欣赏蒋勋老师的说话方式、王晓春老师的说话方式、余映潮老师的说话方式和黄厚江老师的说话方式。把简单的道理说复杂，在我眼里不算本事。把复杂的道理说简单，这才叫本事。深刻而不高深，是我向往的说话境界。而我，定琴妹妹，还有更多的朋友们，我们这些语文老百姓，都天生具备这样的潜质，只要用心学习，潜心修炼，都多少能够掌握这项本领的一二法门。

第二，关于营造一种场景。说得更明白一些就是文本解读的情景设置。思想一旦成为文字，就凝固了，定格了，要让他们活过来，在小孩子面前活蹦乱跳的，就得给它们一个"生命场"，让文字有呼吸的空间，吐纳的时间。你看定琴妹妹，她就是这样做的。她解读文本，不仅仅是"解释"和"细读"，更是在"说"这个文本，她在帮助文字说话，帮助文字歌唱。让我们再看一段，是关于"当此时，诸郡县苦秦吏者，皆刑其长吏，杀之以应陈涉"一句的。定琴妹妹如此"说"：

> 百姓苦秦的原因不仅是繁重的徭役赋税，更多的是酷刑暴政。因此对欺压他们的下级官吏深恶痛疾，千刀万剐杀之都不足以解恨。要在他们丧命之前，接受各种肉体的折磨。"刑"在教材中注释为"惩罚"，百姓们有冤申冤、有仇报仇，先刑后杀，多么苦大仇深！"天下苦秦久矣"，久矣！

我读这段文字，眼前全是"有冤申冤，有仇报仇"的鲜活场景。《陈涉世家》本是节选文本，编者在这个地方刹住，结束全篇，真是妙绝。全文本来是腥风血雨刀光剑影，行到此处却已是全民狂欢，天下同庆。陈胜吴广青史留名，自是应该啊！定琴读出了文脉文气，用如此语气语调来营造场景解说奥义，也是深得文本之趣的。

第三，吴念真老师之讲故事之心法，最有用的，最见功力的乃是他的第三招——充分地调动自己的生命体验。文本解读，本质上言说的是自我。一个人的眼光、学识、才华，决定着他进入文本的路径。文本解读的高度，全然是解读的这个人的高度。你的生命进入到哪个境界，你自然而然就能够进入文本的那个境界。比如定琴妹妹解读"陈胜、吴广喜，念鬼，曰……"这十来字，她这么说：

> 可以想象两人对于算卦先生"天机不可泄露"的"卜之鬼乎"这句话，两人一起苦思冥想、辗转反侧的情状和恍然大悟的欣喜。映射出吴广的起义愿望

付诸行动的决心并不比陈胜弱，同时二人是相见恨晚、同心协力、志同道合、亲密无间的兄弟关系，"此教我先威众耳"。就是很好的印证，这里的"我"是"我们""我俩""我等"的意思。

我先前读定琴文，第一感觉是汉中女子，巾帼英雄，刚强豪迈，又柔情万丈。这样的女子，可为知音，生死相托，引为知己。也只有这样的女子，才能够在一"喜"一"曰"中，就读出兄弟同心志同道合的历历场景。她其实不是读出来的，是"悟"出来的——靠自己对友爱的体验悟出来的。

吴念真老师的"三诀"，可为定琴妹妹解读之再解读也！

（五）

能够讲出"故事里的故事"是文本解读的一种心法。这种心法的背后，是对语言文字的高度敏感。

敏感到何种地步呢？比如我们面对两个句子。它们本身是在《陈涉世家》文本文字的汪洋大海中的：

> 其一：召令徒属曰："公等遇雨，皆已失期，失期当斩……"
> 其二：数日，号令召三老、豪杰与皆来会计事。三老、豪杰皆曰："将军身被坚执锐，伐无道，诛暴秦，复立楚国之社稷，功宜为王。"

如果你能够敏锐地发现这两个句子中用了两个近义词"召令"和"号令"，那你就和定琴妹妹一样厉害了。如果你还能进一步思考：同是"令"，但一"召令"一"号令"，仅仅是为了不重复吗？司马迁如此选用词语，有什么奥秘没有？一个富有情趣充满智慧的语文老师，就是这样的敏感和多思。定琴妹妹是典型代表。你看，她的分析中有多少恍然大悟的惊喜啊：

> 注意，第10句的"号令"区别于第7句的"召令"，如果说"召令"有号召、动员和命令之意，"号令"则是不容置疑的强硬口吻："命令""发号施令"。王者的气派初显。

读文本，读到这样的细微处，我们才能明白为什么说司马迁的文字是"史家之绝唱，无韵之离骚"。两个字，就绘出了陈胜的成长，绘出了战争赋予陈胜的生命意义。其表意之精准，选词之苛刻，可见一斑。

这就是所谓的"聆听语言的细响"。我们再跟着定琴来练一练。比如这一处：

> 陈涉乃自立为王……

怎么练？用定琴的法子，比较。跟谁比较？和前文比较。文字的敏感力集中体现为一种自觉的连接力和比较力。就是，见此词而联想到彼词。彼词，可能是同文本中的词，也可能是他文本中的词，甚至是自己生命体验中的词。不比不知道，一比往往会吓一跳。定琴去比了，一比，看出玄妙出来了。她说：

> 第10句的称呼非常微妙，前文一直用陈胜的名，此处却用陈胜的字"涉"，一方面体现作者对已经立王的陈胜的敬意，另一方面体现陈胜此时今非昔比，早已不是先前那个"阳城佣耕者"了，骄傲之气已经渐长。为后文陈王的骄傲、自足、短视导致起义最终失败埋下伏笔。"羚羊挂角，不露痕迹""不着一字，尽得风流"……

看到了吧？就这么有意思！当年我教《陈涉世家》的时候，对这个文本，谈不上喜欢，所以教得慌里慌张粗糙简陋，根本不曾这么停下来细细咂摸过。还一边教一边埋怨司马迁身体都那样了还写得这么长，这么拗口。读了定琴，才觉后悔。是啊，很多时候，不是别人不好，而是因为自己不懂得。也不是因为不懂得，而是因为根本没有停下来做出"要去弄懂"的行动。于是，多少美好被辜负，多少喜悦被错过啊。而定琴，她描绘自己读的过程：

> 在《陈涉世家》这一课，我反复诵读、爱不释手的还是起义军战斗经过的描写部分，越咀嚼滋味越浓。

注意：反复诵读！注意：爱不释手！注意：咀嚼，越咀嚼滋味越浓。要说方法，方法真没有心法重要。智慧并不会莫名其妙降临到一个人的身上。痴爱如定琴者，勤奋如定琴者，辛劳如定琴者，才会不断得到上天的指点，享受到灵光一现的智慧高潮。

南帆说，文本解读，首先要"沉入词语"里。这个"沉"用得实在精妙。"沉"是沉潜，是慢慢地进入。"沉"的主体本身应该是一个一个有重量的生命。轻飘飘地活，"沉"不了。心不在焉地活，"沉"不了。三心二意地活，"沉"不了。一个人，在进入文本的那个时刻，是虔诚的，庄严的，是充满探索未知领域的喜悦和激动的，这个生命，才可能"沉"。文本是一片肥沃的土地，在这片土地上耕耘的我们，一定要做农人，既脚踏实地，又仰望星空。晨兴理秽，带月荷锄。有这番兴致，才能沾衣不湿，兴尽而归。

（六）

读定琴的解读，是一种幸福着定琴的幸福，惊喜着定琴的惊喜的奇妙过程。一些名家对文本解读的阐释不断涌上心头，让我为定琴的颖悟叹服。我们这些语文老百姓，可能没有能力生产什么理论出来，但我们的行动本身就是一种理论。所以，我们没有必要妄自菲薄。毛主席说历史是人民群众创造的。我看，这话，放在哪里也错不了。语文的历史，也是我们这些语文的农夫农妇创造的。因为，只有我们，才是天天躬耕陇亩的那批人。是我们的日出而作日落不休，是我们动情嘶哑的歌唱，才让语文这片黄土地生生不息生机盎然。

对词语的敏感是一种重要的能力，在以后的文字中我还会详细阐释。定琴妹妹解读精彩，除了对词语的敏感外，她还有一种意识，值得我们学习。这种能力，在我的文本解读系统中，称为"同类信息整合法"。

大概是在十年前，我开始对文本解读这码事儿感兴趣。《背影》的解读，我前后写过很多篇，最早期的一篇，叫做《在无声处听惊雷》，被《语文学习》和《中学语文教学参考》争着发表，后来又被人大复印资料《中学语文教与学》全文转载。非常短小非常朴素的一篇文字，在当年得到如此隆重的待遇，我想原因就在于在那个年代，"同类信息整合法"大家用得还很少。

什么是同类信息呢？就是性质相同，或者相近的信息。比如老教参上解读《背影》，抓住"四写'背影'，三次'流泪'"，实际上用的也是一种同类信息整合。但这样的整合，还很浅。而且长久以来，全国的语文老师都在这一层次的同类信息上打转，那就没有突破，读不出新意了。我们得找到新的突破点。

我们先来练一练。请细读：

> 他再三嘱咐茶房，甚是仔细。但他终于不放心，怕茶房不妥贴；颇踌躇了一会。
>
> 其实我那年已二十岁，北京已来往过两三次，是没有什么要紧的了。他踌躇了一会，终于决定还是自己送我去。
>
> 我那时真是聪明过分，总觉他说话不大漂亮，非自己插嘴不可，但他终于讲定了价钱；
>
> 但最近两年不见，他终于忘却我的不好，只是惦记着我，惦记着我的儿子。

你发现了什么？如果你能发现这些句子中都有一个"终于"，整合这些"终于"，解读这些"终于"的秘密，你就能够找到重新解读父与子灵魂密码的钥匙了。

再读：

> 父亲是一个胖子，走过去自然要费事些。
>
> 他触目伤怀，自然情不能自已。情郁于中，自然要发之于外。

如果你又能发现这其中的两个"自然"，你就有可能去进一步思考：当时的"我"，真的是完全少不更事吗？

再细读文本，你可能还会发现两个"再三"、两个"踌躇"、两个"忙着"、两个"惦记"……这些同类信息一整合，解读的思路就打开了。

定琴更高明。她解读《陈涉世家》，角度很刁，信息的寻找整合另辟蹊径别出心裁。她的文章，题目就叫《浅谈〈陈涉世家〉中的留白艺术》。她研究聚焦的点是"留白"，她几千字全部围绕着"留白"来谈。这是一种整体大局上的信息整合。这样选材立意的路子，值得我们学习，是我们普通教师论文写作的好路子。不整合，不聚焦，那么长的文本，老虎吃天，从何下嘴啊!?

如何研究这个"留白"呢？咱看看定琴的思路：

人物数量的留白之妙

人物关系的留白之妙

战争经过的留白之妙。

这三个方面，定琴着力最多的、最见功力、最让我叹服的是第二个方面。她的做法，极为高妙。她说：

在陈胜、吴广谋划起义和起义的过程中有这样几个句子的主语耐人寻味：

（1）陈胜、吴广乃谋曰……

（2）陈胜曰……吴广以为然

（3）陈胜、吴广喜，念鬼，曰……

（4）乃丹书帛曰……

（5）又间令吴广……

（6）广故数言欲亡……

（7）召令徒属曰……

（8）陈胜自立为将军，吴广为都尉……

（9）乃令符离人葛婴……

（10）号令召三老、豪杰与皆来会计事……

（11）陈涉乃自立为王……

定琴妹妹，是通过琢磨这些句子中的主语，研究陈胜吴广之间的关系展开她的研究的。这 11 个句子的主语，有的很清晰，有的较模糊，有的根本就没有交代。定琴先分组，后比较，再深入文本寻找理由，一层层工作做下来，条分缕析，抽丝剥茧，老文本就嚼出了新滋味。

我们欣赏一段：

第 2、第 5 句表现出吴广深深叹服陈胜的远见和才略，甘愿听从陈胜的调遣安排。第5句的主语显而易见是陈胜,那么第4、第7句的主语是谁呢?究竟是两个人同时,还是陈胜一人?颇耐人寻味。作者似乎为了行文的简洁省略了句子的主语,但也省的玄妙之至。联系上下文推测出,是陈胜写下"陈胜王"三个字。然后或许是他二人一起,或者吴广一人,把这个绸布字条偷放在待熹给士兵的活鱼的肚子里,同时也有可能,这腹中藏有字条的鱼不是一个两个,而是很多。因为鱼腹容积有限,一张小小的字条不会引起许多士卒的注意。这项高难度的动作一人无法完成。同时也给读者交代陈胜不是寻常的"佣耕"之人,他识文断字!第5句从含义上补充交代了第4句的主语,非常有意思的是,为什么陈胜自己不去扮狐狸装鬼火呢?细细推敲,并非是表现陈胜安排吴广做什么吴广就听从他,而是体现陈、吴二人心思缜密。陈胜已经被士兵们注意,在这种人心惶惶的时刻,陈胜的一举一动都备受关注,因此只能是吴广一人暗中去操办这件事才会消除"穿帮"的可能。

《陈涉世家》这个文本,属于"长篇"文言文文本,精妙绝妙之处甚多。前人的研究也浩如烟海。而有价值有意义的解读一定是属于自我的解读,只有找到了前人未曾走过的路,读出了"心得"和"新得",见到了新的风景,文本解读之旅,才能成为心灵的探险之旅,灵魂的拓展之旅。定琴以研究句子"主语"为抓手,探究人物关系,透视人物个性,真是高明啊!

这个方法,也让我"心有戚戚焉"。2009年4月,我赴京参加人大附中的招聘考试。学校给我的是整整一本高二选修教材。我选了艾青的长诗《雪,落在中国的土地上》作为试讲篇目。如何突破,最后决定讲"人称代词",通过研究这些代词的矛盾走进艾青的情感世界。课上得挺成功,于是"北京欢迎你",进入人大附中的事儿一锤定音。用的法子,跟定琴其实是一脉相通的。所以,我们两个语文的农妇,实在是知音。

说定琴,说得不少了。定琴读文本,见肌肤,见腠理,见肠胃,咬文嚼字,踏踏实实,水平真是不低了。如果再要往前走,那就是见骨髓,见心肺了。这方面,做得最好的是霍军"霍大侠"。在其他的讲座中,我就再说说霍大侠对《陈涉世家》的解读。那就是更高远的风景了。

2007 年赴新加坡讲学

七、语用探索

基于文本特质分类思想的语言应用训练例谈

（一）用文本特质思想诊断"语用焦虑症"

近两年，在语文界内部，"工具性和人文性"又一次摩擦起火。"语用"浪潮汹涌而来。在一线，各种"语用焦虑症"蔓延。

我不是理论工作者，我是普通的一线教师，我想站在一线田野上，谈谈自己对"语用"的认识和实践。

语用语用，语言应用，这不是语文教学系统中的贵族概念，而是一个普通概念。语言应用训练，更不是什么高深的语文行为，而是每一个老师日常都在做的事儿，而且是做得最多的事儿。只不过，有的做得多，有的做得少，有的做得显性，有的做得隐性。事实上，根本不可能有超越了"语言训练"的"语文课"。只要是语文课，"语言训练"都是必然路径，都是命定阶梯。语文课和政治课、历史课的不同就在这儿。

现在语文界内部的争论，来自于对极个别名师所上的"代表课"是不是语文课的争论。我个人觉得不必纠缠。这样的课，所谓语文大咖们终其一生，拿出来的也不过几节。这样的课，说它们不是"语文课"有点儿过激，但实事求是地评价，这样的课从解读思路和设计路径来看都过于求新求异，其落脚点，就不在普通一线课堂。这类课适合在舞台上表演，观课者像看话剧一样欣赏欣赏。语文世界，大海一样浩渺，天空一样广阔，要允许百花齐放，百鸟争鸣。云端之上的教学流派，也自有他们存在的理由。但他们和一线的田野隔得实在太远，不是经典只是典型。不管怎么荡人心魄，夺人眼球，大幕落下之后，我们还得回去老老实实地在我们的那片小园子里精耕细作。俗话说，种瓜得瓜，种豆得豆。语文教学的"瓜"和"豆"还真只能是"语用"，而不是"别的"。"别的"只是因为种了瓜种了豆之后自然而然被改良了的空气、湿度、温度等。

我们需要跳出这些争论，不被干扰，心平气和地继续自己的思考研究。

我以为，青春语文的"文本特质研究"是厘清这个问题的一个好工具。"语用"如何安放的问题，首先就得回到"文本特质"的原点去思考。

什么是文本特质？我把它定义为：一个文本所具有的区别于其他文本的标志性属性。文本特质决定了该文本在课程内容、教学内容及在教材内容中的特殊地位，也就决定了围绕该文本采取的独有的教学策略。传统的初中语文教学除了有"记叙文、说明文、议论文"等简单文体分类外，基于"文本特质"的研究严重缺失。

长久以来，我们缺乏区分文本特质的意识，导致了在所有文本上都以大概相同的思路平均用力：文本解读使用大致相同的方法，教学设计遵循大致相同的思路，课堂教学呈现大致相同的模式。语文教师被求全心理支配，妄图课课全面出击、篇篇精雕细刻，最后的结果当然是捉襟见肘力不从心。这样的现象背后隐藏着巨大的浪费：教师精力的浪费、学生学习兴趣的消耗和学习时间的抛掷，更为重要的是对文本自身特质资源的浪费。文本特质研究的缺乏使语文教学负重前行，造成了课堂教学的低效和无效。

怎么办？我以为：简化语文教学的内容和形式，通过"简化"达到"净化""纯化""美化"的目标是一条新的探索路径。

而简化的前提则是：就文本特质为文本细致分类，并在此基础上形成更加简洁易操作的课型。只有有效地区分文本特质，才能在备课过程中迅速地给文本定位，然后准确地选择教学方法，尽可能地减少备课和教学过程中的繁冗环节。

现阶段，依据我的研究，有六种文本类型是常见的：主题型文本、语用型文本、写作型文本、诵读型文本、思辨型文本、拓展型文本。

近两年"语用"引发的争论，很大一部分原因，就是主题型文本的上法和语用型文本的上法天然不同造成的。

主题型文本侧重于文学教育（这个词语不一定恰当，姑且暂用之），他的"语言训练"，是隐性的、柔性的，课堂目标是直接指向思想启蒙和情感熏陶的。所以其课堂状态颇有些似政治课或哲学课。

语用型文本侧重于汉语教育（这个词语也不一定恰当，姑且暂用之），他的"语言训练"，是显性的、直接的，课堂目标直接指向文本的某一种语言特质的认识和学用。这样的课，也有思想启蒙和情感熏陶，但这一块恰恰是隐性的柔性的。这样的课，语文本位很清楚，一般不会引发争论。

这两种课，在一线，是客观存在的，是都必需的。也就是说，上一篇课文，是侧重于文学教育，还是侧重于汉语教育，对执教者而言，应该心中有数，因为心中有数，所以，课堂有清晰的定位。而作为听课者，如果心中也有数，对听的课，也可以有清晰的界定。而不是因为头脑中只有一种课型，所以，就对另一种课型不理解，甚至全盘否定。

我们现在的问题是：缺乏课型意识。按照王尚文先生在《回归语文的必由之路》中调侃的，现在的很多语文课，"不语不文、若语若文、亦语亦文，结果汉语教育、文学教育的目的都没有达到，致使'语''文'两空。换言之，我们一定要明确，语文课程必须要有适量的课时用于汉语教育，让学生学习如何遣词造句，谋篇布局，以提升自己言语作品的语文品质。"

我的认识和王老先生是一样的。"主题型文本"的课，天然偏向"文学教育"，是"文学气质"，而"语用型文本"的课，天然偏向"汉语教育"，是"语用气质"。这两种课，只要关注平衡好"语言训练"和"思想启蒙"的关系，都能上出好课出来。下面，我就结合自己的实践经验，谈一点点自己在不同文本的语言训练上的做法和思考。

（二）语用型文本之语言应用训练实践和思考

研究"语用型文本"的语言训练，要特别注意以下几个方面的问题。

第一，中学语文教材中的大部分文本都应该处理为语用型文本。这是语文学科性质决定，也是学生的学习特点决定的。只有那种主题确实具有多义型，学生理解起来确实有难度的文本才有必要处理为主题型文本。

我曾经和青年教师一起同课异构宗璞名篇《紫藤萝瀑布》，我发现，除我之外，其他老师无一例外都把这个文本当做主题型文本来对待，在课堂上挖空心思地对学生进行思想教育，而对于这篇经典的托物言志散文为什么成为经典却几乎没有去研究。他们好像就只是凭借这篇优美散文对学生加强了热爱生命抵抗挫折的情怀熏陶，其他的就没有了。但事实上，《紫藤萝瀑布》属于意蕴外显的一类散文，其主题，作者在文本中简直就是用"演讲"的方式说得清清楚楚明明白白，不具争论性，也没有多义性。这个文本，没有必要处理为主题型文本。它最值得研究的是什么呢？作为宗璞散文的代表作，它的结构安排、语言表达、主题表达都异常精美，几乎算得上宗璞这一类散文的巅峰之作。老师备课的时候应该去研究这个，讲课的时候应该努力让学生多少懂得一点点此类散文谋篇布局表情达意的技巧，而不是钻在"主题思想"的套子里，种了人家的田，荒了自己的地。

还有一次听《苏州园林》的感受也很深。几堂课共同的特点有两个：一是缺乏针对《苏州园林》"这一篇"说明文的语用解读，几乎都是泛泛地在"说明特征、说明语言、说明顺序"的原始说明文知识框架下做一点点老套的分析；二是都拼命要在"说明文"中讲出思想来，或者讲"中式审美"，或者讲"园林保护"，总之，课听下来，还是不知道《苏州园林》作为一篇经典说明文，到底经典在哪里。

总之，我的感觉是，现在很多老师都患教学的"主题纠缠症"。这种病有点儿像糖尿病，是语文教学的一种富贵病。要"治好"这个病，我们就不能够停留在主题解读上，而应该在"语用解读"上多使劲。

第二，"语用解读"在现行文本解读的体系中还比较薄弱，其研究的空白点还非常多。很多老师面对一个文本，头脑中除了一点中小学学来的可怜的修辞方法知识外，其他的语用知识几乎为零。我觉得要突破这个问题，可以从两个方面着手；一是超越文字个体或词句小团体，扩大到段、章、篇、书的文字大团体；二是超越

"有辞格"——传统的修辞方法，进入"无辞格"的研究。在词语选择、句式选择、段落衔接、语篇结构、作品风格等方面全面透视一个文本。

第三，在一个文本被定位为语用型文本后，并不是说就不研究主题、不探究思想、不做情怀熏陶的工作，而是说，"语言的训练"成为了教学的主体，而主题探究仅仅只是辅助内容。要呈现，但呈现方式应该是含蓄的，呈现时机应该是巧妙的，其所占的时间和内容的比例应该是相对较小的。总之，不可喧宾夺主，挤占了语言学习的时间。

第四，就算是主题型文本，在主题解读之外，也依旧应该有"语用解读"。教师通过这样的方式强化自己对文本的认识，梳理文本有用的语用知识，适时教给学生，让语文教学"教得清清楚楚，学得明明白白"。后面我将举《社戏》的教学为例。

语用型文本的教学方式很多，主要路径有两种。一种是聚焦法——侧重解决文本中最鲜明突出的语言问题，比如《安塞腰鼓》，整个课就只研究它的排比。第二种是发散法——全面关注一个文本的"语用"。近两年来我着重研究实践的是"五看式——看篇、看段、看句、看词、看意"，针对文本特质，或者"五看"均看，或者选择其中"几看"来看。这个方法简单易学，变式也很多，既可以是老师研读文本的方法，也可以是学生课堂上学习文本的方法，下面都举例说明。

1. 聚焦法

【《安塞腰鼓》教学程序】

（1）全篇朗读。明"排比"乃本篇散文最突出的语言形式。

（2）自由选读排比句排比段，初步感受其特点。

（3）多重对比读，了解"递进式排比""多角度排比""多修辞排比""虚实相应式排比"等排比样式在这篇文章中的体现。小结。

（4）明背景，重点朗读好一组排布句。

（5）总结。化读原文排比句激发学生情怀。

比如，经过反复的对比后，我有这样一个诗意的总结：

好个《安塞腰鼓》中的排比

让词与词去排比

让句与句去排比
让段与段去排比
灵动的排比啊
排比中
层层在递进
排比里
多角来辐射
动静巧结合
虚实更相生
丰富的排比啊

排比中有比喻
排比中有反复
排比中有对比
排比中有引用
排比中更有妙词
斑斓的排比啊

容不得束缚
容不得羁绊
容不得闭塞
是挣脱了
冲破了
撞开了
的那么一股
汉语的劲

神奇的中文
智慧的组合
好一场精彩的安塞腰鼓啊

好一次深情的语言的创新

从中，你大概可以看出我的授课思路。次乃聚焦型课的上法。

2. 五看式

（1）看篇

【《风雨》之 "看篇"】

教学程序为：

①自由朗读，完成练习，了解贾平凹的选材。

看篇

我从＿＿＿＿＿＿看到了风，那风……

我从＿＿＿＿＿＿看到了雨，那雨……

②归类练习，进一步了解作者的选材特点。

既有人，也有……

既有生物，也有……

既有植物，也有……

既有天上飞的，也有……还有……

既有男的，也有……

既有老的，也有……

既有屋外的，也有……

既有大范围的，也有……

既有体型大的，也有……

既有动景，也有……

既有远景，也有……

③进一步宏观看篇，思考：

写树林子干嘛要放在第一段？

写老头儿孩子干吗要放在最后一段？

④总结：

一赞贾平凹

天地都在他心中

信手拈来有章法

【《紫藤萝瀑布》之"看篇"】

教学程序为：

①朗读开头结尾，点评，归纳：

技巧一：精致简洁的首尾呼应

②寻找散文中写"我"的句子，朗读，点评，归纳：

技巧二：浑然天成的"人""物"穿插

③朗读重点句子，研讨宗璞是怎么处理"现在""此刻"和"当下"，这三者是如何衔接的。归纳：

技巧三：痕迹不露的时空穿越

④朗读重点句子，研讨宗璞是如何做到从"物"到"情"自然升华的。归纳：

技巧四：由"实"向"虚"的自然升华

⑤总结《紫藤萝瀑布》的篇章特点。

【设计理念】

"看篇"是整体俯瞰。不同的文本，一定要带领学生看到这个文本在篇章组织上的最妙之处。《风雨》看篇，看到的是选材之大气，组材之精心。《紫藤萝瀑布》则看到"首尾""人物""时空""虚实"的组合特点。这些，都是文本最精妙之处。"看"不到，就可惜了。

（2）看段

【《风雨》之"看段"】

研讨：从段落内容展开来看，第1段和第7段的写法基本一样，第2段和其他段落的写法基本一样。你能看出段落展开的奥妙吗？归纳为：

二赞贾平凹

纵式横式巧展开

段落铺排不简单

【《紫藤萝瀑布》之"看段"】

①采用对比的方式，打乱第二自然段的句子顺序，引导学生在背诵中去发现原段落"由整体到局部"的奥妙。

②读文段，做填词游戏，引导学生发现作者是先写一串花，然后写一朵花。

③归纳：

技巧五：整体到局部的有序展开

【设计理念】

段落教学一直是语文教学的难点。如何建构一个段落，我们需要教给学生清楚明白的知识做支架。《风雨》的段落特点是横式纵式的展开法，而《紫藤萝瀑布》的段落特点则是整体和局部的配合。老师要善于去挖掘去归纳这样的知识，让学生学得实实在在。

（3）看句

【《风雨》之"看句"】

①游戏一：如果要评选《风雨》"感动读者"最精妙句，你把桂冠给哪个句子？朗读，说说你的推荐原因。

②交流老师的颁奖。归纳为：

平凹写句

铿锵鼓点短句奖

奇思妙想比喻奖

一气呵成连动奖

多角描摹雕像奖

······

③采用多轮对比阅读的方式，研究老师为什么要颁这些奖。

④总结：

三赞贾平凹

修辞炼句真功夫

句句都如原上花

【《紫藤萝瀑布》之"看句"】

①诵读第二段，选背最喜欢的句子，师生共同点评其妙处。

②和宗璞 PK 填词，感受其句的妙处。比如：

花朵儿一串挨着一串，一朵接着一朵，彼此____着____着，好不活泼热闹！

"我在开花！"它们在_____。

"我在开花！"它们_____。

③展示藤萝近景图片，和宗璞 PK 写句，点评句子妙处。

④穿插宗璞描写丁香、木槿、玉簪花的句子，体会宗璞写句的特点。

⑤归纳：

技巧六：巧夺天工的比喻拟人

【设计理念】

《风雨》的句子特点富有贾平凹特色，《紫藤萝瀑布》则是宗璞特色。发现这个不同，凸显其显著特点，让学生掌握欣赏句子的方法，知其然，还知其所以然，由此对语言之美有直观理性的认识。

专著《一路修行做班主任》

（4）看词

【《风雨》教学之"看词"】

①给出几组典型句子，和贾平凹 PK，看看他的用词是不是真的一词不可换。

比如类似的比较给出四五组：

窄窄的巷道里，一张废纸，一会儿（　　）在东墙上，一会儿（　　）在西墙上，突然（　　）出墙头，立即不见了。

窄窄的巷道里，一张废纸，一会儿贴在东墙上，一会儿贴在西墙上，突然冲出墙头，立即不见了。

①总结：

四赞贾平凹
咬文嚼字善推敲
一字一词少疵瑕

【《紫藤萝瀑布》之"看词"】

①对宗璞的用词进行大数据分析。朗读。谈对其总体风格的感受。

第一组：

闪光	沉淀	绽放
辉煌	繁密	花舱
发端	终极	酒酿
繁密	依傍	伶仃
稀零	遗憾	沉浸

第二组：

春红已谢	蜂围蝶闹
忍俊不禁	仙露琼浆
伫立凝望	盘虬卧龙

第三组：

生死谜	手足情
精神的宁静	生的喜悦
流向人的心底	生命的长河
辉煌的淡紫色	浅紫色的光辉
浅紫色的芳香	
紫藤萝瀑布	

②归纳：

技巧七：雅致新奇的文言气质

【设计理念】

"看词"是微观之看。"词语"作为文本的最小组成单位，研究它，一般能够达到两个方面的作用：一是体会到作者用词之精辟；二是窥见作者的整体风格。《风雨》之看词重在看"用"，《紫藤萝瀑布》之看词重在风格体验。两种方法各有其妙。

（5）看意

【《风雨》之"看意"】

方法是"代入变形配乐朗读"。就是稍微动一下原文，让学生成为主体进入文本，有"代入感"，由此而通过激动人心的朗读带领学生进入文本深处。

《风雨》的结课朗读稿为：

（齐读）生命的风雨来了！

（领读）我像那片树林子，犹如一块面团，四面都在鼓，鼓了就陷，陷了再鼓；接着就向一边倒，漫地而行；呼地又腾上来了，飘忽不能固定；猛地又扑向另一边去，再也扯不断，忽大忽小，忽聚忽散；已经完全没有方向了……

（齐读）生命的风雨来了！

（领读）我乱得像麻团一般。我千万次地变着模样：翻过来，是一片灰白；又扭转过来，深得黑清。我全然倒伏了，像一节断茎斜插在泥里，响着破裂的颤声。

（齐读）生命的风雨来了，我到底会怎么样呢？

（音乐荡气回肠，学生的诵读也荡气回肠，一切都在不言中了）

……

师总结：是，孩子们，生命的风雨一定会来，没有人躲得过，我，你，你们，到底会怎么样呢？下去想想吧！下课。

【《紫藤萝瀑布》之"看意"】

①背景简介。

②通过背景文字和文本精华段落的对比朗读进入主题。

部分朗读稿为：

领读：

小弟去了。小弟去的地方是千古哲人揣摩不透的地方，是各种宗教企图描绘的地方，也是每个人都会去，而且不能回来的地方。

齐读：

我只是伫立凝望

觉得这一条紫藤萝瀑布不只在我眼前

也在我心上缓缓流过

流着流着

它带走了这些时
一直压在我心上的焦虑和悲痛
那是关于生死谜、手足情的
领读：
那一段焦急的悲痛的日子，我不忍写，也不能写。每一念及，便泪下如雨，纸上一片模糊。
我还曾希望在我自己走到人生的尽头，跨过那一道痛苦的门槛时，身旁的亲人中能有我的弟弟，他素来的可倚可靠会给我安慰。哪里知道，却是他先迈过了那道门槛啊！

　　　　　　　　　　　　　　　　　　——宗璞《哭小弟》

齐读：
我沉浸在这
繁密的花朵的光辉中
别的一切暂时都不存在
有的只是
精神的宁静和
生的喜悦
领读：
这一年多，从他生病到逝世，真像是个梦，是个永远不能令人相信的梦。我总觉得他还会回来，从我们那冬夏一律显得十分荒凉的后院走到我窗下，叫一声"小姊——"。

　　　　　　　　　　　　　　　　　　——宗璞《哭小弟》

齐读：
花和人都会遇到各种各样的不幸
但是生命的长河是无止境的
我抚摸了一下那小小的紫色的花舱
那里满装生命的酒酿
它张满了帆
在这闪光的花的河流上航行

它是万花中的一朵

也正是一朵一朵花

组成了万花灿烂的流动的瀑布

领读：

那时的说法是，花和生活腐化有什么必然关系。我曾遗憾地想：这里再也看不见藤萝花了。

齐读：

过了这么多年

藤萝又开花了

而且开得这样盛

这样密

紫色的瀑布

遮住了粗壮的盘虬卧龙般的枝干

不断地流着

流着

流向人的心底

……

④教师点题，推荐宗璞代表作。在关键句的朗读背诵中结课。

【设计理念】

语用型文本的"看意"是课堂的点题，一定要追求"豹尾"效应，简短，深情，有力。最俭省的方法就是有代入感的朗读。不需要老师讲，通过朗读，文本传递出来的思想和情怀就自然呈现了。

3. 多文本特质

最后想举《社戏》的例子说明，经典文本，可以做"多文本特质"解读，以充分挖掘名篇内容，给予学生更丰富的营养。

（1）《社戏》的主题型文本上法

用辩论赛形式。抓住最后一句"真的，一直到现在，我实在再没有吃到那夜似的好豆，——也不再看到那夜似的好戏了"做文章。

正方：戏好，豆也好。

反方：戏不算好，豆也不算好。

然后要求孩子们素读课文，紧扣情节，咬文嚼字，字斟句酌，准备辩论。

在辩论阶段，围绕着"好"字，不断地推进辩论内容：

第一个层次：戏和豆到底好不好？

第二个层次：《社戏》中其实最"好"的是什么？

第三个层次：重点辩论谁是《社戏》中最"好"的人？

第四个层次：让学生揭示归纳总结《社戏》"好"的实质。

（2）《社戏》的写作型文本上法

教学目标：学习鲁迅写"心情"。

比如鲁迅写"急"——因为没有船看不成戏而着急。

他先写"我急得要哭"，点出"急"。这是典型的直接写正面写。

然后写因为"急"，我产生了幻觉：我似乎听到了锣鼓的声音，而且知道他们在戏台下买豆浆喝。

接下来也还是不用"急"字，而是写了我的状态"不钓虾，东西也少吃"，"其他孩子都开开心心地讲戏"，"只有我不开口"。写的是我的行为。在这个"不开口"中，我们能感觉到，"我"已经"急"出生活常态了，要"急"出毛病了。

写"急"写得很简单，三句话，三个角度，三种法子，各得其妙。

接着是写"高兴"。因为双喜想到八叔的航船回来了，可以去看戏了，我的心情由"急"而"喜"。

怎么写呢？

第一种法子还是直接写。写了四个字：我高兴了。

第二个法子跟写"急"一样，也写"幻觉"：我的很重的心忽而轻松了，身体也似乎舒展到说不出的大。这是快乐带来的幻觉。因为快乐，放松了，膨胀了，要飞升了飘扬了，恨不得全世界都能看见我。当一个人志得意满的时候，会觉得自己比天高比海宽。倒霉的时候呢，则相反，身体会收缩会变得沉重，主观里边是一种躲避，希望被世界忽略遗忘才好。以身体的幻觉来写"高兴"，非常高明，人人读了都感同身受。

第三个法子也跟写"急"是一样的，写动作，写状态。主要有两句：我们立刻一哄地出了门。这两个字中有声音，有动作，有神态，有心情，有群体形象，也可以想象出个体表现，用词朴实，但很经敲打。第二句"大家跳下船"也写得好。它和前边的"一哄"相呼应，如果换为"大家上了船"，就一点儿意思都没有了。一个"跳下"同样的也是有动作有声音有场面，把个"高兴"写得活灵活现。

但比起写"急"，鲁迅有了新法子：那就是写环境。非常经典的一段文字"两岸的豆麦和河底的水草所发散出来的清香……"如果不是高兴，而是焦虑，还能闻到清香吗？如果是焦虑，那淡黑的起伏的连山会像啥呢？如果是焦虑，那"歌声和乐声"还是歌声和乐声吗？那山啊，像监狱，像锁链；那船啊，拖都拖不动；那乐声，像夜半鬼叫……这就是用"景语来写情语"的妙处。

又比如写"倦"。戏不好看，我疲倦了。我理解，既是身体的疲倦，更是心理的疲倦。怎么写？

和前边既相同，也有不同。

直接写的：我有些疲倦了。点出"疲倦"。鲁迅也用大白话表达的，写得清楚明白。

也写幻觉：只觉得戏子的脸都渐渐有些稀奇了，那五官渐不明显，似乎融成一片再没有什么高低。

但接下来很精彩。没有写环境，而是写了一段"情节"：老旦的出场表演带来的心理的微妙变化。这段文字，妙在"虚词"。比如"然而老旦终于出台了"的"然而"和"终于"，比如"那老旦当初还只是踱来踱去地唱，后来竟在中间的一把交椅上坐下来"的"只是"和"竟"，"不料他却又慢慢地放下在原地方，仍旧唱"的"却"和"仍旧"。这些虚词，哪个后边没有一个"倦"字支撑着呢？这样的间接写，不着一字，却妙趣横生！特别是关于"老旦终于出场"的"终于"，细细琢磨其中的韵味，很能引发学生争论，实在是妙不可言。

总之，要把抽象的心情写实，写得鲜活，写得生动，写出新意，鲁迅的《社戏》是很好的表率。

(3)《社戏》的语用型文本处理方法

目标：聚焦双喜这个人物，重点教学生认识"鲁迅是怎么用写语言的方式成功塑造双喜的"。教学流程如下：

①自由聊：聊聊自读《社戏》的收获。教师引导学生自由说说小说之人、小说之事、小说之境、小说之情。

（从聊的过程中，可以感觉到对这篇小说的基本主题的认识，学生其实没有多大问题。因为几乎每一个班的孩子都能谈到对故乡的怀念，对童年的怀念，对乡居淳朴人性的赞美，等等）

②定向学：学习鲁迅用语言刻画双喜的技巧

首先整理出双喜的语言

老师指导学生意识到有的"语言"是直接写的，有的是间接写的，写语言，有"直写、暗写、隐写"三种方式。

而从语言表达来看，双喜的语言，呈现出"独言、群言、对言"三种方式。双喜的"独言"（人家没有说话，就只有他一个人说话了）最多，最见其个性。"群言"（跟着大家一起说）最少，可见这个孩子不喜欢附和。而双喜的"对言"（回答别人的话）不多，但仅仅一两句就显出智慧。

这个环节的知识挖掘超越了学生日常学习人物语言的知识体系，可以让学生对"描写语言"这种方式有更直观丰富的认识。

其次重点品味双喜的语言。求证：

每句语言描写里都"站"着一个双喜。

鲁迅描写双喜的每一句话都很用心。

a. 教方法，记住人物语言赏析歌。

人物语言赏析歌

一标一点慢慢嚼，看似寻常其实妙。

言内言外都琢磨，话前话后巧思量。

多角反复勤对比，潜台词里悟玄奥。

矛盾之处最珍贵，穷追趣问是良方。

b. 用丰富多彩的方法引导学生品味双喜的重点语言。老师示范引导。

"大船？八叔的航船不是回来了么？"

（放在语境中对比读，特别读好两个问号。其他孩子都只"叹息且遗憾"，只有双喜在思考在观察在想办法。其不被问题所困，而是从问题中站立起来，解决问题的意识和能力超过一般孩子。）

"我写包票！船又大；迅哥儿向来不乱跑；我们又都是识水性的！"

（关注两个分号。三个条件的安放顺序；短句形式。表现出双喜逻辑思维的能力和斩钉截铁的魄力。)

"是的。我们请客。我们当初还不要你的呢。你看,你把我的虾吓跑了!"

(读出每一句话后边的潜台词。关注句号,思考作者为什么不用感叹号。思考四个句子之间的双喜的应对技巧。先坦坦荡荡轻描淡写承认;然后找出光明正大的理由,虽然是诡辩;引发质疑者自卑,为自己的行动找更充分的理由;反戈一击,倒打一钉耙,转移视线。小双喜学过心理学呢)

c. 学生用方法自由品析

双喜他们却就破口喃喃地骂。

(这句"群言"很重要。双喜的孩子气立马出来了。启示是写孩子就是写孩子,完全忘记了孩子气质就麻烦了)

"都回来了!那里会错。我原说过写包票的!"

(放在语境中去朗读。其他孩子都在聊天休息,只有双喜还在时刻关注周围环境,在第一时间回应母亲的焦虑。少年领导就是这个样子的——永远比别人多一份关注)

双喜以为再多偷,倘给阿发的娘知道是要哭骂的……

双喜所虑的是用了八公公船上的盐和柴,这老头子很细心,一定要知道,会骂的。

(整合读。这两个"骂"很有意思。一个是"哭骂",一个是"骂",一男一女两个人物形象跃然纸上。双喜对大人的了解和理解尽在其中了。这个孩子很懂人情世故)

……

d. 总结

赞双喜

平桥村里双喜伢,十一二岁小人家。

聪明伶俐孩子头,桩桩件件主意大。

眼观六路听八方,风吹草动善观察。

心思缜密抓要点,轻重缓急无错差。

关键时刻主张明,一呼百应不叽喳。

孩子堆里像哥哥,老人面前是暖娃。

轻描淡写三两句，摆平矛盾乐哈哈。

乳臭未干试懂事，未来老大还是他。

③进一步思考：双喜是谁"培养"出来的。

（用朗读的方式：读平桥村温暖的人文风景；读水乡美好的自然风景；读平桥村人的善良可爱能干；读作者永不消逝的回望和怀恋……在朗读中自然总结：双喜的可爱来自于故乡的可爱，来自于作者内心深处对诸多美好人性的综合……）

（三）主题型文本之语言应用训练实践和思考

主题型文本中的语言应用训练方法很丰富。下面列举的，是"青春语文教学法"里用得较多，比较灵动，且效果很显著的几种。其共同的特点是"不提语用而语用"。大张旗鼓"主题探究"，声色不露"语言训练"，具有隐蔽性创造性的特点。此类语言训练大部分位于语言训练的较高层次。主题型文本的教学，只要经过类似的语言"碾磨"，其语文味儿，还是很足的。

1. 整合语言法

（1）同类词语的整合

【《变色龙》教学片断中的整合】

整合内容：

我绝不轻易放过这件事！

我要拿点颜色出来给那些放出狗来到处乱跑的人看看。

我要好好地教训他一顿！

【《散步》的教学片断整合内容】

我们在田野散步：我，我的母亲，我的妻子和儿子。

我的母亲又熬过了一个酷冬。

我和母亲走在前面，我的妻子和儿子走在后面。

后来发生了分歧：母亲要走大路，大路平顺；我的儿子要走小路，小路有意思。

【设计理念】

《变色龙》片断，目的是让学生理解奥楚蔑洛夫的对待自我的方式的荒唐。狗和将军无关，他的潜意识中的那个"我"就急速膨胀，他就要一脸公正地主持正义。而狗一旦和将军有关，他的那个"我"就萎缩了甚至消失了，只能藏在"将军和狗"

的阴影下了。

而《散步》这个片段，"我的"不仅集中体现了中年人的幸福感自豪感和责任感，也放缓了表达的节奏，让《散步》的语言更加呈现出"慢慢的、稳稳的"特点。让学生发现这些"我的"，分析这些"我的"是不是可以去掉，读好这些"我的"，对于理解散文中"我"的形象和理解文本主题都意义重大。

这些训练表面上似乎都是在为主题服务，但他们同时又是扎扎实实的语言训练。按照语用学的观念，这样的教法，研究的是语用知识体系中的"指示信息"。而抓住指示信息研究文本，往往会有出其不意的发现。有兴趣的老师还可以看看我的《人民解放军百万大军横渡长江》等课例，都曾用过这样的方法。

（2）同类句子的整合

【《丑小鸭》的教学片段整合内容】

这样，他们就到养鸡场里来了。场里响起了一阵可怕的喧闹声，因为有两个家族正在争夺一个鳝鱼头，而结果猫儿却把它抢走了。

"……你们如果看到那儿的一个老母鸭，你们就得把头低下来，因为她是这儿最有声望的人物。她有西班牙的血统——因为她长得非常胖。你们看，她的腿上有一块红布条。这是一件非常出色的东西，也是一个鸭子可能得到的最大光荣：它的意义很大，说明人们不愿意失去她，动物和人统统都得认识她。"

"对，不过他长得太大、太特别了，"啄过他的那只鸭子说，"因此他必须挨打！"

"你能够生蛋吗？"母鸡问。

"不能！"

"那么就请你不要发表意见。"

雄猫说："你能拱起背，发出咪咪的叫声和迸出火花吗？"

"不能！"

"那么，当有理智的人在讲话的时候，你就没有发表意见的必要！"

"请你注意学习生蛋，或者咪咪地叫，或者迸出火花吧！"

母鸡说，"你简直在发疯。你去问问猫儿吧——在我所认识的一切朋友当中，他是最聪明的——你去问问他喜欢不喜欢在水里游泳，或者钻进水里去。我先不讲我自己。你去问问你的主人——那个老太婆——吧，世界上再也没有比她更聪明的人了！你以为她想去游泳，让水淹在她的头顶上吗？"

【《丑小鸭》教学片段之二整合内容】

他是又大又丑。鸭妈妈把他瞧了一眼。"这个小鸭子大得怕人，"她说，"别的没有一个像他。"

别的鸭子站在旁边看着，同时用相当大的声音说："……呸！瞧那只小鸭的一副丑相！我们真看不惯！"

"对，不过他长得太大、太特别了，"啄过他的那只鸭子说，"因此他必须挨打！"

"他真是又粗又大！"大家都说。

"那个母鸭的孩子都很漂亮，"腿上有一条红布的那个母鸭说，"他们都很漂亮，只有一只是例外。这真是可惜。我希望能把他再孵一次。"

连他自己的兄弟姊妹也对他生气起来。他们老是说："你这个丑妖怪，希望猫儿把你抓去才好！"于是妈妈也说起来："我希望你走远些！"鸭儿们啄他。小鸡打他，喂鸡鸭的那个女佣人用脚来踢他。

【设计理念】

我教《丑小鸭》，定位在引导学生理解"苦弱个体的艰难抗争"，是典型的主题型文本的教学。这两个片段，第一个抓关键词"世界"，整合的目的是让学生由这组句子理解到丑小鸭的生存环境非常糟糕——其社会成员阿谀奉承、鼠目寸光、夜郎自大、心理狭隘、无视法制。如果不关注这个"环境"，不大可能理解丑小鸭的"逃"的重大意义。

第二个片段抓关键词"丑"，用这组句子的整合引导学生理解丑小鸭为什么会自己判断自己丑。其表面原因在于外界的灌输，根本原因在于丑小鸭的体型跟其他人不一样。这个要命的"不一样"使小鸭子被判断为"丑"。没有这些理解做铺垫，学生就不大容易意识到到丑小鸭的"逃"是一种自我认知的探索和突破。

这么讲直逼主题，但是，这里有语言训练吗？我觉得，有的，而且是比较深刻的语言训练。老师先做准备工作，把同类信息整合在一起，学生进行比较探究和还原，这是创新思维中的聚合思维和推理思维在起作用。这里边有比较，有辨析，有抽象，是较高层次的语言思维训练。

2. 发现语言法

【《变色龙》教学片断】

这个教学片断引导学生"发现"下面这个句子的奥妙。

警官奥楚蔑洛夫穿着新的军大衣。

教学程序为：

（1）先就这个句子谈发现。

（2）补充下面两则信息后让学生进一步发现军大衣的秘密。

信息一：醋栗，一种落叶小灌木的果实，果期7～8月，夏季浆果。

信息二：它后边跟着追来一个人，穿着浆硬的花布衬衫和敞着怀的坎肩。

【《背影》教学片断】

这个教学片断引导学生发现下面这个句子的奥妙。

到南京时，有朋友约去游逛，勾留了一日；第二日上午便须渡江到浦口，下午上车北去。

教学程序为：

（1）激发质疑：这个句子是不是在文中可要可不要？初步讨论。

（2）引导学生把这个句子放在具体的语境中，和前后文结合起来分析。让学生关注父亲的"忙"和我的"闲"。让学生想象父亲可能在忙什么。

（3）引导学生说出哪些事情是心力交瘁的父亲可做可不做，不做儿子反而高兴，但最后却又做了的。

【设计理念】

这两个教学片断的共同特点都是"无中生有式"。借用了"外力"来帮助学生理解人物和主题。奥楚蔑洛夫军大衣的奥妙，外显的是"穿着"和"新"，军大衣本身就给人威风凛凛的感觉。但如果通过其他的语言信息辅助，学生更会意识到奥楚蔑洛夫是在不用穿军大衣的季节还穿着军大衣，人物装腔作势的心理就暴露得更充分了。类似的上法在《我的叔叔于勒》中也是一样，其中有关于"牡蛎"的情节，母亲舍不得让男孩儿吃牡蛎，可见母亲的节俭，家庭经济状况堪忧。如果这个时候进一步"百度"一下，让学生知道牡蛎其实只是一种非常普通的小吃，并不昂贵。有了这个知识储备，再来看父亲请吃牡蛎的"庄严"和母亲的"端装"，就更能理解人物微妙的心理，对帮助学生真正进入主题很有好处。

《背影》亦如此。这个教学片断来自于一位学生的质疑。这个句子甚至被大部分老师忽视，它很像仅仅是一个无关轻重的过渡句。但如果我们把它放在上下文语境中进行研磨，它的生命力就被挖掘出来了。这些句子，明写行程，但其实都暗暗地写了父亲的爱。

这样的讲法，好像是在分析课文，但又是很扎实的语言训练。如果从语用学的角度去研究，应该属于"言外行为"和"话语的信息结构"的范畴。我们常说，碧波深处有珍奇，语言深处更有珍奇呢！

3. 发现矛盾法

【《背影》教学片断】

引导学生发现父亲来信中的诸多矛盾。

我北来后，他写了一信给我，信中说道："我身体平安，惟膀子疼痛厉害，举箸提笔，诸多不便，大约大去之期不远矣。"

【《我的叔叔于勒》教学片断】

引导学生发现于勒的第二封信中的诸多矛盾。

两年后又接到第二封信，信上说："亲爱的菲利普，我给你写这封信，免得你担心我的健康。我身体很好，买卖也好。明天我就动身到南美去做长期旅行，也许要好几年不给你写信。如果真不给你写信，你也不必担心。我发了财就会回哈佛尔的。我希望为期不远，那时我们就可以一起快活地过日子了。"

【设计理念】

这里的发现信息，发现的不是一般的信息，而是文本中的"矛盾"信息。经由《背影》中父亲信中话语—转折—矛盾的探析，进入到探寻父亲内心世界，感受父亲跟儿子示苦示弱求和的心态。由此引导学生体会"我"与"父亲"之间爱的艰难表达。《我的叔叔于勒》也是。一封家书，被家人十多年来反复阅读，但其实明眼人一眼就可看出其表达闪闪烁烁，不真之处甚多。以这封信为抓手，牵住这个牛鼻子，学生就能够体会到于勒对自身形象的维护，对家人感情的照顾，一个回了头的浪子依旧在挣扎的底层形象就呼之欲出了。

这是在进行语言训练吗？当然是！"父亲"和"于勒"破坏了"语用规则"，所以他们的"言语行为"才呈现出矛盾的状态。学生通过语言咀嚼，破解了里边的玄妙。这样的语言训练，已经进入较高的层面了。

4. 修复语言法

【《背影》教学片段一】

抓住一个句子让学生"修复"。

近几年来，父亲和我都是东奔西走，家中光景是一日不如一日。

教学程序为：

1. 让学生尝试给这句话加上一组关联词，更深地表达其内在意蕴。比如：父亲和我虽然都是东奔西走，但是，家中光景还是一日不如一日。

2. 反复朗读，和前文"好在天无绝人之路"对比，感受时代的阴霾，父亲的艰辛。

【《背影》教学片段二】

抓住开篇句让学生"修复"。

我与父亲不＿＿＿＿相见已两年余了，我最不能忘记的是他的背影。

教学程序为：

(1) 提醒学生"不相见"比"分别"字数多，思考作者为什么要用"不相见"。

(2) 修复"不＿＿＿＿相见"，体会父子之间的矛盾和作者对父亲的复杂的感情。

【《老王》教学片断】

请学生修复下面这个句子。

我也不懂，没＿多问。

教学方法为：

(1) 引导学生结合前后文思考猜测：老王死了，杨绛为什么没多问？是没兴趣多问？没忍心多问？没敢多问？没脸多问？没工夫多问？没心情多问？没勇气多问……

(2) 以此过渡到学习杨绛的生存状态也是"活命"状态的教学部分。

【教学理念】

修复语言信息的方法也是我常用的教学方法。这个方法的要诀是发现"语言罅隙"，然后探究这个"罅隙"产生的深层原因，最后"回填"。作者创作，使用语言，很多是有意识的，但也有一些，是潜意识的，无意识的。而且，往往是沿着这些"潜意识""无意识"，最可能走到文本的深处。这是思想探究，情怀探究，也是语言训练。而且特别能够训练语言的敏感力和包容力。

5. 创造语言

【《散步》教学片断】

要求学生帮助"妻子"设计一句话。

我说："走大路。"

妻子说:"_____。"

教学程序为:

(1) 让学生自由设计。

(2) 结合"在外面,她总是听我的"点评设计的优劣。

(3) 提醒学生妻子的多重身份——既是妻,又是媳,又是妈,如果说出一句话来能够让各方面都满意才是最适合。

(4) 总结妻子的"贤"和"慧"。

【《背影》教学片段】

请学生细读课文,然后根据范例仿写小诗。

【老师范例】

爸爸的爱是那再三的再三的叮嘱

唠叨一千遍一万遍

还是不放心

爸爸的爱

是那件黑布的大马褂和深青布棉袍

不帅　不酷

却模糊了我的泪眼

爸爸的爱是那件紫毛大衣

披在儿子的身上

自己穿的

却是布马褂布棉袍

爸爸的爱

是那靠门的座位

千挑万拣啊

一路上

都牵着爸爸的视线

【设计理念】

专著《一路修行做女人》

这两个教学片段中表现出来的教学艺术用传统教学法中的"读写结合"来分析是不够的。《散步》中"妻子"的语言要创造得好,需要学生具有非常好的语境意识。只有上下文语境、情景语境、社会文化语境兼备之后,这个训练才能够实现目的。学生不需要这些理论知识,但通过这个训练,这些知识的原理会潜移默化地渗透到学生心里。《背影》也是,表面上看是口头作文,但这其中涉及对文本的前理解和后理解,前后理解跨度越大,这个训练就能够完成得越好,嵌入课堂也越好。这样的创作,是对学生的文本理解深度的创造性检测,既灵动,又富趣味,课堂效果极好。

八、备课心路

"风雨"兼程为语文

——贾平凹《风雨》备课悟

2015年8月,安徽省淮南市凤台四中邀请语文湿地前往开展语文教学研讨活动。最后确定会议主题为"全国名师王君青春语文课堂教学研讨会",采取同课异构和专业成长主题报告的方式进行。时间定在2015年11月28号。

微信公众号"语文湿地"(yuwenshidi),是由我的丈夫人大附中西山学校尹东老师于2014年初创的语文教研平台。历经两年的经营,已经发展成为了有全国各地会员3万多人,核心团队创造社80人的田野教研团队。语文湿地推动了草根教师的专业发展。随着"语文湿地"的壮大,其影响力也越来越大。

这次活动,初定同课异构四节课。凤台四中老师一节,语文湿地名师一节,我一节。

上什么呢?姐妹们让我定。

我有很多备得很成熟的，已经上响了的公开课。随便拿一节现存的来上，都省时省力且效果有保障。但如果这样，就没有新的挑战了。对听过这个课的老师，吸引力会打折扣。其他三位同课异构的老师，也会因此而压力巨大。上旧课，不公平，也不厚道。

我决定上新课。我请其他几位姐妹来定课题。

陕西才女何定琴老师最后定的是贾平凹的《风雨》。人教版七年级上的新入选课文。

已经接近十年的时间没有用人教版了。我没有接触过这个课文。匆匆上网一搜，看了一遍，便拍手叫好。这是一篇典型的用侧面描写的方法描写风雨的写景散文，文字精短，千字以内，用笔很老到。初一学生阅读和仿写，都非常合适。我欣赏感恩着定琴妹妹的选择。

课题定下来了，我心中也装着"风雨"这回事了，但其实不到最后关头，似乎永远不能真正坐下来备课。生活像一个停不下来的大轱辘，我们所有人都被迫跟着这个轱辘转。各种琐事铺天盖地，没有谁，能够轻易抵挡得住。我也一样。老想静下心来备课，但总有更紧急更重要的事情中途来袭。事实上，一直到最后两天，才咬紧牙关，狠狠心抵挡住一切杂务，把整个心投入了"风雨"中。

上课，我是久经沙场了。我知道，你不全情投入拥抱文本，文本也不可能向你张开怀抱。上帝是公平的，你奉献多少，她就回馈你多少。

没有精深地独立阅读文本这个过程，教学设计不可能自然而然产生。

对教学设计，现在语文教坛上，有两种我不太认同的倾向，我称它们为"万能教学法"。一种表面呈现为"随便聊一聊"的茶馆式教学——无设计。另外就是这两年挺流行的各种"高效课堂"模式——死设计。为啥反对，在其他文章中再表。

总之，课堂犹如战场，是来不得虚假浮泛的。要上好一堂课，只能好好研读教材，精心设计教学程序，此外，任何急功近利好高骛远的路子都会导致课堂教学的破产。

当我从各种杂事中抽身出来开始静心研读教材后，美妙的感觉就一直萦绕着我。我们的日常生活真是太匆忙了，为一件美好的事虔诚地停下来本身就是对自己的奖励。纷纷扰扰的红尘之中，能够为一个目标独立静坐凝神静气一段时间，身心都会觉得舒畅。

备课，读教材永远是第一步。老老实实地读，扎扎实实地读。素读。不要看任何参考资料，不要有任何外援，只用自己的眼睛去读，用自己的头脑去思考去判断。这些日子重读《小王子》，对狐狸的"驯服"理念越来越感兴趣。狐狸说："只有被人们驯服了的事物，才能为人们所认识。"狐狸说："人们再也没有时间去认识别的事物了。他们总是到商人那里去买现成的东西。但是，由于世界上还没有出售朋友的商店，所以人也就没有朋友。要是你想交一个朋友的话，你就驯养我吧！"

其实，阅读文本也是一样，只有当一个文本被你驯服了，完全成为了你自己的文本之后，你才可能有巧思，有妙想，优质的课堂设计才可能诞生。不读文本先看资料，不读文本先上网搜各种教学设计的法子很省力，但几乎也因此堵塞了属于自己的创意的诞生之路。世之奇伟瑰怪非常之观，一定在险远。平处坦处没有风景。

读文本，要以"板凳一坐十年冷，面壁十年图破壁"的精神来读。要以视文本为初恋，甚至一见钟情的情怀来读。这样的读，带着欣赏，带着爱，带着必然有所收获的信念——是，文本天然有优有劣，更没有十全十美的文本。没有不好的"文本"，只有不会设计的老师这话有些意思。文本就只是老师烹小鲜的食材，遇到高明的教师——什么食材都能做出好菜来。

教师这个工作，实在太富有创造性了！

《风雨》很短，900多字。我逐字逐句地读，先用思维导图把文本的思路画出来，散文基本内容的构成心中就有底了。然后圈点勾画，细细写出自己在阅读过程中的各种感受。在我的眼里，每一个标点，每一个虚词都是有表情的，都是可能有奥妙的。当我渐渐成为一个专业的教师后，我曾在《病》一文中描绘自己的阅读心情：

　　……我只能说自己多少有点儿精神强迫症——就如那些有洁癖的人。对文本中的一字一词一标一点，我总觉得自己对它们负有天大的责任。如果不努力开解它们的奥妙，不点破它们的玄机，我就辜负了良辰美景，就空耗了华年青春。

　　……和文本较劲，和课堂设计较劲，我是常败将军。但屡败屡战，屡战屡败。并不完全乐在其中，许多时候是深陷其苦而不能自拔罢了……

是，读文本，是痛在其中，也乐在其中，此中滋味，如果没有在文本中深深浸淫过，是不容易理解的。

在阅读的过程中，我深深为贾平凹的笔法感动。900多字写风雨，不着"风雨"一字而尽得风流。其选材之家常，观察之精准，表达之精彩，实在让人喜欢。一流的作家，天地都在他心中，世间万物均有情。就连一张废纸，在优秀作家的笔下也神采焕然，传递着无穷无尽的意蕴。

十几遍读下来，文本上密密麻麻，全是我的批注了。如果让我来解读教材，我可以滔滔不绝对空说两小时了。这个步骤，算是暂时告一段落。

素读之后，接着就是"联读"。不是看别人的教学设计，而是看别人对于贾平凹的研究。语文教师在面对任何一篇经典文本的时候，其视野起码应该是这个文本本身的5～10倍，有了这个视野，文本冰山下的百分之八十就暴露在了你的面前，这对于选择最合宜的教学内容及在教学过程中点拨学生，都会起到至关重要的重要。

视野决定宽度和高度，一定是这样的。

因为看我忙，定琴妹妹就主动把她收集到的关于贾平凹和《风雨》的若干资料发我了。我是多么感动啊！这就是姐妹，同课异构其实是同场竞技，只有真正的姐妹，才会有这样无私地温暖分享。在若干资料中，还有定琴自己对《风雨》的一篇解读文章。这是我读过的。定琴小女子大笔如椽。这个妹妹，乃是民间的高手。她没有我的影响力，也没有我的平台，但其情怀和思想，样样超过我。这些年行走语文江湖，见识了太多这样的民间高手。我便一边崇拜着他们，一边感叹着上天把若干机会赐予了我这样的资质平平的小女子。我当更加努力才不辜负上天的厚爱啊！

素读和联读都告一个段落后，我开始着力思考如果面对初一的学生，我该如何给这个文本确定文本特质。

按照我的文本特质思想，在一线课堂，文本基本可以分为主题型文本、语用型文本、诵读型文本、写作型文本、思辨型文本、拓展型文本。我首先排除了主题型文本。《风雨》写的就是自然界的风雨，当然文中肯定有对人生风雨的影射，但这个层面，可讲可不讲，即使要讲，也最好讲得简略，讲得精到，不用纠缠。一是学生年龄限制；二是这个文本语言直抵"风雨"，其描写手段高超，炼字炼句功力很深，就是这个层面，学生也学之不尽用之不竭。一堂课，附着不要太多，负担不要太重。

这两年，重新思考"真语文"，特别是近段时间在钻研"在语用背景下重新建构新的课程体系"，感触更深。我自己以前的教学，华丽好看，煽情太多，需要节制，需要开发出更有益于学生长远发展的语用内容。扎扎实实地教语文课，扎扎实实地训练学生的阅读能力写作能力说话能力，才是语文教学的当务之急。思想内容方面的东西，点到为止即可，确确实实不是语文课的主务。黄厚江老师说我们不能荒了自己的地，种了别人的田。此言诚哉！

工具性和人文性，其实不必争。皮之不存，毛将焉附？二者都很重要。但皮毛和谐的前提是，我们奉献给了学生有价值的语文学科本体知识。

在思考的过程中，我确定，《风雨》这个文本的教学，因为是抒情散文文本的缘故，必然要重诵读。诵读型文本可能不是主打型文本特质，但一定是附加特质。不诵读，不教抒情散文。

但《风雨》到底是处理成语用型文本好呢，还是处理成写作型文本好呢？这个选择，让我大费脑筋。我一时不能定夺。这个纠结，一直持续到周五下班后踏上旅途。在去北京南站的地铁上，我还在反复琢磨。地铁上人流如织，来来往往喧闹不已，我深深地沉浸在自己的《风雨》中，心静如水，完全不受环境影响。

下地铁的时候，我似乎想清楚了，这个课，还是要上成写作型文本最合适。贾平凹的写法，很劲道，但很亲民；很深邃，但很浅易。学生如能学到他选材技巧、观察技巧、描写技巧之十分之一，对于日常写作，也是受益无穷的。

匆匆地换票进站，真是恰恰好，一分钟的多余都没有。刚刚坐定，高铁就启程了。我并不惊异，这些年走南闯北，出差对我来说是常态。一路辛苦如一路修行。没有这一路的跋涉修炼，就没有现在的我。我习惯了车马劳顿，也习惯了永远最后一个上车下车，最后一个上飞机下飞机。我似乎永远在思考的状态——只有不跟人抢的时候，才会真在思考状态。而且，这些年闯荡语文江湖的一个成果是，我可以在任何时候，任何地点开始看书，开始写作，开始休息，开始睡觉……

旅程如家，漂泊让我拥有了非常可贵的随时随地都能静心的能力。

于是，跟往前一样，火车一开动，我短短休息了一下，就开始梳理思绪，准备课件了。

文本特质一旦确定，很多问题便都迎刃而解了。在读教材中被充分开掘出来的各种各样的教学内容，都会主动被再次检索筛选。一般这些内容包括：我们可以借助这个文本进行的知识渗透，可以借助这个文本完成的语言学用，我们可以凭借这个文本进行的能力训练，我们可以依靠这文本完成的情怀熏陶和思想磨砺等。

当我把《风雨》确定为写作型文本后，课堂教学的内容便都指向"写作"了。教什么写作知识呢？自然是侧面描写。训练什么写作能力呢？自然是侧面描写的选材和细致描写的能力。但在梳理文本知识的过程之中，我感到了为难：如果学生要实现现场写作的话，对原文本的欣赏挖掘就只能点到为止。文本简单处理，对于《风雨》，是不是太可惜了呢？

水光山色

我又开始纠结了。而且这一轮纠结，比上一轮来得猛，来得烈。在动车上，我停止了备课，反复掂量思考这个问题，反复算计课堂时间，反复分配读与写的权重比例……设计一个课，很多时候如打俄罗斯方块，要努力让各个环节都严丝合缝，课堂方能高效。教师如工程师，必须具有腾挪组合的功夫。这轮比较，在教学内容和教学时间上，我自己跟自己"锱铢必争""方寸必较"了一番。一堂课 40 来分钟，大型公开课也只能在 1 小时左右，教师不做时间的"守财奴"，还真安排不下来。

车到淮南，已经是深夜 10 点半了。凤台四中的王校长亲自来接我。这个校长，笑容温暖，谦恭有礼，一看就是儒雅之士。见面就递上泡得热热的绿茶。茶杯是新的。精致的紫色茶杯，在夜幕下闪着温暖的光。我特别感动。我万水千山走遍，所见礼遇甚多，但这样的贴心呵护，还是第一次。

淮南到凤台，还有一个半小时。我只跟王校长淡淡聊了几句，便躺在后座上沉沉睡去。到北方后，我调整了作息时间，早起早睡。晚上做家务，待弄老公和孩子，早上起来看书学习备课。10点半，已经早过了我正常睡觉的时间了。

入住宾馆时，时间指向了深夜12点半。

我的课件还没有完成。更要命的是，我还在语用型文本和写作型文本之间挣扎，没有做出最后的抉择。

我决定不熬夜备课，还是继续睡觉。我的思维的高潮期、迅捷期总是在清晨。许多悬而未决的事情一觉醒来，思路便都有了。我越来越相信，人在睡梦中其实并没有完全"死去"，大脑在以另外一种方式工作，甚至工作得更为活跃呢。近些年，我出版的近十本专著，几乎都是在清晨完成的。

我信任清晨。于是安心睡去。每天四点钟，清晨会准时叫醒我。我知道，我的课，会在这个清晨搞定。

但课堂需要预设，而生活却往往只能生成。生命中的风雨永远比自然界的风雨更吓人。深夜，我被一阵猛烈的踹门声弄醒。一看时间，2点半。接下来便是犹如恐怖电影的一段经历。我出差十多年，第一次遇见深夜在酒店被人袭击的可怕事件。此文不赘述。总之，我调动了我全部的勇敢、想象力和智慧才把那个要破门而入的疯女人挡在了门外，为此，不仅惊动了前台，惊动了在睡梦中的校长，还差点儿惊动了110……第二天知道可能是酒醉的神经病女子找错了袭击对象。现在想起依旧心有余悸，更加知道了做人之险，从此出差必要反复检查大门锁的各种装置——而以前，我相信大酒店无危险，多少是有些懈怠的。

疯女人闹了近40分钟才离开。奇怪的是，惊魂稍定，我便又沉沉睡去，睡眠质量丝毫不受影响。经风雨见世面，这些年的行走，基本让我拥有了处变不惊的能力。

唯一不同的，醒过来的时候，已经是清晨五点钟了。离主办方来接我去吃早饭的时间仅仅只有两个半小时了。我必须在这个两个半小时，把课全部搞定。

虽然睡得晚，中途又受了打扰。但我顽强的生物钟还是在清晨显示出了超人的力量。我在床上小坐片刻，把这几天所有的思绪理了理，并且快速做出抉择：课堂宁纯粹不要繁复，宁简约不要杂乱。讲得多不如讲得精，练得浅不如读得深。这个课，就上成语用型课。写作放在课外。贾平凹的文字好，用一节课的时间带领学生深深进入这个"好"，有价值。

文本特质一旦确定，备课思路就清晰了。理念、方向、目标永远是第一位的东西，而其他具体的技巧，也永远会在理念方向目标的指引下自然而然生长出来。

作为成熟的教师，在我的头脑里有很多语用型文本的备课模板，取出来就可以用。

我迅速确定课堂结构：看章，看段，看句，看词。四个主板块，从宏观看到微观，一路看下来，基本可以帮助学生认识"这一篇"的特点。还有一个辅助板块：看意。这个板块是侧重于人文性的。点到为止。以前上课，往往只围绕着"看意"。这样上语文课，这样面对普通的语用型文本，自然是偏了。现在要扭转过来，教学重心老老实实放在语用上。这于我，是很重要的领悟和改变。

我更快地选择了推进各个板块教学内容的教学策略。于我，具体怎么教的难度，小于确定教学内容。读章，是整体俯瞰全篇的过程，重在理解侧面描写和学贾平凹的选材。我设计了两个小问题：①自由说话"我在＿＿＿看到了风，那风啊……；我在＿＿＿＿看到了雨，那雨啊……"以此帮助学生理解文意，把握侧面描写的妙处。而且问题难度小，学生都有得话说，课堂起势比较平和，容易调动激发学生。②学生自由总结"在贾平凹的选材中，既有生物，也有＿＿＿＿＿；既有动物，也有＿＿＿＿＿；既有天上飞的，也有＿＿＿，还有＿＿＿＿＿；既有动景，也有＿＿＿＿＿……"从十几个方面引导学生尽可能地多角度思考作家选材的特点。

读段，确定我主讲，让学生认识到写景纵式展开和横式展开的两种方法。读句，采用同类信息聚合法，在诵读指导中引导学生领悟贾平凹写句的妙处。读词，则鼓励学生和贾平凹 PK，在调换比较中让学生领悟作者炼词的精妙。这四个板块的教学，都用七言诗句的形式做小结。学完，一首古诗就完成了。这样，可以给学生一个完整的印象。至于"看意"板块，就算是全课的收束了。不讲，不做拓展，只读，领读和全班性的诵读。这样的文本，如能在诵读中让学生背诵下一部分，领悟一点点，那真是善莫大焉。

清晨七点的时候，我的课件基本做出来了。只是还粗陋。许多地方需要细化。我不急。我的课是下午。上午主要是听课。我想，听课的过程中，我还会收获一些灵感。我可以一边听一边调整。

　　刚过 7 点，语文湿地的朋友们已经来接我了。我被一大群花枝招展的姐妹宠得像个公主——每一次都这样。仅仅因为她们喜欢听我上课，喜欢读我的那些浅陋的文字，她们就把我当成了公主。这些尺码相同的湿地人，每一次，都带给我太多太多的感动。

　　凤台四中一如他们的校长，儒雅，温暖，而且热情。我一边听课一边调整自己的课件，每每被孩子们的聪慧和激情吸引得抬起头来，看着课堂上热烈的场面心情澎湃。窗外是凛冽寒冬，而室内，因为语文，温暖如春。语文教研的场景，实在是世界上最美好的场景啊！

　　下午，我走上讲台。这堂课，首讲，而且，没有试讲过。但我完全不紧张。经历了太多的课堂风雨之后，我渐渐拥有了沉着和笃定。备课期间的精耕细作广泛阅读，教学设计过程中的反复纠结取舍，都凝成了最后的自信和冷静。现阶段的我，已经不把上课当成上课，那不过是一次又一次和学生的有准备的充分交流。乱云飞渡人从容。我成竹在胸。

　　我上得很嗨。学生也很嗨。听课的老师们也很嗨。我不想下课，孩子们老师们都不想下课。

　　前四板块，落点在八句诗上。

赞平四

　　　天地都在他心中，信手拈来有章法。
　　　纵式横式巧展开，段落铺排多变化。
　　　修辞炼句真功夫，句句都如原上花。
　　　咬文嚼字善推敲，一字一词少疵瑕。
　　　侧面描写最霸道，风雨不碰成绝杀。
　　　火眼金心已炼就，短文传世赞平四。

　　而最后"看意"阶段，我指挥着我的学生"合唱团"，演奏出了这堂课的最强音：

　　生命的风雨来了！我像那槐树上的葡萄蔓，再也攀附不住了，才松了一下屈蜷的手脚，一下子像一条死蛇，哗哗啦啦脱落下来，软成一堆。

　　生命的风雨来了！我成了那无数的苍蝇中的一只，我们集中在屋檐下的电线上，一只挨着一只，再不飞动，也不嗡叫，黑乎乎的，电线越来越粗，下坠成弯弯的弧形。

　　生命的风雨来了！我是那"孩子们"中的一个，趴在门缝，惊喜地叠着纸船，一只一只放出去……

　　生命的风雨来了，我到底会怎么样呢？

　　……

　　这也是我梦想中最好的语文课的收束场景：孩子们在惊天动地、心醉神迷的诵读中自然而然进入文本的深处。我只是小小地动了一下文本，我只是给他们选择了一段接近于文本气质的音乐，我只是告诉他们——来！来朗读吧，朗读中有文字最深刻的美。

专著《一路修行做老师》

　　直到此刻，离那堂课十天了，我的眼前依旧是那些红扑扑的脸，那慷慨激昂的诵读声，那些灼灼的眼神，那些突突突跳跃的心……

　　这便是语文课的魅力了。这便是让我们甘愿望断天涯而不惧，衣带渐宽而不悔苦苦追求的原因所在了。

　　教室里，春水潺潺，繁花似锦，红日东升。一课如一季，青春因此而定格，岁月因之而永恒。

　　于是，为了更多的这一刻，我还愿意，永远愿意，怀揣语文之梦，风雨兼程。

九、生命写作

写作是我们的道场

——青春之作文教学理念絮语

（一）

　　我的学生时代，各科成绩平平，但作文却一直比较冒尖。后来走上讲台，也算是发表文章、出版专著比较多的一类老师。

我常常问自己：你是怎么学会写作文的？

这个问题很让自己苦闷。诚实地说，我的写作水平的提高，基本上与语文课上老师教的那些写作方法无关。

我从来没有认真地"学"过写作，或者说，没有任何一种所谓的写作技巧，对我产生过重大影响。

印象中从三年级开始就为要交作文焦虑恐惧。老师周五就布置了作文题，我却常常到了周日晚上还是一筹莫展。小时候为数不多的几次向老师撒谎，其中一次就是因为交作文。我傻傻地告诉老师作文本落家里了，跟现在的孩子如出一辙。

虽然如此，但我的内心深处是爱着作文的。甚至小小年纪就有过创作的冲动。

幼年时代夏日的綦江河经常水鸟翩飞，我经常在河边长久站立，看得入神，心头就有文字在涌动——那是诗，萌芽于小孩子心灵深处的最初的"作文"。

五年级时参加了一次春游，地点是綦城边上的景点飞鹅石。现在想来那风景实在普通，但从未远游过的我还是被自然震动了。笔下汩汩流淌如小溪清泉。这篇"作文"，是我第一篇获得了县级奖项的作文。

初二时候班上组织自发爬山，19个男孩儿女孩儿在狂风暴雨中登上鸡公嘴，然后又你背我驮着下鸡公嘴。一身泥泞回到家，我就把自己关在阁楼上，一口气写了三千来字。文章的题目叫《十九勇士》。那是我中学时代写得最长的文章。没有老师布置，也不用交。

高中时读《红楼梦》，读得如痴如醉，写了好几本读书笔记，现在还压在老家的箱子里。

做了老师，开始写教育教学手记，不是校长的要求，也非行政的命令，完全是一种冲动。和孩子们交往的点点滴滴，随时随地都在让我产生记录的冲动。

就是这样的，引领你走进写作大门的，其实是生活本身和阅读本身。激发你继续写和停不下来地写的，还是生活本身和阅读本身。

如果懂得生活，那你就是在写作。如果你不懂得生活，那你就只是在写作文。

写作意识的觉醒，其实不过是生命意识的觉醒。写作能力的提升，其实不过是生命质量的提升。这里的"质量"，不是说我们获得了多少物质的财富和世俗的地位，而是，我们有了审视自己灵魂的能力，并且产生了记录这些"审视"的冲动。

　　所以，在我的意念中，真正的写作教学，不过是带领学生慢慢地阅读，慢慢地走进生活，慢慢地长大，慢慢地感受生命的艰辛和美好，慢慢地爱上"活着"，爱上文字。

　　所以，我教写作，与其说是在教学生写作文，不如说是在教学生认识生命。

（二）

　　早年，我曾经给《语文报》写过一篇约稿，名字叫《拿什么拯救你，我的写作》，其中开头几段是这样的：

　　不要以为"拯救"是一个触目惊心的词语，用在写作上有哗众取宠之嫌。如果你走进我们的校园，看到那么多的孩子讨厌作文，逃避作文，或者用变异的笔涂抹着苍白的文字的时候，你会明白，写作已经真的成了一项应该被拯救的事业。

　　真的，拿什么拯救你，我的写作？一个没有写作激情，一个没有交流欲望，一个缺乏表达能力的民族，难道是一个有生命力的民族吗？

　　当文学沦丧为经济的附庸，当写作降格为考试的工具，这个社会，便已经有了心力衰竭之嫌。拯救写作不能拯救社会，但却有可能唤醒一颗颗麻木的心灵。鲁迅先生在多年前的教诲历历在目：我们的第一要著，是在改变他们的精神，而善于改变精神的，我那时以为当然要首推文艺……

　　而今天，当经济大潮冲破理性和良知的堤坝，当写作被急功近利的浮华逼得几无退路的时候，我们是必须要思考了，拿什么拯救你，我的写作？

　　最不能拯救写作的是"行政性命令"：为作业而写作，为考试而写作，为升学而写作。就是这些"命令"，一步步让写作变异堕落，让写作沦为了工具和奴隶。最不能拯救写作的是技巧，最高明的技巧也仅仅是昂贵的化妆品，并不是每一个人都能靠它成为美女丽人。相反，对技巧的崇拜和依赖将会让你离写作的本质越来越远。

　　那么，到底应该拿什么来拯救你？

　　我最想讲给你的，我如何激发孩子们写作内驱力的课内课外故事，是帮助孩子们建立健康的写作价值观的故事。

　　这些故事，都来源于真实的心灵悸动。这些写作，都在为青春的情感之河尽情宣泄挖掘河道。我们撕掉"伪圣化"的面具，让写作为生命歌唱——这歌唱，如九曲十环奔腾不止的长江嘉陵，让我们看到了海的蔚蓝和辽远。

（三）

作为一名自认为还有些社会责任感的语文老师，这些年来，写作教学带给我的焦虑是长时间存在的。

不是学生缺乏才气，有才气的学生还不少。但令人失望的是，透过斐然的文采，我看到的却常常是让人压抑的文字。

一类是文字优美而旨意寡淡的。这类作品篇幅冗长而内容稀少，为表达一个简单的意思而矫情敷衍，结构曲里拐弯，有一点情节，有一点儿内涵，好读而不耐读，内容十分稀淡。

另一类就是艰深晦涩貌似深刻的。在这些作品中，不少的少年才子们满纸苍凉孤独颓废，一幅受了莫大灾难与折磨的样子。才子们还往往曲折附会一些貌似严肃的哲学命题，并以此显出与众不同的成熟。至于迎合充满了小资气质、小资情调的伪伤感、伪叛逆、伪天真、伪深沉，迎合世俗化的审美趣味，选材的古代化、构思的虚幻化、体裁的特殊化、语言的华丽化、创新的盲目化……这些写作之怪现状，更有愈演愈烈的趋势。

更让人焦虑的是，更多的学生，是连上面的几种"另类"的水平都还远远达不到，而是停留在流水账般地复制生活上，甚至深陷于"无话可说，无事可写"的写作失语状态之中。

所以，我想告诉孩子们，中学生的作文不应该是这样的：

因为所感觉的范围颇为狭窄，便不免咀嚼着身边的小悲观，而且就看这小悲观为大世界。（鲁迅语）

一个初涉人世的少年，一落笔，就满纸苍凉，很孤独很颓废很绝望很仇恨，仿佛受了莫大灾难与折磨的样子，仿佛这个世界虐待了他丢弃了他。（北大教授曹文轩语）

以叛逆为个性，以另类为时尚，以晦涩和忧郁为流行，人云亦云，东施效颦……（王栋生语）

我的作文教学，我希望展示一种明亮的状态。

中学生作文的天地可以很广阔：青春话题、公民意识、荣誉和责任、悲悯和同情……人与社会、自然、自我的关系应该是永恒的作文源泉。青年的写作应该展现青春气息而又思考大问题，应该能够体现胸襟抱负而又敢爱敢恨。我们在少年的写作中一定要听到了生命的歌唱，哪怕是不太成熟的歌谣，他们的价值也远远超过了无病呻吟和故弄玄虚。

心中有爱、肩上有担、腹中有墨、胸中有识、目中有人、手上有艺。这才是中学生作文的一种境界——这是文的境界，也是人的境界。我希望，也是我的作文教学的境界。

（四）

在我的意念中，作文课天然有四种类型。第一种教技巧，第二种教积累，第三种教情怀，第四种教价值。

第一种最好教。教了马上就可以用，可以应对考试。

第四种最难教。作文价值观，本质上是一种生命价值观。

在初中阶段，几种作文课都需要。它们会在不同的层面发挥不同的作用。

但我要认真提醒年轻朋友的是：教作文有可教和不可教两种。写作文，百分之三十可教，百分之七十不可教。可教的是"术"，不可教的是"道"。

教"术"是在写作初期。写作要走得远，靠的是"道"。

初中阶段教"术"，要把"积累""情怀""价值"融合在其中教。只有"术"的作文教学，肯定最终败坏作文教学。

说得再极端一点，我甚至不觉得教写作需要什么"课"。对于写作而言，天地就是教室，"活着"就有课堂。每一个脚印都在取材，每一声叹息都是抒情，每一个日子都是积累，每一次领悟均是情怀。我们可以给学生的，事实上是一种发现的能力：发现自己时时刻刻都在创造，都能够创造。写作，是天赋才能。

所以，我的作文教学理念，不是所谓体系周全的理念。我的关于写作的述说，也不直接针对考试。我着力于唤醒和引导。一旦灵魂觉悟，写作天眼打开，考试，真的不过是小儿科。

（五）

我一直以为，教学，其实是一个相遇的过程。

在阅读教学中，我们和文本相遇。作为有字之书的文本，本身就是一个完整的独立的生命存在。我们的主要任务，是读懂这个生命，还原这个生命。

而写作教学更为奇妙。生活本身就是文本，这无字之文本藏着无限的故事和学问。读懂和还原已经不够。经历了写作的我们，会渐渐懂得：没有任何一个瞬间应该被辜负，没有任何一次相遇不值得缅怀。写作，是铭刻，是提炼，是永生和重生。

写作教学的源头是生活本身，写作教学要奔向的那个目的地也还是生活本身。然而，此生活和彼生活，含义已经不同。教师的意义在于，他带领着学生不断去寻找泉源，不断地去疏通河道。他是一个制造"遇见"的高手。他的学生，在他的蛊惑下，引领下，一直在主动地和这个世界相遇。他们可以讲述的故事，因此而源源不断。他们的写作激情，因此而长期高涨。

写作教学因此而能够带来更多的属于生命深处的惊喜和狂喜。

我正在探索的写作教学中有十条路径——很像十口井。这些井，我亲自测量过、挖掘过，品尝过。汩汩清泉，甘洌可口。于是，惟愿更多的年轻朋友，也能同享这甘甜，更能继续挖掘，继续探索。

我称这十条路径为青春之语文的十大作文教学理念。

1. 变学生独写为师生共写

一个不热爱写作的老师，不论他在语文教学中如何地尽职，也不论他的学生在他的教育下取得怎么骄人的成绩，他都不能称为一个真正的语文教师。我要学生怎么做，我自己就先这么做。爱写作才能教写作，痴迷写作才能会教写作。教写作，成就的不仅仅是学生，更是自己。

2. 变应试写作为生命写作

教育的急功近利已经直接导致了写作教学的急功近利。我们必须突围！一定要用大尺度大目标来审视我们的写作教学，用大眼光大情怀来设计我们的写作教学。我们要为写作重新命名！唯有如此，教师和学生才能够走出应试写作的怪圈，既能从容面对考试，又能够享受到写作带来高峰体验。写作，本质上是一种是自我救赎和自我解放。

3. 变技巧灌输为情智促技

适当的技巧讲解是必需的。在"术"的层面的教学，要努力遵循的原则是：以情促技，融技于情；以智导技，化技于智。要在活的情景中让学生自然而然掌握技巧，切不可灌输技法，蛮横训练。现在各种各样的模板化的训练充斥作文市场，背作文套模板甚至作为某些地方的教改成果在大力宣传。我们需要清醒地明辨，需要自觉地抵制，需要主动地创造。

4. 变课文示范为经典引领

课本是有限的，而经典是无限的。我带领学生跳出教材，投身经典。以文学经典和影视经典为题材，探索人生的奥妙和写作的奥妙。你如何死？你如何活？你如何爱？你如何写？你的死法就是你的活法，你的活法就是你的爱法，你的爱法就是你的写法。经历了这样的课堂引导的学生，会获得一种写作的信仰，也最有可能使写作成为生命的一部分。阅读经典学写作文，读经典评经典，都可以成为某项写作活动的一个起点。阅读成为一种引领，引领学生走进真实的写作场。

5. 变校园视角为社会视角

在我的写作课程中，有一种课叫"新闻课"。我们把孩子们从几点一线的模式化的生活沼泽中打捞出来，给他们换上干净的衣裳，再给他们一架显微镜和望远镜，启发他们：看，生活不仅仅是值得过的，而且是值得我们去研究的啊！这是最让学生欢迎的一种课型。它是用语文的方式来解读社会热点事件，让学生获取最鲜活最有温度的写作素材。写作中的小我与大我、本我与超我，就是在这样的对生活的感性关注和理性审视中逐渐形成的。

6. 变读写一体为写作举纲

阅读和写作孰轻孰重？这本不该成为问题的问题，事实上在我们的日常教学中一直存在着。阅读重于写作。阅读好教，写作难教。于是，阅读用心教，写作马虎教。阅读扎扎实实地教，写作三天打鱼两天晒网地教。这固然与写作知识体系比阅读知识体系更不完善有关，也与我们部分语文教师"阅读老大"的旧思想有关。我同意潘新和教授的理念：所有的阅读，最后都要指向写作。所有的语文教学行为，最后都要着力在写作上。

7. 变学科技能为班建动力

我做了20多年班主任。我痴心于班主任工作的一个重要原因在于我有我自己的"小算盘"：只有做了班主任后，我才能理直气壮地，轰轰烈烈地把所有的班级活动都变为语文活动。语文教学生活化才可能成为现实。语文即生活啊！而孩子们日日就生活在班级中，我们如果做了这样的一个王国的国王，那么，语文学科教学和德育教育，便会相携相扶，相融相生。我就是这样的一位老师——像变魔术一般变学科写作技能为班级建设的推手与动力。德育水灵灵，写作笑盈盈。

8. 变象牙写作为红尘写作

带领学生走进滚滚红尘，让孩子们从书斋少年变为小小公民，让他们在流动的社会生活图景中学习语文。"象牙塔写作"因此而变为"红尘写作"，这是我孜孜以求的作文教学生命图景。仿真的生活，全新的体验。富有生命质感的文字从小孩子的笔下流淌出来。世界是我们的教材，语文是我们的工具。我们带着语文的刀戟行走世界，仗剑行侠，快意恩仇。写作，因此而获得了一种尊严。没有和滚滚红尘接轨的写作，难道是有尊严的吗？

9. 变统一要求为分层激发

这些年来，我的学生在写作上的表现可圈可点之处甚多。他们先后获得了全国创新作文大赛西南赛区和华北赛区的第一名，并且双获全国一等奖。我的学生发表作文更是家常便饭。这些都不是我最骄傲的，最骄傲的乃是我越来越相信写作是天赋才能。我们可以不喜欢弹琴、绘画、运动、表演……但不可能不喜欢言说。读写的需要是普遍的。正常的人没有不喜欢读写的，除非受到外界的阻遏或压制。我的所有作文课，都来自于这样的一种相信。其教学目标的设置不是因为教学大纲或者考纲，更非行政命令。这些课，是教师对教学对象个性化成长持续关注的产物。它属于个案研究的范畴。研究一个一个学生，努力为不同的学生个性化定制写作目标和设计写作培养路径，由此而激发每一个学生的写作潜质。让每一个孩子都愿意思考，愿意表达，也许，这就是写作教学的终极目标吧。

10. 变纸质写作为网络点兵

2010 年，我开始任教人大附中西山学校未来班。这两个班，是现代信息技术装备很完善的班。他们人手一台笔记本电脑，拥有非常多的上网工具和上网时间。21世纪技能是这两个班的培养目标。作为语文老师，你如何应对这样的班级？那是一段激情燃烧的岁月。我开始大刀阔斧地进行语文课程改革：未来语文精品阅读课、未来语文经典诵读课、未来语文放胆写作课、未来语文影视鉴赏课、未来语文新闻课……网络沙场秋点兵，我的写作教学，又开始了一轮新探索。

语文教学，是我的道场。我带领着学生一路修行教语文。我们在这条路上，修得一颗好的心。

青春之语文的作文教学的目标，亦是如此。

和孩子们在沙漠

吃喝拉撒一样重要

——王君作文教学笔记选（1）

正在思考孩子们的"小说创作"的问题的时候，应著名的全国中文核心期刊《中学语文教学参考》之邀，赴襄阳上了一堂作文公开课。在课上，发生了一件很有趣儿的事儿，值得写一写，聊一聊。

这堂课的主题是：真人真事真感情，大情大气大文章。为了引同学们思考写作的"真"的问题，我出示了一则材料，是以前学生写的一则小随笔。

我多想上趟厕所

初一（9）班　陈　实

早上，我努力睁开睡意正浓的双眼。看看手表，不禁大叫："Oh，my god！都6：50了！"我顾不得洗漱，吃早饭，就跑到了教室里。

过了一会，开始上第一节课了。刚上不久，我突然感到有一股强大的"浪潮"

打击着我，原来是想撒尿了。好不容易挨到了下课，可倒霉事儿尽在我危急的时刻出现。刚下课，英语科代表叫我交作业，我翻翻堆积如山的课桌的书堆没有发现，又翻了翻书包……好不容易找到作业结果却上课了，没有上到厕所。

第二节课时，"浪潮"一次又一次地打过来，我一次又一次地忍着，真渴望上趟厕所。终于，下课了，我刚起身准备去上厕所，生物老师又进教室说："今天下午要交抄的卷子，不交者重罚！""啊，对了！我忘记了抄卷了。"便忍住赶起作业来。

经过了一节课，两节课，三节课，四节课……"浪潮"一次又一次地打来，一次又一次地变本加厉。我忍，我忍，我忍，我再忍，我再再忍。终于，我迎来了曙光。放学了，我冲出教室，跑进了我期待已久的厕所。出来时，我顿时感到神清气爽，天更美了，鸟儿飞得更高了，我也舒服了，情不自禁地说了一声："快哉！快哉！为之爽也！"

【老师点评】

我请孩子们独立思考发表意见：你觉得这篇文章是好文章吗？今天上课的学生，是襄阳市诸葛亮中学初二年级的孩子。个子普遍挺高大，面相普遍淳朴善良。

孩子们的意见分为两类。一类认为这文章不好，缺点比较多，比如说细节描写不到位，语言也比较粗糙等。我夸他们有眼光。确实，这篇随笔的作者，是当时班上语文素养不太好的一个孩子。他还不太会写作文呢。就是这篇的原稿，也有不少错别字、病句等。老师还帮助他做了不少修改。还有一类同学觉得这文章写得真实，还是不错的。

在特别积极发言的孩子中，有一个一看就非常优秀的孩子。他从上课第一分钟开始，不需要老师鼓励，就主动发言。语言表达特别流畅，连表情都特别自信，很让我喜欢。他举手起来，滔滔不绝地说了自己的观点。大意是：这文章不好。首先，选材不当。其次，作者思想有问题。最后，结尾没有升华。

我追问。请他说得仔细一些。他解释说：把走厕所写在作文中，不雅观，所以选材不当。这个同学自己没有时间走厕所，肯定不是老师的问题，应该是他自己没有合理安排时间，怪罪在老师身上说明这个同学思想有问题。另外，好文章结尾一定要升华，要点题，可是这个同学没有。

小家伙太可爱了。老师们听了，一片哗然。我走到前台，对大家说："这孩子真是懂事，真是贴心，如果我们教的学生都这样想，我们当老师，就幸福了。小同学，我代表所有老师感谢你。"大家便又笑。

我继续说：小朋友，老师也有点儿观点跟你分享啊。我也说三个方面的意思。第一，小作者没有时间上厕所，可能是他自己的原因，但也不一定哟。老师们呢，其实都好心。比如一个老师这么想，我还有一分钟的课没有讲完，我就只拖堂一分钟。另一个老师这么想，我得查查这个同学的作业，只占用他一分钟。另一个老师也这么想，我得跟这个同学谈谈话，说说纪律的问题，只占用他一分钟……老师确实是好心，但如果三四个五六个老师都同时好心，那完了，我们，就真可能没有时间上厕所了。你说有没有这样的可能呢？小家伙点头。

我继续说，你是个语文素养特别好的孩子，各种语文术语都掌握得很扎实。这很了不起。我还觉得你是个很有领导力的孩子，因为你的归纳总结能力超强。老师想跟你探讨一下，是不是每一篇作文的结尾都需要"升华"？不升华，就没有思想吗？或者说，要表达一种情感和思想，可不可以用很自然的方式，就像《我想走厕所》的作者的样子。

最后，我假装和孩子咬耳朵，说，王老师和你说句悄悄话：吃喝拉撒吃喝拉撒，吃饭当然很重要，但走厕所一样重要。走厕所和吃饭一样重要。

全场爆笑。这个孩子也笑了。

我自己也笑。这话有点儿粗了。我是故意的。我这样的草根教师，偶尔下里巴人一下，是我的本性流露。朋友们都说我课堂上胆儿大，大概这也是"罪证"之一。如果有时间，其实，我还想告诉孩子：我到一个饭店，一个宾馆，必先观察洗手间的情况。从洗手间的装修和管理，大概能够看出这饭店和宾馆的品位。其他的，倒是其次的东西。我还想告诉孩子，没时间上厕所的困惑，老师一直有，到现在也还有。有时候真是忙啊，学生的需要，家长的需要，领导的需要，经常挤一块儿了。一件一件事情处理下来，还真没有时间上厕所。

这一番对话，孩子们和老师们大概能够理解了：这篇"四流"学生写出的《我多想上趟厕所》为什么早早被《创新作文》主编看中，风风光光地登上了这家发行量最大的作文杂志了。

要让学生说真话，要允许学生说真话，要理解学生的真话，很多时候，我们需要克服盘踞在我们心灵深处的"高尚情结""文雅情结"等我们自己可能无意识的"写作高大上情结"。

大会交流阶段，一个老师问我："学生写作文时装模作样、假话连篇确实到了不可忍受的地步，到底要咋办才能解决这个问题啊？"

我说，说简单也简单，说难也难。我们能不能够从学生开始写文章的第一天，就给他们一个安全的写作环境。你让学生感受到你的真诚。你没有条条框框，他们怎么写都会受保护，都能够得到理解。你让他觉得他写文章是为了自己写，是为了交流，不是为了迎合你，迎合考试。如果学生的写作大环境是这样的，问题就解决了。可是，这真的很难。老师明白了这个道理，家长不一定明白；普通老师明白了，改卷的老师不一定明白。哪一个环节出了问题，学生都会像惊弓之鸟，说假话不过是他们的自我保护罢了。而我们现在的问题是各个环节都出问题。政客说套话，商人说假话，明星说胡话，老百姓说气话……整个社会大环境都急功近利，不练内功练套路，恨不得教学生一两个月他们的写作能力就突飞猛进。在这种背景下，老师必然干涉学生的写作自由，必然限制学生的写作空间，必然堵塞学生的表达欲望，必然扭曲学生的写作价值观。当整个民族都在沸沸扬扬地造假的时候，小孩儿写文章说点儿假话算啥啊！

这个老师频频点头，追问："让学生随便写，他们尽写阴暗面怎么办？"

我说，你就问到点儿上了。这是很多老师的纠结。刚才那个小领导学生说上厕所不能写，发牢骚不能写，就是咱们这么纠结的恶果。我这么看的，第一，一个孩子，哪能天天都说阳光的话。谁的成长容易呢？谁的日子好过呢？每个人都有一肚子苦水要倒。话说过头一点儿，甚至说错了，但毕竟是真心话，那也比说假话强。第二，作文要写得好，技巧之类都是末流的，关键是孩子的那颗心。他怎么观察怎么思考怎么用情才决定他怎么用笔。所以，教作文永远是一个系统工程。培养阳光思维方式既是德育目标，也是作文教学的目标。孩子天生就"阳光思维"了，还要我们这些老师干啥呢？

所以，成长不过就是一个过程，写作也一样。让他们自由地写，放松地表达。憋尿了可以写，早恋了可以写，起坏心眼了可以写……啥都可以写。写作的天窗打开了，他们的心灵世界就敞开了，我们才能因材施教，巧妙引导。孩子都关闭着他的内心世界，他的文字就一定是死的。你教一万个技巧，全起不了作用啊。

退一万步说，真有几个老是跟咱们拧着的孩子，文字比较偏激的，也没啥关系。想我当年做学生时，就不是属于那种听话的。高三了，在课堂上还跟语文老师拧着干。结果后来当了语文老师，反而还算有点儿小出息。看看周围同学，有点儿出息的，无不是多少有点儿"反骨"的。孩子太听话，听话得青春叛逆期都没有，一辈子都顺着老师顺着家长顺着领导的意图说话做事，这样的孩子，至多成为一个好秘书。所以，该淘，还得让孩子淘。文字中的淘，也是一种淘。

老师们都频频点头。因为是开大会，我没有时间出示我收集的学生的诸多"优秀随笔"。这些让我眼前一亮的文章，对成人而言，都谈不上有多么崇高的立意和多么别致的选材。爱他们，就是因为对于它们的小作者而言，都是惊心动魄的"大事"呢！拉屎和吃饭一样重要，这话是糙一点儿，但道明了写作的一个真谛：写作没有必要端着架子写。无事不可以入文，无情不可以抒发。特别是对于小说创作而言，也许，恰恰就是那些"拉屎"的事儿，才能让小说更具质感呢。

不信，您欣赏一下这些孩子们的鸡毛蒜皮，吃喝拉撒，很有趣儿的哟！

春运抢票

清华附中小六创新班　邓天瑞

又到春运了！每年的这个时候，我们全家都在为春运抢票发愁。

这次，老妈准备用电话抢票。她已经在家里练习了不下50次：一张纸上记下了几趟回老家的车次号，上面还密密麻麻地写满了提示，用红笔醒目地标出了抢票的优先级信息。一大早，她又从单位抱回了一个可以重拨的电话。万事俱备，老妈已经跃跃欲试了。

"嘀嘀嘀……"老妈的手指飞快地按着十几个键，"6秒。"我对老妈说，"嘀嘀嘀……"老妈又拨了一遍，"6秒。"我确定。这是老妈的最后一次练习。对这个速度，老妈很满意。

家里安静极了。还有2分钟就要开抢了。箭在弦上了。屋子里的空气都紧张得要爆炸了。

妈妈已经用手机上网，在某个知名网站查询到准确的时间。11：59：54，"开抢！"我说。老妈没吭声，屏住气，一手紧紧握住了电话，一手以疯狂的速度按键，"嘀嘀嘀……"，妈妈超水平发挥，十几个键居然在4秒之内按完了，时间11：59：58！占线！这时有几亿人在同时抢票，电话订票怕要崩溃了。老妈疯狂按着重拨。占线！占线！占线！我的心咚咚跳着，紧张得快喘不过气了！重拨！重拨！重拨！

老妈终于拨进去了，语音提示刚说出半个字，老妈就疯狂按下 0214＃，太快了，电话等了半天才反应过来。老妈又以迅雷不及掩耳之势按下了 1＊24＊3＃……一大堆眼花缭乱的数字，我根本记不住。老妈始终不吭声，神色肃穆，如临大敌。

终于到要输入身份证了。这可是老妈的拿手好戏。只见老妈胸有成竹，深吸了一口气，眉头紧皱，以每分钟 200 字的打字速度按了下去。老妈的手指在电话上龙飞凤舞，上下翻飞，我的眼睛都看花了。我只能看见一个个按键下陷又弹起来，下陷又弹起来，像一架钢琴同时弹奏四重奏。渐渐的，老妈手腕以下全都虚了……25 秒后，终于一切结束。

但这千钧一发之际，那电话，却莫名其妙地断了。

老妈惨叫一声，气得一屁股跌坐在沙发上。

只有期待大姨和大姨夫的网上订票了。还有表哥，他号召了一群同学在帮着抢票。小舅也在用刷票软件刷票。他们这么多人就没有一个人能抢上票吗？

"铃铃铃……"电话响了！大姨夫抢上票了！我欣喜若狂，在床上直跳。可是，只有 2 张，我和老妈的，老爸怎么办！老妈不甘心，决定到家门口的火车票代售点碰碰运气。但才一会儿就扫兴而归。"没票！"妈妈呻吟道。我沮丧得一头栽倒在床上。

这时，一个人正在疯狂地开车，那就是大姨夫。他左思右想，无论明天能否抢到 3 张票，还是先把今天抢到的 2 张票付了款，拿到手最保险。可他正要付款时，发现 U-key 居然落在单位。要知道网上订票付款时间只有 30 分钟啊！于是大姨夫飙车、超速、外加闯红灯，终于在 30 分钟内把钱付了。太惊险了！

春运之难，难于上青天啊！

明天，老妈又要抢票了，一定要抢上啊！要不，老爸就回不了北京啦！

家里的气氛依旧紧张着……

【老师点评】

天瑞的文字，我大爱。这个孩子选材，很接地气。上回他摔一跤，腿上打了夹板，天天像个重伤员一般地来上学，很痛苦。但他没有白摔，摔了得去医院。以伤病员的眼光看医院，一看看出了好文章。这回呢，家里春运抢票，他是妈妈的助手。这助手没白当，又写出一篇好文字。这些随笔，要按照传统的作文标准去衡量，似乎都没有啥意义。但，错，它的意义就是这无意义。家长里短柴米油盐中，全藏着写作的金子。这些小事儿写活了，写小说，那不是简单的事吗？

名字的由来

清华附中小六创新班　王雨萌

"大家好，我是创新（3）班王雨萌。"

在一次次演讲之前，你总会听我这么说，语气中带着几分自豪。事实上，这个名字已伴随我将近十二年之久了。幼儿园时，我会说："我是小（1）班王雨萌。"上小学时，我会说："我是五（1）班王雨萌"。而未来上大学时，我也必定会骄傲地说："我是大一的王雨萌。"因此，这名字也算是与我共生共存，在磨难与幸福中磨炼成的吧。所以，我的口吻中也就必然多了几分自豪。可是，你知道吗？这个名字也是有它自己的故事的。

据说，在我刚出生那天，爸爸就派人去找算命师为我取名字了。于是，我的脑海中便浮现出这样一幅场景：一个穿着黑褂仙人似的人物拿着一个紫黑色的预言球，以神秘的神态在手中摆弄着。屋子中，一会儿电闪雷鸣，一会儿又风平浪静。忽然，只听他发出了一阵狂笑，大声说："就是它了！从此这个孩子的名字就叫王雨萌了!"于是，外面的飓风停了下来，汹涌的波涛也立刻平静了，世界重新笼罩在了原有的安宁之中。

当然，那都是不可能的。爸爸妈妈告诉我，算命师是根据我的出生年月日和五行八卦算出名字来的。在这之前，他还相继为我取过两个名字。第一个爸爸妈妈已经记不太清了，第二个是"王雪恒"。本来家人们想用这个名儿的。可是后来，舅姥爷说中间的"雪"和"血"字谐音，有些不吉利。于是，便成了我现在这个名字"王雨萌"。家人们一听便喜欢上了它。

所以，实际情况更像是这样的：一个留着长胡子的老爷爷威严地坐在高高的算命椅上，在翻阅了数十本书籍后，终于缓缓宣布："这个孩子从此便叫王雪恒吧。"

那被爸爸派去的人先通知了爸爸妈妈，爸爸妈妈又通知了爷爷奶奶、姥姥姥爷，他们又相继告诉了姨夫、姨妈。就这样，大江南北，无不知道我的新名字。大家都频频点头。只有舅老爷看出了这块美玉中的一点瑕疵，有些自豪地给爸爸打回了电话，说："你看，这个雪字，是不是有些像鲜血的血字呢？"

爸爸自然不会再坚持给我取这个带着血腥的名字。

于是，那老头便抓耳挠腮，一副极其不满的样子，心里想着：我给你们起这个名字，嫌不好听，起那个名字，又嫌不吉利，简直是要存心考验我的耐力和水平。没办法，只好用我最后的镇天之宝起名第一大法了。于是，他又坐了下来，闭起了眼睛。在一阵冥思苦想之后，这位闻名于世的老算命师终于睁开了眼睛，平静地说："以后便叫她王雨萌吧。"

"这真是一个美丽的名字！"大人们说，"这一定是算命师一生中最大的成就了。"

于是，在我的想象中便出现了这样一个场景：为了为我取名字，一位白发老爷爷用完了自己所有的法术，也奉献出了全部的精力。他在家人们的称赞声中悄然离去。他很平静，坦然地缓缓升到了空中，脸上带着一抹恬静的笑容。他越升越高，长长的银发在天宇中飘扬。最后，他终于升到了人们看不到的地方，离开了这个世界。我相信，他一定在另外一个世界得到了重生。

于是，在在月黑风高的晚上，我总能看见一位白发仙人站在高高的月亮上，低头慈爱地俯视着这个美丽的世界，还有那个在这世界中一点一点长大的孩子——王雨萌。

和学生徒步沙漠

【老师点评】

读雨萌的这篇随笔，我笑死了。然后在全班读，大家也笑死了。没有人说雨萌无聊。我真心欢迎这样的"无聊"。我说，这是莫言的魔幻现实主义的雏形。我们的小姑娘王雨萌，已经开始思考终极性的人生问题：我是谁？我从哪里来？我要向哪里去。这样的小片段写多了，写小说，不是轻松的事吗？

2014，不要怕孩子们去追女神

——王君作文教学笔记选（2）

年级"热爱思考，热爱表达"即兴演讲比赛现场。

这样的比赛，现场抽签，马上比赛。即使是对老师，难度也是很大的，更不要说参赛选手是十三四岁的娃娃们了。

有上台来侃侃而谈的，有结结巴巴前言不搭后语的，有在台上站了两分钟一个字也没有憋出来的……但总的状况还好。毕竟是各班选出来的语言尖子，大部分还能顺利地把两分钟的话说完。

比赛临近结束，忽然高潮就来了。

一个很阳光的男孩子，个子并不太高，眉眼也并不太成熟，风风火火地跳上舞台——连走路的姿势都跟其他孩子不一样。总之，这孩子浑身洋溢着一股劲儿。是什么呢？快乐？自信？勇敢？都有！都有！更多的是，是激情，对，是激情！前面上来演讲的孩子，也有说得不错的，但是，都差激情。

这小家伙一开口，全场哗然。

他说，我今天演讲的题目是：2014，让我们去追"女神"！

他是第三组，演讲话题是"2014"。前面已经讲了好多个同学了，都是平常的主题。

这个孩子，两分钟的演讲，群情激动，石破天惊。

他把我的眼睛也讲亮了。诚实地说，这个孩子是个天生的演讲家。他实实在在是在演讲。那些热烈的话，从他的嘴里喷薄出来。他的口头语言，身体语言，都昭示着他在"演讲状态"。这是一个天生的煽动者！说实在的，这样的孩子，能够完全脱离"朗读状态""发言状态"而进入纯天然、纯演讲境界的孩子，已经太少太少了。

当然，他演讲的内容也很大胆。是早恋。他在为早恋正名。他号召同学们 2014 不要掩饰自己的感情，而要勇敢去"追女神"。

掌声如雷，笑声如雷。赞同的，反对的，叫好的，质疑的……一下子，场面火爆，比赛进入未曾预期的高潮。

我远远地欣赏着这个孩子。感叹着：真可惜，我班上，没有坦率勇敢如此、才华横溢如此的孩子啊！

学生评委团队评分：这个孩子，第一名。

但教师团队出现了分歧。一方认为这孩子讲得精彩，表现出了极高的演讲素质，敢说真话，抒真情。状元就该是他。另一方认为这个孩子演讲内容太出格，太极端。虽然演讲技巧很高，但演讲内容不健康，认识水平很低，在同学中造成了很坏的影响。如果让他拿了第一名，舆论导向不对，会给班主任的管理工作造成麻烦。而且，还有老师强调：这个孩子不仅是这一次演讲比赛内容"出格"，而且过去也常常发表"过激言论"，一直都比较偏激。切不可再助长他的威风。

小比赛惹出了大分歧。怎么办？

我的观点很明确：我们是一次语文的练习口语的即兴演讲比赛，不是思想品德水平考试。孩子勇敢表达自己对爱情的向往，没有什么不恰当。即使有不完善不成熟之处，也无伤大雅。可以引导，可以诊断，可以疏浚。但就是不能堵塞，不能乱扣帽子。我们应该以善良的、包容的心态面对孩子袒露出来的各种各样的灵魂深处的想法。相信孩子具有自我净化的能力，也相信我们拥有影响和指导的能力。

这个孩子的第一名，必须给他。

如果不给，我们的语文，就太小气了。

是，语文，应该大气一点儿，再大气一点儿。或者说，我们的教育，应该大气一点儿，再大气一点。我们对孩子成长过程中的所谓"敏感话题""过激言论"的态度，其实表现出的是我们自己的教育心态的状态。

我理想中的教育，在对孩子的言论上，应该尽可能地不设"防线"，不挖"雷池"，不打棒子，不扣帽子。不让孩子"因言获罪"。教育最大的魅力就在于：让每一个孩子都能自由地，安全地，幸福地表达他们的愿望、困惑、理想、苦闷……中小学阶段应该是一个允许学生放言而被宽容的阶段。

原广东省委书记汪洋有一句话，选入《新周刊》编写的《2008 年度语录》。他说："要让领导同志讲真话不讲套话，讲实话不讲空话，讲有感而发的话不讲照本宣科的话，就必须允许他讲不准确的话或者允许他讲错话。"

我为汪洋书记叫好。他的这句话，也可以移用到语文教学中来。如果我们想要在课堂上听到孩子们的肺腑之言，想要在作文中读到他们的灵魂歌唱，那我们就要允许孩子们在平时的生活中讲真话不讲套话，讲实话不讲空话，讲有感而发的话不讲照本宣科的话，就必须允许他讲不准确的话和允许他讲错话。

我们不能一方面指责学生的课堂表达谨小慎微不敢越雷池半步，指责学生写作文假大空成风，一方面又稍微听到点儿略有出格的真话就坐卧不安，唯恐天下大乱，赶快镇压了了事。

课堂发言和写作其实是日常生活学生表达方式的一种折射。我们想想，如果学生平时说的都不是自己的话，不是说自己心里想的话，不是用自己习惯的方式来说的话。学生必须说课本认同的话，老师认同的话，成人认同的话，试卷认同的话。长此以往，会是什么样子呢？说话就成为了一种猜度、一种迎合、一种曲意附和。学生的童言无忌，在师道尊严的话语霸权面前，一次次撞得鼻青脸肿后，他们就会很快变得"世故"——很快学会了把自己心灵喷薄的话，燃烧的话，按住，压住，遏制住，灭掉，而只找能够对付老师、对付考试的话来说。

于是，他们从来享受不到口语表达和文字表达中那种酣畅淋漓的快感。他们小小年纪就学会了看人说话和顾左右而言他，他们的作文于是废话连天，惨不忍睹。

事实上，大部分中国人，都是在这样的教育中长大的：再小也要察言观色，说好听的假话，不说不好听的真话。说正确的套话，不说错误的真话。一年又一年，一代又一代，到了今天，我们的会风、文风已经是过街老鼠，人人喊打。虽然大家都烦，觉得活得累，没有意思，但在这样的"假文化熏陶"中成长起来的我们还是不知不觉被体制化了。我们一方面忍受着腹诽着成人世界的假话大话空话，一方面又不能忍受孩子世界的童言无忌。在假大空的话语霸权之下，我们失去的不仅是说真话的勇气和能力，我们失去的，还有判断力和包容心。

有青年教师问我：学生早恋肯定是不对。这学生恣无忌惮地宣扬早恋，这不天下大乱了吗？

我给他们讲了一个真实的故事。

我儿子三年级的时候，有一次回家，兴致勃勃地跟我和他爸爸说了一件"大事"。真是大事！他告诉我们他"初恋"了，初恋对象是谁谁谁……我和老公听得可开心了。我们忍住笑，正襟危坐地听儿子说。我们还表现得非常积极，竭力邀请儿子把那女孩儿请到家里来做客。儿子一脸天真地说完就跑出去玩了。我和老公在家里阿弥陀佛。我们不怕孩子"早恋"，就怕的是他不跟我们说。只要他说就好办。我们就有办法帮助和引导。

从此以后，我们经常有意识地在儿子面前提起那位小女孩儿，想和儿子讨论与此有关的问题。

但事实上，儿子很快就长大了。也就是两三个月后，他自己就知道了"初恋"是不可以到处乱说的。他自觉地变含蓄了。

现在我们再跟他提几年前的事儿，他马上红了脸，举手示意："打住打住！"连他自己都觉得当年多么好笑啊！

这就是成长。

一个稚气的孩子，哪有那么多正确的话呢？犯错误、出问题，说了"错话"，才是一个"真"孩子。就像这回那个演讲的男孩儿，他放了一个"火箭"，跟我儿子当年大大方方宣布自己"初恋"，本质是一模一样的——是孩子在某一个阶段不谙世事的天真表现。就是没有老师，随着他自己的成长，他肯定也会慢慢懂得轻重，懂得在什么样的场合说什么话是最合适的。他有自我矫正能力和自我净化能力。更何况还有老师呢。如果我们足够的冷静耐心，足够的智慧包容，在我们和这个孩子的对话过程中能够让他感受到来自成人世界的诚意和善意，他的成熟，还会快一些。

教育，我现在渐渐意识到，在许多时候，就是给一个健康的环境，让孩子安全地自由地成长。我们不辛辛苦苦地破坏就好，不勤劳勤勉地伤害就好。我们一厢情愿的矫正和过度的干涉，事实上许多时候比"不教育"还糟糕呢！

我羡慕极了那个演讲的男孩儿。说实在，在我初二、初三的时候，内心的"情欲冲动"甚至比他还厉害。但我没有言说的渠道。只能一个人悄悄写日记，内心孤独而苦闷，在自责中煎熬着度过了青春期。在《教育，你敢不敢教情教爱》中我详细地写过那些不堪回首的灵魂挣扎。如果，我能像现在的孩子一样大胆说出来，表达出来，有人告诉我"其实别人也一样"，想爱和正在爱的人无罪。我想，我的青春期不会过得那么胆战心惊。

所以，教育不一定要非要灌输什么。教育，很多时候要成为一种释放。我们不仅不能阻遏孩子们的言说欲望，而且，要创造条件让他们说出来。说出来，就好了。释放了，就安全了。

　　在《班主任：青春万岁》和《教育与幸福生活》中，我写过很多这样的故事。每一届从初二下期开始，我们的课前三分钟，有一个重要的话题就是"请让我告诉你我喜欢你"。我鼓励每一个孩子，把心中的喜欢表达出来。这样做，不过是主动为情感奔腾挖掘河道罢了，不过是努力在把朦胧的爱情悄悄转化为友情罢了。

　　这个学期，从谈《平凡的世界》中的爱情世界开始，一学期我都断断续续地跟孩子们聊爱情。他们，是多么喜欢这样的课堂啊！在孩子们的作文中，我读到原来越多的原生态的"早恋"故事。真实得让你心疼，动人得也让你心疼。

　　如果我们回避，视之为洪水猛兽。后果是什么呢？这些小孩子，早早地就学会了双重人格的表演：在道统的教育面前摆出服从道统的样子，在道统之外再建造一个青春的世界。只是，这个世界，与我们无关，与教育无关。

　　这拨孩子长大，我们就继续忍受吧。中国人想说真话也已经不会了。说真话的基因，在一代一代的教育中被破坏了，被扼杀了，最后彻底消失了。中华民族，成为了只说官话套话假话的民族。

　　当再没有孩子敢说要去追女神的时候，"女神"就成了巫婆了。再美丽的神仙，长期不见天日，除了变巫婆，还能够变成什么。

　　这个巫婆，就是我们教育的样子，还有我们自己的样子。

　　这期推荐的几篇作文，都是在孩子们在"谈情说爱"。这些被宽容的声音，感动着我，也警示着我。苏霍姆林斯基说：教育，就是关怀备至地，小心翼翼地，去触及年轻的心灵。如果非要说写作是一种教学的话，那么，这种教学，首先应该成为情感奔涌的生命河道。

　　没有什么声音不应该被宽容，否则，写作，就不再促成真正的成长了。

那些年，我曾爱过（节选）

中国人民大学附属中学西山学校初二（6）班　琪　宇

爱，爱？爱到底是什么？我不知道，虽然我经历过，真的经历过。

2011年6月4日，一次偶然的网络聊天让我认识了她。

那是五年级检测后的暑假的第四天。我刚刚从繁重的考试中走出来，在网络上乱逛借以释放压力。她出现了。一聊，我便觉得自己喜欢上她了。2011 年 6 月 22 日，我第一次因为她哭。因为她要走了，去欧洲，10 天后才回来。我突然觉得舍不得。那天早上 7：00，我早早地起来给她发了条短信。此后，便是每天都度日如年。7 月 1 日下午，她回来了。我的心怦怦乱跳，感觉好像分离了许久许久。我兴奋得不知道该在网上说什么好……我终于鼓足了勇气问她："你喜欢我吗？"她没直接回答。但在网络的这头，我认定，她能感受到我的心思。我的心里甜蜜极了。

2011 年 9 月 1 日，六年级上学期第一天。开学典礼上，我终于看到了她。她戴着黑色的宽发卡，眼眶有些发黑，眼睛很大很迷人，笑容灿烂。我不好意思和她多说话，但是我多么希望能和她多待一会啊！9 月 5 日，她开始戴牙套了。我知道那会很难受。我心疼着她，远远地、默默地陪伴着她……

2011 年 11 月 29 日，我陪她度过了第一个生日。可这时我们却第一次吵架了。不知道因为什么，但就是吵了。她说以后不会像之前那么对我了……我好像就这么迷迷糊糊地和她分开了，在我还来不及反应的时候，她就跟我有很远的距离了。我总是在一旁看着她和她的朋友走在一起，手拉着手，玩着各种游戏，做着那些我幻想和她做却没有机会做的事情……我的心里像是一个重要的东西被抽走了一样，匆忙而至的下坠感和猝不及防的落地声，使我感受到一股真实的痛楚。

2012 年寒假，她提出了复合，我想也没有想就答应她了。我们每天打电话，生怕对方不在，好像彼此都想抓住些什么……2 月中旬，她说要为我准备生日礼物，我们又因为这件小事起了争执，然后便又走远了。现在回想起来，既然我是那么的喜欢她，为什么一定要跟她为生活的细节争得你死我活呢？可当时我没有办法控制我自己。难道这也是爱的一种存在方式吗？

随后的几个月，我看着她和别人笑，和别人闹，好像离我又很远很远。我躲在自己的角落里，悄悄地难过，悄悄地忍受。我决定要等她，不管她怎么想。我很恐惧时间的流逝。我们很快就要小学毕业了，这就意味着再也不能每天都看见她了。虽说我们还在一个城市里，但我知道，真正分别的时刻已经要到来了。

终于有一天，她给我留言，说："我们在一起吧！就一个月。"一个月！这三个字让我的心揪得紧紧的。我知道自己没有办法拒绝。这之后的每一天，我都万分珍惜。一天晚上，我们打电话聊通宵，她让我听了首歌《喜欢》。歌词里面唱到"片段中，有些散落，有些深刻的错……"我突然潸然泪下。我有一种不祥的预感。

　　果然，没有多久，因为一些矛盾，我们又分开了。就像那歌中唱的：这段时间的错与对，都已经成为过去式了，即使我再喜欢你，再爱你，可我们还是逃不开分开的命运……我不能再听《喜欢》了，因为每次听到，眼泪都不受控制。

　　最后一次同学聚会再次见面，已经是一年之后的事了。一年来，耳边不断有着关于她的流言和是是非非，甚至有各种难听的话……我想问她，跟她聊一聊，但最终一句都没讲出来。我看见她在人群中嬉笑打闹，我的心中除了痛，就是寂寞。

　　直到现在，我还是会常常想起她。

　　她曾在网上给我留言，和我说抱歉。她说："我是个善变的人，你又恰巧和我相逢在我最动荡的年岁，我不知道该说什么……对不起……"

　　我不知道该如何回。但我想我有一天会有勇气对她说谢谢，说："我是个不太会笑的人，也不太会说。我与你相逢在最美的年华，谢谢你告诉我爱是什么滋味。"

　　那些年，我爱的女孩儿，还有爱着的自己，都让我恍惚。我不知道是不是每一个人都会有这么一段经历。我有，所以，我知道，爱，是不容易的。

【点评】

　　我在班上给孩子们讲自己当年中学时代的早恋故事，只想告诉他们：不要有负罪感。如果你愿意，可以写出来，可以讲出来。有些情感，写出来，讲出来，就轻松了，就释放了，就过去了，就成长了。这样做，是因为当年 12 岁的自己没有可以倾泻的渠道，我因之而苦闷了很长一段时间。我希望，孩子们可以比我幸运。于是，我读到了很多很多的早恋故事，都发生在小学时代。

　　我不惊讶。这只是其中一篇的节选。一个平日里不怎么说话，也不怎么写东西的孩子，突然地写了三千多字，来纪念自己的一段经历。他还不太会写。或者说，他很会写。他只是诚实地写，几乎不管自己在文字中的形象。如果我们用作文的主题思想啊，人物形象，结构思路啊这些标准去衡量，这当然不是篇好文字。但我最后还决定，舍掉那些文字精美结构缜密的作文，而留下了这一篇。因为，这其中，有一颗滚烫的少年心。敬畏我们的孩子，尊重他们的感情，理解他们的痛楚，感受他们的感受……做老师，有多难。做父母，有多难啊！

爱　情

中国人民大学附属中学西山学校初二（1）班　许锦丽

"爱情"似乎离我还有些遥远，在中国家庭里也是不大提到这个话题的，在家里父母和我们也从来没有说过关于"爱情"的事情。

但我从一对老夫妇身上看到了爱情。

那对老夫妇住在对面的楼里。房子是他们女儿的，女儿一家在国外，房子空着，小区环境又好，就让父母搬来住。老夫妇穿着非常朴素，一看就知道，那身儿衣服已经穿了许多年了。

每天早晚他们都会在院子里散步，爷爷背着个手儿，奶奶手里拿着一个水瓶。走一阵子，奶奶就会用水瓶碰碰爷爷，爷爷或是摇头，或是停下来喝上几口。

去年听说那位奶奶中风了，此后好久没有见到他们一起在外面遛弯儿。年底听我家的小时工说，她看见那位奶奶和老伴儿一起坐出租车回来，听到她出院的消息我们很高兴。

今年夏天一个早上，我又看到他们老两口出现在楼下的院子里。奶奶的右腿明显地不如发病前灵活，她的身体主要靠左腿支撑。爷爷手里拿着水瓶，扶着奶奶慢慢地走。爷爷的背后多了一把可折叠圆椅凳。他在椅凳上绑了两根绳子，像背双肩背包那样背在背后，奶奶走累了，爷爷就把凳子从身后拿下来让奶奶休息。

在散步的时候，他们仍然没有多少语言，经常是奶奶的一个手势，爷爷就知道老伴儿是想停一下，还是想拐弯儿，还是想坐下休息。几十年的共同生活让他们之间有了这种默契，即使没有语言，他们也能心意相通互相懂得。

我看过不少爱情电影，也读过一些爱情诗，但是，我觉得，那里边的爱情故事，都不如这对爷爷奶奶呢！

【点评】

要相信童心。最好的爱情教育，是他们自己给自己的。我们这个世界有多么好，教育便有多么好啊！

和亲爱的小姨、姨父在清华园

十、激情生活

今生嫁给一头猪

——王君生活手记选（1）

俺老公，71 年生人，属猪也。结婚 20 多年，观其行为，确有"猪性"，遂自称"养猪专业户"。

初，是埋怨也！

你看这猪老公，不爱整洁，性甚邋遢，家如猪窝了，亦视若无睹，安之若素。我若出差，家里可十天半月不开伙，十天半月不扫除。冷锅冷灶，顿顿外卖；满屋狼藉，不堪入目。但俺老公，在这猪窝之中，安度时日，怡然自得。油瓶倒了不扶算什么，家里就是猪粪成堆，他也根本看不见。

不仅脏如猪，且懒胜猪！

这二十多年，同样的桥段循环上演：一旦哪天我心情不好了，抑郁了，猪老公的日子就不好过。我必从 1991 年谈恋爱开始，历数他的滔天罪状。那真是字字血泪，罄竹难书啊！比如我 20 岁生日他居然没有表示啊，比如我临盆在际他还跟刘老在外边疯玩啊，比如我在产床上挣扎一夜一眼未闭他居然睡得跟猪一样啊，比如我天天熬更守夜半夜喂奶儿子还是嚎哭不止他却鼾声如雷从不援手啊，比如家里投资房子几年了他都不知道是哪个楼盘哪个楼层啊，比如饭在电饭煲里都霉了臭气熏天了他居然高卧无"闻"啊……

总之，越说越多，越说越气，凄凄惨惨戚戚，一把鼻涕一把泪，若不是已经成中年老大妈，年长色衰，实在底气不足，否则，干脆一鼓作气到民政局，离了算了。

后来闺蜜们聚会多了，聊天多了，发现一个奇景：不是俺家里养个猪老公，人人家里都养个猪老公呢！劳苦姐妹们无不一肚子苦水！谈到老公，个个恨不得剥其皮，啖其血，食其肉。血海深仇，擢发难数啊！

看来，"猪老公现象"不是个别现象，而是普遍现象。既是普遍现象，便有研究价值。从此多了心眼，换了角度，常常思考"猪公"现象，渐有所悟。

年岁更长，至中年，悟更多。

首先，男"性"，"猪"性也。其突出表现为身在猪窝成猪，进入狗窝成狗，脏不可耐，忍无可忍。故有哲人云：若无女人，男人均成野兽。此言不虚也。

但此性，亦男子心宽之体现也。其逻辑乃是：猪窝狗窝，不要人命，均可做人窝，如何歇不得？如何住不得？生活细节，鸡毛狗碎，勉强即可，何必上纲上线？"安脏乐道"，随物赋形，堂堂男人生存之道也！看你们女人，把个擦地板洗被单当成家国大业，活生生把自己累成黄脸婆还自诩女人动物比男人动物高等，真是滑稽！真是荒唐！

话虽糙，气过之后再琢磨，有道理。

观各行各业，高手均是男人。连接生孩子整鼻子做胸罩搞时装，翘楚均为"猪老公"们。是女人智商不如，抑或努力不够？非也！女人一辈子，为各类生活细节捆缚，讲究太多，分心太多。殊不知，男人们在家里做猪，憨头憨脑，从不闲吃那个萝卜淡操那个心，保存了能量，积攒了内力。一旦出了家门，猪相立无，狮相立现。个个雄赳赳气昂昂，虎虎威猛，驰骋天下。而你我女人们，长期在家里气势汹洶地跟一个破厨房，一堆脏衣服宣战，消耗了元气，浪费了能量。真到了职业战场了，我们才是毫无战斗力的"猪女人"，折腾不了几下就气喘吁吁，不堪一击，败下阵来。

所以，我们应该向"猪老公"们取些真经：生活上，不要太较真。家嘛，又不是五星级宾馆，脏点儿就脏点儿，乱点儿就乱点儿。适当做做猪婆狗婆，与猪老公你呼我应，你不挑水我不劈柴，你不耕田我不织布，这日子，还能死了人？不也照样过得乐滋滋的？

此乃一悟：女人，如多些"猪性"，则少些"劳形"，起码对驻颜有益也。

有一阵，母性大发，对儿子管理甚严，遭遇反抗。小子哇啦哇啦叫嚣：我喜欢爸爸，讨厌妈妈！

我不禁怒向胆边生，悲从心中来。想你老娘，在家里给你们一大一小两头猪做奴隶，劳累得腰酸背痛花容早衰，居然落得如此下场！于是辗转反侧，一夜未眠，痛定思痛，决定深入研究"猪老公"。

不研究则已，一研究惊骇：猪老公，高人也，佛陀也！

一高，从不指责，从不抱怨。老公自己安居猪窝，无怨言。但如果老婆懒惰罢工，不扫除，不做饭，家庭形象社会形象都不堪入目一塌糊涂，自己都讨厌自己了，此猪老公，也绝不嫌弃，绝无抱怨。对己松，对人亦松。而我呢，对己严，对人亦严。相比之下，有境界高低之分也。

二高，要求少，无改变他人之欲。我对儿子，事无巨细，都有要求，都要苛责。一双眼睛胶在儿子身上，随时准备发现其问题，揭露其底细；一张嘴干脆就生在儿子身上，随时准备发布其不良表现，传授其成功秘籍。但猪老公呢，总是"呵呵呵呵呵呵"，看见当没看见，永远和颜悦色，循循不诱。这样的老爸，哪个儿子不喜欢？

后来读心理学，书上说：男人都是天生的教育家。女人们，快把教育大权还给老公吧！

醍醐灌顶！急急照办，且，用心跟猪老公学习。不仅母子关系迅速缓和，而且，修行功力剧增。

此乃二悟：女人，若也多些"猪性"，便大度宽厚，温柔慈爱，受人欢迎也！

此事对我影响甚大，后来反观自己：为人处世上，猪性少，狼性多，遇事喜欢大包大揽包办代替。不是老公无用，实在是自己好强；不是老公无用，是自己不用老公。

从此潜心修身，悉心改错。凡事不再示强，从头学习示弱。老公是猪，便要有驭猪之道：猪好脏，就让他脏点儿；猪好睡，就准他好好睡。猪爱哼哼，便也学着哼哼……等他睡醒之后，再哼哼着安排他点儿事。猪老公做事，是不会雷厉风行的，但那是他的节奏，也就随他去了。一辈子那么长，早点儿晚点儿都一样。

慢慢发现，其实，只要放权，给权，猪老公也能办事，很能办事。某些事儿，还办得相当漂亮。

做报告

而且醒悟，其实猪老公很爱干净。你看那猪爪子做的笔记，学生时代就是极品，大家争相传阅抄袭。猪爪子做的PPT，创意又时尚，我怕再学一辈子也赶不上。每每外出，收拾旅行箱，我总是搞不定那些杂物，猪老公的猪爪子总有神力，三下五除二就安排得井井有条，看得我目瞪口呆。这几年，猪老公爱上厨艺，能够短短一两小时就操持出一大桌菜，色香味俱美，把我的水平抛到了十八条街以外……

于是忏悔：此猪甚有灵性。我为啥以前都看不见呢？

其实，犯病的是我。自以为是病，狭隘小气病，怀疑不信病，唠唠叨叨病……一度病得不轻，差点儿病入膏肓。

幸好及时内观，自我反省，主动疗救，方没有造成家国大乱、分崩离析之颓势。

从此天下天平。

一栏猪：猪老公，猪老婆，猪儿子，你侬我侬，相亲相爱，不羡老虎不羡狮也！

这便是我的故事。但愿给还在被"猪老公"气得嗷嗷叫的姐妹们一点儿能量。

嫁鸡随鸡，嫁猪随猪，咱做好养猪专业户，随他们去吧！

"素面朝天"不一定是美德

——王君生活手记选（2）

你喜欢"素面朝天"这四个字吗？

我喜欢。这几个字，有一种音韵的美感，而且，还有一种洁净感。

但我觉得，这四个字更属于心灵层面。在容颜的层面，它并不太适用。

起码它只属于少女。少女时代，素颜就是花颜。没有皱纹，没有色斑，没有黑眼圈的少女时代，年龄，就是最好的化妆品。

但少女时代，实在太短。有的人，连这样的短暂的少女时代都没有。生活太匆忙，还没有来得及展现少女的美，中年就跌跌撞撞地冲过来枪了接力棒。你还不能不给。18岁的年龄，81岁的心，这样的人，越来越多。

素面朝天而还美丽，对大部分人，都只是奢谈。

许多明星，影视里舞台上美得惊人的，也不能看素颜照。那叫惨不忍睹。

事实上这世界上天生丽质的美女奇缺，大部分女子，是靠装扮出来的。

这没有什么可耻。读书是一种装扮，但也不完全是。打扮自己，是另外一种能力，非常高超的能力。

不少人青春正盛，却活不出青春的神采。

许多人有钱有闲，却把自己弄得很邋遢。

关于美丽，女人须得终生学习才可能摸到一点儿门道。否则，你揣着巨款，拿着信用卡，在最好的商场，还是没有办法让自己变得好看。

画眉深浅入时无，这也是修炼。云想衣裳花想容，这更是能耐。

认识你自己，不仅是指探索自己灵魂的奥妙，也包括探索自己身体外貌的秘密，找到成为更美的女人之路。

世界上，总有一套衣服适合你，就像总有一项职业适合你一样。你找得到吗？

生命中，总有一种妆容适合你，就像总有一个男人适合你一样。你找得到吗？

我很钦佩那些终生化妆，直到老年也描眉勾唇的女子。变得邋遢容易，天天修饰自己艰难。该有怎么样的对生命的赤诚热爱，才能够到老也不放弃美颜。

我觉得女人最动人的时刻是屏神静气为自己刷睫毛膏的时刻。该有怎么样的从容和镇定，才可能用好一只睫毛膏。那时那刻，她拿的，就是作家的笔，就是军人的枪，就是指挥家的指挥棒……她自己最好的作品就是自己！在这支睫毛膏中，有女人全部的耐心、尊严和创意。

有的女子，一辈子都不曾尝试过刷睫毛膏，我觉得，那是她的遗憾。

有的女子，从来没有研究过自己的身材曲线，我觉得，她的人生不太完整。

用自己的手，把自己打扮漂亮，其价值，无异于农民拿着锄头把田野耕耘出青葱绿色，工人开动机器雕刻琢磨一件优质产品。

我为衣狂，狂得智慧！

我为妆狂，狂得可爱！

不打扮自己的女人永远在活命状态；

善于打扮自己的女人才可能进入生命状态。

每每读到古典小说中"卸了残妆"四个字我就心跳。这简直是对女人最浪漫的描写。有卸妆就有上妆，有卸有上的女子，定然上得厅堂，入得厨房。

现在的一些职场女人，早上匆匆洗把脸就去上班，晚上回到家已经筋疲力尽。没有工作需求就懒得收拾自己，不一定敷衍应付工作却敷衍应付自己……"卸了残妆"？那已经成了流逝的古典之美，渐行渐远。

所以，我觉得，"素面朝天"不一定是美德，那也可能是懒惰的托辞，是笨拙的借口，是麻木的代言，是自暴自弃的掩饰。

做女人，灵魂要"素"，容颜要"丽"，否则，到了挥手告别这个世界的那一天，你会，今生有悔。

今天你穿什么衣服

——王君生活手记（3）

先说句可能要挨板砖的话：我以为，女人，每天思考穿什么衣服甚至比思考每天读什么书还重要呢。

我写不来研究论文，我写的只是一个女人最切身的感受。

首先，我们是先成为女人，然后成为教师。我们这辈子最大的任务，是完成自己作为女人的使命。至于职业，是第二位的。或者说，职业而已，只是我们完成女人这个使命的手段罢了，是生命的附加值。而我以为，只要是为了生命的附加值而进行的各种努力都是第二、第三位的。

生命本身就是价值，女人本身就是价值。

生命本身就是目的，女人本身就是目的。

所以，活出"女人味儿"比活出"语文味儿"更要紧。

权且把这算作昭君牌理论依据。

我还有很多事实论据：读书多少与智慧多寡并无绝对关系。

有人读有字之书却依旧愚蠢，有人读无字之书却成为贤人圣人。生活这本大书如果没有读懂，啃再多文字经典也是枉然。

所以，女人做得好与不好，读书并不一定是第一位的。女性特质所决定，女人要完成自己，在读书之前，还有许多的修炼呢。

我以为，爱美，当是女人的第一追求和第一修养。

我甚至还敢大放厥词：女人一生最应该追求两个人生目标：美丽和温柔。

女性主义者们或者会唾弃我。但我坚持。因为，走到中年，走到生命的后半段，你会越来越发现：你所追求的一切，其实都不过是为了让自己变得更美丽，更温柔。相反，如果你已经拥有了一切，但就是没有拥有美丽和温柔，我以为，你还是当什么都没有。

美丽，是自我对外在形体的认可。

温柔，是自我对内在灵魂的认同。

走向美丽和温柔，有多条路径。

我以为，爱上美衣，对穿什么高度重视，对自己怎么穿才好看有明确认识，是一个女子成熟和智慧的表现。

女子生命成长的过程，是不是可以这样说，就是一个不断地去寻找最适合自己的那套衣服的过程。

爱美是天性。但即使是青春的女子，年轻的容颜，也不是穿什么都好看的。"素面朝天"而依旧动人只会存在于人生的一小段时间中。更何况经历了生活的文火慢炖，当青春被煎熬得失去了丰润和弹性，如何穿，就更成为了一个难题。

但造物主又很仁慈和神奇。她确定了一条法则：这世界上没有丑女人，只有懒女人和傻女人。

一个女子，不管她长什么样，如果她善于穿衣打扮，都可以是美女。

一个女人，只要善于穿衣打扮，不管她年龄几何，都可以风情万种。

这法则成为了女人永远的魅惑。

这法则更成为了女人终身在"美"的课题上修炼的理由。

这个追求，比任何功名利禄都浪漫和高尚。

因此，我理解天下所有有"追求"的女子的共同的癖好。比如：

对于服装，女人永远喜新厌旧。

对于服装，女人难免挥金如土。

不管家里有多少衣服，女人还是觉得自己没有衣服穿。

如果不逛街，不试新衣，女人就觉得生命毫无乐趣。

女人不精心打扮绝不出门。

女人每隔一段时间就要彻底检阅家里的衣柜。把所有衣服配饰全部倒腾出来排列组合。不把自己累得要死绝不想停止。

女人们凑在一起懒得谈家国小事，只说服装大事。闺密们换心之前先换衣。

……

有如此等等癖好，我以为才算正常的女人。

而有些女子，我觉得她们还应该继续成长。比如：

永远只穿一两套衣服的女子。

到老了也不知道该如何化妆的女子。

从来不研究关于美的课题的女子。

可以无所谓地把自己身体丑陋的一面轻易展示出来的女子。

……

女人不爱自己，是对自己的犯罪。

女人不爱美衣，是对世界的犯罪。

天下美丽，匹妇有责！

女不仅仅为悦己者容。

女更要为己容。

所以，每天，你穿什么衣服，那可不是小事，那是经国之大业，不朽之盛事。

所以，你先不必立德、立言、立功，首先要立的，是衣。

不爱美衣的女子，哪怕夺了天下还是白活了。

活了一辈子都没有找到最适合自己的那件衣服的女子，是人生最大的失败者。

我们可以没有男人，没有孩子，没有显赫的事业，但我们不能没有自己对自己的爱。

只有会爱自己的女子才有能力爱别人。

只有会打扮自己的女子才有能力打扮这个世界。

所以，活出"女人味儿"比活出"语文味儿"更重要。

每天穿什么，比每天读什么更重要。

如果把"穿什么"和"读什么"打通，那就像打通了任督二脉的武林高手，生命的功力定会大增。

所以，读书之前先读自己。

女人自己，是最要紧的一本书呢！

如果你不同意我的说法。我很遗憾。因为，这个世界少了任何一个女人的美丽，都不再是完整的世界。

姐妹们，让我们鼠目寸光一些吧。收回我们总是眺望远方的视线，深深地凝视我们自己。

我们自己，就是世界！

你今天读什么书？

——王君生活手记（4）

朋友短信给我，问：你今天读什么书？

这是个可爱的小友。每隔一段儿都会来问问。真喜欢她！

好，今天就聊聊读书这档子事儿。

语文教师是必须要读书的。几日不读书，就算别人看不出来，自己心头也必然会发慌。因为这个职业决定了，你天天都在往外倾倒东西，如果不及时补充，你很快就会觉出自己的虚弱。这老让我想起小学时候做的那种让我头疼的应用题：一个大池子，一边在进水，一边在出水。进水管子和出水管子的大小和流速都是不一样的。题目问，什么时候池子的水会没了。我数学成绩一直很糟糕，所以恨透了这种题。心想：有谁会那么傻？一边进着水，一边又排水。疯了啊！？当然，那时候也没有勇气去质问老师。

现在明白了，那根本就不是数学题，而是生命题。就像我们现在的这个职业。放水好比讲课，进水好比自我的修炼学习。我们很容易就被生活套牢了：只有放水，没有进水，或者进水太慢，太少。于是，我们日渐枯涸。我们的课堂，自然也就不会水波荡漾了。

可以肯定地说，课上得好的老师，一定是喜欢读书的老师。一个进入可持续发展的良性轨道的老师，一定是长期坚持读书的老师。

在这方面，我不属于那种做得好的人。只能算勉强及格吧。我能主动地积极地持之以恒地读书。但读的书，整体理论的层次都不高。数量也不算多，宽度和广度也远远不够。比起我的朋友郭初阳、霍军大哥等，我就算小学生读书了。

这段时间，我同时在看的有几类书。同时看，是指几乎能坚持天天看。精读。因爱而读。

晨起。我起床很早。常有朋友关心我睡眠不足。其实不用担忧。早起是因为早睡。我睡得太早，早得都不好意思说。因为要做家务、管孩子等，我晚上没有精力做事了。所以干脆早睡。第二天早起看书备课做事儿。其实睡眠时间是一样的。但据说更科学，符合身体作息规律。

晨起，先读克里希那穆提的《教育就是解放心灵》。这是校长推荐给我们的书。我一读就放不下了。于是决定精读。这算是本哲学书。必须一字一句地去品读。否则，你会读不懂。我边读边批注，读得很仔细。喜欢自然是因为共鸣。克里希拉穆提的对教育的大部分见解，都深得我心。我也看得出来，校长也深受他影响。我们学校的建校思路和他的思想是相吻合的。我读得很慢。读一节也要花不少时间。但常常读得拍案叫绝。居然有这么一个印度老人，把我心中的许多模糊的理念表述得如此到位。生命，真不是孤独的旅程啊。这书，会成为我压箱底儿的书。我迷上这位老人了。后来看到图书馆还有好几本克里西拉穆提的书，于是全抢回来了。

然后读余老师的《余映潮的中学语文教学主张》。上次余老师到北京来，带给我了他的这本新著，中国轻工业出版社出的。这书有多好，你读了才知道。我也是边读边勾画批注，结果发现几乎大半本书都被我画上了红线。我的教育风格其实和余老师完全不同。但这并不妨碍我看到余老师的超绝之处。他研读教材的功夫可以说炉火纯青。他创意教学的本事更是前无古人。我佩服他的原因很多，最关键的是两个"唯一"。第一，他可能是全国唯一的把教研定位为大面积地服务于一线教师的专家。他是亲民的，是可学的，是扎根在泥土当中的。他的研究，是最贴近一线教学的。他所坚守的朴实扎实的教风，是现在奇缺的。第二，他可能是全国唯一的敢用自己的话建构自己的教研体系的专家。他几乎不引用别人的理论。他说自己的话，创造自己的理论。干净、精辟。老师们不会觉得够不上，读不懂。也不会觉得还是一地鸡毛，缺乏提炼。余老师在这个度上把握得极好。所以，在一线，几乎没有任何一个专家得到像他那么样的热烈欢迎。我觉得，余老师，是真正具有平民情怀的专家。他的书，入门者一定要读，进入二次发展阶段的中年教师们也最好读一读。现在的语文教学越来越玄，越来越花哨。吊书袋的越来越多，搞考证的越来越多。远离教学实际的越来越多。想当然地越来越多。余老师的理论，会让我们安静下来，踏踏实实地去做一名语文教研园地的农人。

接着我会翻翻张德芬的《遇见未知的自己》或者《重遇未知的自己》。她的书很浅。属于灵修一类。不需要动脑筋就能读懂。读这样的书，会每天都提醒自己：爱上生命中的不完美。爱生命中的一切。我只读一小段儿。就像有段时间每天翻翻《圣经》，读一小段儿。给自己的心灵先注入一点点力量。

一般读完这三本书我就开始备课了。

备到六点钟，出门跑步。很自豪啊，天天看日出。我绝对是王开岭笔下的那种"精神明亮的人"。北京的太阳，几乎都是在我晨跑时迎来的啊。在老家时，天天熬夜，熬了十几年，日日看的是星星。现在不熬了。感觉看朝阳的感觉确实比看星星更妙。

跑完步回家为全家人准备早餐。这一年，我几乎没有在学校食堂吃饭了。自己做，更可口。要好好爱自己！

课间如果有时间，会翻翻《创新作文》等杂志。我现在觉得，你至少应该订一种学生作文杂志，而且一定要附带有《素材》的那种。你必须跟上流行时尚的步伐，知道孩子群中的语言符号和表达特点。我们现在教着孩子，但和孩子的距离越来越远。他们读什么书，我们不知道。他们在非正式场合，用什么腔调说话，说些什么，流行语是什么，我们更不知道。而这些，往往都是点燃课堂的火种。做教师，这一课，是必须要补的。谁离孩子越近，谁的课堂就越有吸引力。不在文化上和孩子打成堆儿，怎么教，都有点儿自说自话的味道。

接着就是课堂上和孩子们一起读书了。这学期我很决绝。拿出了一半的时间和孩子们共读。坚决不准自己讲课，坚决保证读书时间和落实读书内容。我凛然大义地"让步"让孩子们受益匪浅。他们说，长到这么大，从来没有像这学期一样读到这么多好书。太过瘾了啊！我自己也很过瘾。再好的讲课也许都比不上孩子们能够安安静静的读完一整本书啊！这件事，我们做得太少了，做得太迟了。孩子们的时间，被老师的强势灌输占领着，被知识点的落实填充着，被雪片一般的试卷肆虐着。考出好分数的代价，是他们对语文，对作文的终身厌恶。这学期，我们读施耐庵，读龙应台，读周国平，读席慕蓉，读歌德，读王开岭，读张丽钧，甚至还读了钟道然的《我不原谅》，读《创新作文》……全班共读了十本以上的好书。我想，不管哪一类同学，都会有扎扎实实地收获。这些收获，不一定很快能够在应试中表现出来，但是，它们对孩子们心灵和情怀的影响，将会是长远的。而我自己，陪着孩子们在课堂上也读了不少好书。真是过瘾啊！

下午晚上和临睡前的零星时间，我同时在读的还有以下几类书。

最爱不释手的是蒋勋的《蒋勋说红楼梦》。这几年我最痴迷的学者就是蒋勋了。我几乎读完了我能够收集到他的所有的书。《孤独六讲》更是反复读，读了还想读。天啊，世界上还有这么干净的学者。他的文字像聊天，像布道，他传播着对美的感动。不艰深，不晦涩。绝不引用。能够用最雅致和最家常的话表达最透彻的生命领悟。我觉得，你读他的《说红楼梦》，还有《说唐诗》，那根本就是对语文老师的最天然的文本解读培训。而且，任何人都能够越读越有自信。现在，如果每天睡前不读一读蒋勋老师的书，我就觉得睡不安稳。而且，读了他的书，你会很快觉得自己功力大增呢。

心血来潮读的是袁腾飞的《历史是个什么玩意儿》。老师真的是太重要了。我以前对历史算不得兴趣浓厚。前几个周学校文化节请来了袁腾飞做了一个讲座。这下完了，只听一次，我就成了这位同龄人的粉丝了，而且，对历史产生了疯狂的兴趣。我立刻购买《历史是个什么玩意儿》一套，然后重新翻出柏杨的《中国人史纲》，对比着看，看得茶不思，饭不想。并且还同时买了好几套，送给几个要好的朋友。厚着脸皮推荐这位"史上最牛的历史老师"。

现在我想起来就绝望。我的中学时代的历史老师。除了会照本宣科和爬在黑板上用最丑陋的字抄最无聊的板书外，什么都没有干。我在历史课上除了什么都没有学到外，还收获了对历史的厌倦和鄙夷。

原来历史居然这么有趣！感谢袁腾飞啊！

一读就沉迷下去的是朋友推荐的端木赐香的《叩问传统——中国传统文化》。朋友从老远的地方寄来。我一读就放不下，读了个天昏地暗，甚至前天和昨天晚上还熬了个小夜。可见这个端木女子的可爱了。

这就是近段时间正在读的书了。

这几年的变化是对语文期刊的兴趣减弱了些。甚至对给语文期刊投稿，我的劲头也减少了。但这类期刊还是应该要翻一翻的。我们必须得了解本学科最前沿的东西不是。我坚持看的是人大复印资料《中学语文教与学》、太原的《语文教学通讯》、北京的《中学语文教学》、西安的《中学语文教学参考》、上海的《语文学习》等。更喜欢周末集中翻一翻，或者假期一网打尽批发式地看，把最精华的东西撕下来单独保存。期刊中的好东西很多。就是时间太紧啊。他们现在对我的诱惑力，比不上哲学历史等书了。也不知道是进步还是退步。

学校开会的时候，我会去阅览室翻翻《名作欣赏》。有几年我很迷这个杂志。现在却不太喜欢了。这个杂志太喜欢吊书袋，搞索引考证式的研究。中学语文教学毕竟是面对中学生的。站在中学生的角度解读文本，应该和面对成人有所不同。我实在不喜欢那种动辄就十八辈祖宗和三十六家亲戚都牵扯出来的文本研究。那也许更适合大学生。中学的文本解读，绝不是越深越好，绝不是越宽越好啊。

当然，这可能也是我自己学术根底比较浅，还没有做学问研究的习惯造成的偏见。

现在挺苦恼的是：书柜里塞满了好书。床上堆满了好书。甚至连我们学校走廊上，也是一排一排的书柜，完全开放着。好书太多，时间太少。这甜蜜的忧伤，该是现代人永恒的忧伤吧。

和语文湿地的朋友们一起晨跑

今天你怎么玩？

——王君生活手记（5）

马上就期末考试了。想到即将到来的自由暑假，玩心怦怦直跳，早若脱笼之鹄了。

玩！哦，想想都迷人。

你怎么玩呢？

我们舒大军校长玩围棋。直玩得自己喜怒不惊。泰山压顶而不变色，年纪轻轻就好一副仙风道骨。

我家先生玩电脑。从文科世界玩入理科境界。于是把自己玩成了文理双面手，玩成了学校信息中心的负责人。

霍军大哥玩书法。一肚子锦绣文章便有了挥洒之地。提笔或静如处子，或矫若惊龙。才子便成大侠。

我的家长朋友杨霞老师玩旅游。周末就从没有在家待过。不辞辛劳，指点江山，万水千山走遍。玩得已到中年却童心盎然。

玩法也是活法。从玩法中，大抵可以看出一个人的生命特质。

我呢，玩得比较久的是跑步。

很多人都视跑步为畏途，是苦差事。我的感觉恰恰相反。

我从 15 岁开始练习长跑。当时目标很简单：体育成绩要及格，想当三好学生。15 岁以前，我的体育从来在 40 分以下。是班上出了名的病秧子。

这一开始跑就了不得了。现在的高中毕业证书上，赫然印着的体育成绩是：高一，40 分；高二，65 分；高三，85 分。

事实上，高中毕业的时候，我这个曾经的"东亚病女"就已经开始参加校运会和县里的各种长跑比赛了（没人要求，纯粹自愿）。这个势头一直保持到在重庆教育学院读大专的岁月。那两年，我为中文系立下赫赫战功：囊括了学院 800 米、1500 米、3000 米的金牌。系领导乐开了花，大方地奖励我人民币 50 元。50 元，在当时是一笔巨款，合我两个月的生活费啊。

直到现在，真要比拼起来，我还算宝刀未老。这学期全校拉练，爬北京西山，来回二十多公里的山地。骄阳肆虐。我打着一把小伞一直冲到前头。最后到终点时，乃全校所有老师和女生之冠也！似乎只有三四个男孩子比我速度更快。

咱练就的，可是童子功啊！

这样的玩法深深地影响了我的教育工作。带着学生跑步，几乎成了我的班级名片。从接班第一天起，我就要求孩子们跑起来！跑啊跑啊，天天跑，一直跑到初三结束。我的带班岁月就是长跑岁月。有学生爱之，有学生恨之，但不管爱恨，总之是留下了深刻印象了。

我带的班，体育成绩都好到不可想象。校园会上驰骋风云，摧枯拉朽，甚至让高中的班级也无可奈何。我将在新书《青春万岁——12 班的故事》中讲述这些惊心动魄的教育故事，真的是回肠荡气啊。

其实很简单。长跑确实具有非常功效。如果坚持三个月，你的体质会有很大改变；坚持一年，在体育成绩上你会扭亏为盈；坚持三年，你不成为长跑高手绝不可能。

不信，你试试。

跑步这种玩法真是乐趣无穷。有十几年的时间，我带领着一届又一届的孩子们跑得不亦乐乎。一直到三年前，我还每周和孩儿们赛跑 800 米或者 1500 米，在女生中一直少逢对手。在校园里跑得腻了，必然要向外跑。东溪镇被我们跑遍了，綦江县被我们踏平了，重庆城被我们的脚丈量得差不多了，对长跑习惯了的孩子们表现出超越常人的坚韧——一如他们的老师。

学生时代玩长跑，还有点儿功利目标。成人后长跑，完全是自娱自乐。经常有老朋友唤我："喂，王老师，跑了几圈了？"我便笑。我跑步时从来不数圈。跑步就是跑步。几乎什么也不想，就是特单纯地跑。跑步时，我会留意看看朝霞是怎么样一点一点斑斓起来的，会无意中欣赏树的叶子在风中摇曳，很像无数鼓掌的手。也曾有意注意过一些东西，比如持续四周在清晨的同一时间同一地点观察三株藤萝树苗，看它们谁先发芽，谁最茂密，天天给它们拍照。最后欣欣然，因为到第四个周的时候，三株苗都一样茂盛了。

我跑到热气腾腾就回家做早饭。心中从来不想一定要跑多少圈，多少米。

在重庆的时候天天熬夜，都是晚上跑着数星星。到了北方后开始改变生物钟，早上跑。总体感觉晨跑比晚炼更好。每天清晨，学校都有白天根本见不到的乌鸦、布谷和麻雀叽叽喳喳。西山华府的几只大肥猫都会在清晨时刻挤过铁门溜进我们校园，和它们的爱人约会偷情。我曾经见过两只熟悉的猫在二环上长时间地深深对视。既不交颈拥抱，也不打闹亲昵，就是静静地彼此凝视。我从它们身边跑了一圈又一圈，它们都视若无人。

这个场面让我深深感动。于是后来，见到有相互凝视的孩子，我也再不打扰。

跑着跑着嫌慢了，就开始带领孩儿们骑自行车玩儿。当时胆子大得惊人。一到周末，就吆三喝四，全班同学紧急集中，目标肯定是至少 50 公里以外的某一乡镇。当时年轻气盛，见到汽车就开超，全班同学以超汽车为乐。那个年代没有什么安全意识，骑得太快太猛后，从自行车上飞下来的孩子不少。我自己，也常常被摔下来，躺在路边好半天爬不起来。却居然大家都不哭，反而乐。也从来没有出过什么伤亡事件。现在想来老天爷真是仁慈。这种玩法，现在是不敢了。

跑步的另一种变式是玩跳舞。这在县城和乡镇的那些年玩到了高潮。当时似乎没有现在忙，跳舞的人也多。一个周总有一两个晚上我是在舞池中混过去的。两人跳交谊舞可以旋转到天昏地暗，如若飞翔。更尽兴的是快节奏音乐响起，灯光烂漫，全场群魔乱舞，每个人都成舞蹈大师，即兴发挥，既有蝴蝶翩翩，也有雄鹰展翅。那种奔放和忘我永生难忘。

做了母亲后，这种机会就少了。更为重要的是发现一个问题：现代人似乎越来越不喜欢跳舞。年轻人偶尔玩玩街舞，多有功利追求。跳舞健身娱乐的总是中老年人。自己不年轻了，但也绝不算老。这年龄很是尴尬，舞伴千金难求。于是，舞场，好多年没有去了。我想，等我退休后，首先要从事的第一个事业就是跳舞。要把国标、拉丁等全部拿下，弥补青年时代"乱舞"的缺憾。

跑步还有一种变式就是玩爬山。这活动我是相当地爱——看来我确实是一个爱折腾的人。只要时间允许，朋友一声吆喝，我便前呼后应，踊跃参加。当然水平不高，称不上是驴友，但精气神是有的。我们爬山，往往一爬就是一天。从百望山爬到香山，征服阳台山凤凰岭，等等。全走无人走过的路。一天下来，怎么也有三四十公里。有一次，晚上8点，夜幕降临了还没有走出高山，风声鹤唳，情况紧急。如今回味起来，好不精彩。

空山是我的朋友。有一段时间，心情比较抑郁，无法排解，便只有去找山。我曾经连续一周天天爬香山。寒冬的香山，空寂无人。我从东门进去，西门下来。一个人在山顶坐好久，远远地望着颐和园的万寿山和昆明湖，久久地发呆。

冬天的香山似乎就是你一个人的。有时候，爬了半天山，遇不到一个行人。但却并不寂寞。

香山较远，百望山离我们那儿近，去得更多。但太矮。我从山城来，在我眼里，百望山根本不算山。我需爬上去又跑下来，然后再爬上去，又跑下来。反复四五个回合，才感觉尽兴了。

山虽矮，但因为在平原上，所以在视野上还是有些高度的。山顶上有个亭子，走近了看无比平庸，但在山下看，却妖娆无比。海淀北部，似乎因为有了这个亭子，山水便都多了灵性。我每每想起李乐薇的《我的空中楼阁》，还有霍军大哥的文本解读《为我们的生活重新命名》，心潮便一次一次澎湃。

总之，和"跑步"有关的玩法我都喜欢。甚至包括走路。我是能够走路绝不坐车的那种人。有一段时间，迷上颐和园。我往往从学校步行到四号线，然后坐一站，从颐和园北门进。我围着昆明湖走路，就只走路。什么都不说，什么都不想。那是很美的状态。在颐和园里，你就好像回到了南方，不觉在他乡了。

九寨沟是我见到的最美的自然风景。颐和园，是我见到的最美的人工风景了。我徜徉在内，总是不舍离开。有一次还在里边迷了路，黑灯瞎火地就是走不出来，绕来绕去还是回到原点。偌大的一个园子，很吓人，急得我都要哭了啊！

只要有机会有时间，我就从中关村走回马连洼，甚至走路到本部参加过教研活动。一走就是两三个小时，三四个小时。这些在别人看来都是疯子一样的行为。哎，你是无法向他人述说其中的快乐的。

这也许暗示着我：我天生就是一个行者，对不？

当然，作为女人，一定还有一个重要的玩法就是玩时装。我的衣服是挺多的，似乎给学生的感觉是天天都在穿新衣服。于是一届届的学生都必自发写作文：昭君牌服装。看得我笑出了眼泪。天天穿新的有些夸张，一天一套却的确是这样的。衣服本来就多，加上这一二十年来体型变化不算太大，许多姑娘时代的服装现在穿上也还好看，所以自然天天穿"新"的了。

女人对于时装的怪癖实在是"罄竹难书"。总之，我为之耗费了巨大的时间精力，算得上"挥金如土"（呵呵，其实想要美，根本花不了多少钱。在淘宝上淘，如果够专业，1000元你可以买个够），心甘情愿，乐此不疲。对于女人而言，没有什么事业能够比得上美丽的事业。所以，在这方面怎么玩儿，我觉得都不为过。此等心思，在前一篇文章《今天你穿什么》中讲得够多了，不再赘述。

这学期开始玩古琴。真是玩。绝无表演考级等妄念。古琴较之于其他乐器，其突出特点也是朝内不向外的。我之笨拙，在学琴过程中自己算是领教了。练了一学期，只会了三首：《仙翁操》《秋风辞》《酒狂》。虽然笨，但爱得不亦乐乎。一天下来，如果有功夫练琴，便觉得如在天堂。自己也勤奋，深知笨鸟先飞的道理。所以，天天打谱，颇有恒心。前段时间西行，琴是不能带的。但在车上，飞机上，也还记得背谱。练《秋风辞》练得辛苦，几个月了怎么都记不住。忽有一天，豁然开朗，终于流畅地弹完一遍。心想：绝了！功到自然成，所以，万事，都不需要急的。

像我这样连简谱都不识的人，现在居然还可以玩点儿最高雅的古琴之类，真真是个奇迹了。

……

字数好像很多了，不能再写了。理想中关于玩的梦还很多，但并非事事都能如愿的。凡事看个缘分，玩也是。我也妄想过栽花种草什么的，看别人的阳台上院子里花团锦簇姹紫嫣红，很是羡慕。自己也试过。但奇怪的是，养什么死什么，连根大葱最后也养死了。

想练书法，不成。

想学画画，不成。

更不敢养猫养狗养金鱼什么的。《火线》一文算是对自己的警戒了。

我不知道写作这类事算不算玩。但至少现在我是把它作玩事的。不能发表，没有读者，我也会写。写着玩，玩着写。老了的时候翻出来看，会不太寂寞不是。

其实，现在我玩心忒大。文本解读啦，课堂设计啦，讲学讲座啦，都是玩。当你把这些事当成玩后，便不觉得苦了。其实，也只有把这类事当作玩，你才会真正爱上他们。

所谓的诗意栖居，是不是就有一些像这样呢？

我挺信约瑟夫·伯的一句话：人们都说我们在追寻生命的意义，我不认为那是我们真正追寻的。我们认为我们真正追寻的，是一种活着的体验……让我们感觉到活着的幸福。

不玩，怎么能充分地体验呢？

古人说：人无癖，不可与之交；人无痴，不可与之交。古人还说："花不可以无蝶，山不可以无泉，石不可以无苔，水不可以无藻，乔木不可以无藤萝，人不可以无癖。"（清·涨潮《幽梦影》）

呵呵，还是古人说得到位，要敢玩，会玩，能玩，痴玩，才算真人也！

玩乐人生，游戏人生，此类词语，真乃绝妙好词啊！

把一辈子当两辈子来用

——王君家书选之110公里柴达木戈壁行散记之一

亲爱的孩子：

我理解你的不理解：为什么爸爸妈妈要自讨苦吃？日常工作就常常累得像狗一样了，好不容易有个假期，窝在家里调整休息，上上网，看看视频，打打游戏多好。干吗非要跑出去折腾？爸爸要穿越大半个中国到海南去骑行，妈妈呢，跋涉千山万水地到那柴达木的无人区走 100 多公里……你觉得，大人太奇怪了！

　　孩子，你还小。妈妈像你这么大的时候，也跟你一样不可能理解这样的生活。我跟你同岁的时候，身体还很孱弱，是个体育永远不及格，永远当不了三好学生的小姑娘。体育课我总是心虚地躲在人后，运动会跟我没有半毛钱关系。当时，我走过的最远的地方、最大的城市是重庆——那已经遥远和庞大到了超过我的想象。

　　但，孩子，人生是一个多么奇妙的变化过程。你永远不知道生活的下一块巧克力是什么味道。应该从你记事起，妈妈就已经是一个运动狂了吧？你小时候，跟着妈妈，跟着妈妈的班，就不知爬了多少山，走了多少路。最艰难的一次，我们在凤凰岭阳台山的山谷中迷失，一天走了 40 多公里才走出来。现在的妈妈，跟少年时代的妈妈，完全是两个人。你知道吗，孩子，每一个人，都在发生着让自己都吃惊的变化。所以，你永远不要觉得自己会一成不变，会永远是现在这个样子。

　　相信自己会成长，亲身去经历这样的成长，这便是生命的意义。

　　爸爸妈妈为什么要出来找苦吃呢？简单说，有以下几个原因。

　　首先，一辈子的时间太短了，爸爸妈妈都想把一辈子当成两辈子来过。

　　说到时间，孩子，妈妈跟你一样，在小时候，是没有概念的。我们会觉得最廉价最天经地义应该拥有的就是时间。我们有时候会对银行卡上数字的变小而忧虑，但对时间的流逝却毫无感觉。妈妈也是到了 30 岁以后，40 岁以后，特别是这两年，才对浪费时间有了彻骨之痛。你才刚刚走进青春期，但是，妈妈，已经走在奔五的路上了。妈妈能蹦能跳，想去哪儿就能去哪儿的时间已经不多了。我们一起读过《毛毛》，也一起看过电影《时间》，孩子，考试失败 100 次算什么呢？被生活践踏，被人蔑视又算什么呢？如果我们足够强大，我们都可以置之不理。但只有时间的流逝，我们不可能熟视无睹。你也看到，比同龄人稍显年轻的妈妈也在长白头发，也在长皱纹。在不久的将来，像个小姑娘一般的妈妈也会成为一个步履蹒跚的小老太太。就像你最最亲爱的姨公，你小时候最能跟你疯跟你狂的姨公，得心血管病后，哪儿也去不了了，连话也很少很少了。

　　孩子，这就是每一个人生命的轨迹，我们都将衰老，没有什么能够打败时间。它是绝对的暴君，且不可推翻。我们在它面前，唯有俯首称臣，唯有更加敬爱它，怜惜它，把一分钟当成两分钟用，把一辈子当成两辈子用，把生命的每一天都当成生命的最后一天用。

　　也因为这个原因，妈妈要到柴达木来走这 100 多公里。

　　爸爸妈妈从西部农村一直走到清华，国外也去了很多地方，再大的城市对我们都不再稀奇。我们想去看看无人区，我们相信，3000 米高原上的戈壁荒滩，一定有无与伦比的美。再不去，妈妈怕来不及了！孩子，如果你的心头有什么渴望，那就一定要赶快去做。梦想，渴盼，乃是生命全部的意义。而很多人，最后都把梦想变成了白日梦，没有付诸行动，这是对生命最大的辜负。

　　就像《滚蛋吧，肿瘤君》中，弥留之际的熊顿喊出来的那对生命的呼唤。

　　听一场摇滚，和耳朵一起一醉方休；喝一圈烈酒，让酒腻子们闻风丧胆；开一场 cosplay party，二次元万岁；摸一下大蜥蜴，我熊胆威风凛厉；吃三斤驴打滚，翻滚吧肠胃；飚一把摩托车，成为风驰电掣的女王；见一下微博红人，感受马伯庸亲王的慈祥；至少学会一样乐器，为喜欢的人弹；种一次昙花，守望者它盛开；做一桌丰盛的晚餐给爸妈，哪怕色不香，味不美；来一次夜钓，吸取月光静谧的能量；仰望喀纳斯的星空，寻找属于我的星座；沐浴漠河的极光，感受它的神秘；去山顶看一次日出，然后大喊滚蛋吧肿瘤君。

　　电影中这个片段，妈妈看得热泪盈眶。因为妈妈懂，那是来不及的爱，来不及的活啊！

　　第二原因，是妈妈想为自己找点儿苦吃。

　　这也许你就更不理解了。趋利避害确实是人的天性，追求享乐也肯定是人的天性。但是，孩子，妈妈希望你知道，生命中的很多"害"是根本"避"不了的，你只能迎接，只能承担，只能忍受。欢乐和喜悦都躲在这些承担和忍受之下。这是生命的悖论。我们这一生，想要平安过完已经是不易，如果还想过得好，过得有所成就，那就更难，更需要坚韧不拔的意志和超越常人的心胸。这意志，这心胸，老天爷不会赐予你，你想要，只能自己修炼。

　　而吃苦，是最好的修炼方式。

　　孩子，你要相信，吃苦这个东西，也跟吃糖一样，也好玩，也有意思，也会让人上瘾。

　　在这次远征柴达木 100 公里的团队中，有妈妈的一个小偶像，他叫董新宇，13岁，差不多跟你一样大，是一个三进柴达木的小伙子，是我们这次徒步的第一名，他现在已经不是普通学员，而是一级导师了。

一路上，我听了很多董新宇的故事。

他第一次被妈妈送到柴达木，才8岁。第一回，是被工作人员架着架到终点的，而且，还一边大哭大闹：这不是我要的人生啊，我的人生不应该这么悲催啊，你们要害死我啊！

所有人都以为，这个孩子，绝不会再出现在柴达木了。

但是第二年，他来了。第三年，他又来了。她的妈妈在《戈壁行走的故事——关于独立、梦想、勇气、坚韧、关爱、互助、服务……》中讲了孩子和自己艰难的心路历程。我把董妈妈的文章附在后边，希望你能读一读。

主持清华附中小学部毕业典礼

亲爱的孩子，你很难想象我们的团队，这么艰难的旅程，最小的妹妹才7岁，还有8岁、9岁、10岁的小孩子一大堆。都没有家长陪同，自己背着一个包，被爸爸妈妈送上飞机，然后就从天南海北汇聚到了西宁。而且，全部完成了高原上110公里的远征。

孩子，这就是吃苦的魅力，这就是吃苦的力量。这也跟你在网上玩游戏是一样的。如果没有那么多的关卡，没有那么多的障碍，这个游戏，还有什么意义呢？

孩子，妈妈相信你能慢慢理解，去柴达木的人们，选择的都是一种不断挑战人生极限的活法。这一群人，都是对生命分外用情的人。

　　似乎每一个人都活着。但其实，有一部分人，活到 20 岁就死了。妈妈才 40 多岁，我不想才活到 40 岁，我就已经把自己的 50 岁、60 岁、70 岁看得清清楚楚了，所以，我要去找一片无人区，亲自，一步步走下来。

　　离开庸常的生活，聆听自己内心的声音，跟随直觉和好奇心，用最最珍贵之物——时间，去交换一种对自己而言全新的岁月，去训练自己在绝望中找到希望的能力。孩子，这就是柴达木远征的意义。

妈妈

2015/10/10

青春之歌
——我的课堂实践

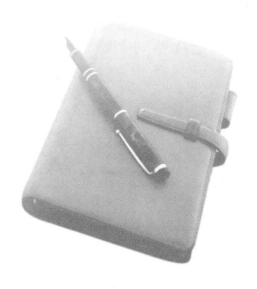

一、青春语文教学法代表作

（一）关键词咀嚼法代表作：《散步》教学实录

"我们"在"田野""散步"

——《散步》教学实录

上课时间	2013 年 9 月 24 日
上课地点	北京教育学院"国培"现场
授课学生	人大附中西山学校初二年级学生
文本类型	主题型文本
课堂特色	以文本中的一个句子切入全篇　活泼灵动

1. 背读导入

师：今天我们学习一篇年轻的经典。它的作者是一位还在世的著名作家莫怀戚。

【投影展示课题和作者】

师：莫怀戚是重庆师范大学的教授，是当年王老师的老师。（生惊讶）

师：很有名士风范的一位才子。穿着不讲究，当时不用手机，家里不安装电话，不开会。他第二天如果要讲座，头天晚上学生就开始抢占教室位置。他讲课啊，舌绽莲花，余音绕梁三日不绝啊！随手写下一篇小文字，就成了经典——

【投影展示】

《散步》这篇年轻的、朴素的短文，同时入选大陆、香港、台湾等各地中学教材。获得无数人的喜欢。它已经成为传奇。

师：请读第一句。

生读：我们在田野散步。

师：这是一幅多么神奇的画面！老师年龄越大，就越觉得神奇！

（师画板书）

师：这是篇精美的短文。课前我邀请了我们班朗读特别棒的王智鹏同学跟老师一起为大家背诵这篇美文。请同学们欣赏评价哟。

（生热烈鼓掌。我和王智鹏配乐背诵。一人一段。我们都很动情）

2. 咀嚼"我们"

师：今天我们就聊这幅图画中的三个关键词。好，现在我们来研究一下这个"我们"。"我们"有哪些人？

生：我，母亲，妻子，儿子。

（师板书）

【投影展示】

聊一聊"我们"：

"我们"中的每一个人……

师：介绍一种聊的方法。俗话说"言为心声"。一个人说的话最能表达他是一个怎么样的人。现在我们就用演读的方式来聊。你觉得谁挺有意思，你就把他的话读好，并且点评几句。

【投影展示】

小家伙突然叫起来："前面也是妈妈和儿子，后面也是妈妈和儿子。"

我决定委屈儿子，因为我伴同他的时日还长，我伴同母亲的时日已短。我说："走大路。"

但是母亲摸摸孙儿的小脑瓜，变了主意："还是走小路吧。"

生：我觉得孙子是个可爱的人。

师：你得把孙子的可爱读出来。

（生读）

师：还不太可爱。回到小时候，四五岁、五六岁的样子，寻找那种感觉。注意重音。

（生再读。注意了重音"也"。众鼓掌）

师：你觉得这个孙子就仅仅是可爱吗？角度可以丰富一点儿。这么说话，这个孙子真_____！不要再用"可爱"这个词语了。

生：这个孙子真聪慧！

生：这个孙子真灵气！

生：这个孙子真狡黠！

生：这个孙子真善于观察！

生：这个孙子真善于提炼！

……

师：是，别看这一小段话，其中可有很丰富的逻辑思维能力和语言的天赋呢！就用你们的词——

（师板书"慧"）

师：请继续发言。

生：我喜欢文中的"我"。

师：用你的朗读来表现你的喜欢。

（生读）

师：我听出了体贴。除了体贴，你还想传达其他的吗？

（生再读）

师：我还听出了温柔。

（生再读）

师：哦，我还听出了坚定。你来评价一下这个"我"。

生："我"很孝顺，很理解老人。

生："我"很理性，知道自己的责任。

生："我"很顾全大局，他爱家里的一切人。

……

（师板书"孝"）

生：我喜欢故事中的"母亲"，我觉得她也是特别可爱的人。

师：给你表演的机会，你的读要有动作。

（生表演：母亲摸摸孙儿的小脑瓜，变了主意："还是走小路吧。"众笑）

师：像个老人，表演很传神。解释一下，干嘛喜欢"母亲"呢？

生：母亲很慈祥，疼爱孙儿。

师：仅仅是慈祥吗？他为什么要"改了主意"呢？

生：母亲很理解儿子的难处，他不想让儿子不好办。她很开明。

生：她特别善解人意，能够感受所有人的感受。

师：哦，一个开明的母亲。不是每一个老人家都这样通泰哟！

生：我觉得奶奶也很热爱生活，她是真心实意想走走小路。

……

（师板书"慈"）

生：我觉得"妻子"也是可爱的人。可是她没有说话。

师：你可以帮助她设计一句话呀！

【投影展示】

我说："走大路。"

妻子说："＿＿＿＿＿＿。"

生：妻子说："听爸爸的话。"

师：有点儿生硬！大概儿子会不高兴。

生：妻子说："奶奶要走大路，我们就走大路。儿子，要懂事。"

师：大家觉得这么表达好吗？当媳妇儿可不好当。

生：不好。这么说奶奶会比较难堪，家庭气氛就紧张了。

生：我也觉得不好，显得这个媳妇儿好像心中有气。

师：媳妇可能会怎么说，她是一个什么样的人，文中其实是有提示的。哪句话？

生：妻子呢，在外面，她总是听我的。

师：聪明！大家琢磨一下，这句话的言外之意。

【投影展示】

　　　　　妻子呢，在外面，她总是听我的。

师：可不可以这样表达——

【投影展示】

　　　　妻子呢，她总是听我的。
　　　　妻子呢，她总是在外面听我的。

生：不好。我觉得作者是在强调"在外面"。
生：妻子总是很给我面子。
生：妻子很贤惠。
师："在外面"可以删掉吗？
生：不能。妻子只有"在外面"，才"总是听我的"，在家里不一定。
师：那咱加一句。妻子呢，在外面，她总是听我的；但是，在家里——
生：我总是听她的。
生：我有时候听她的。（众笑）
师：你觉得这矛盾吗？
生：不矛盾。在外边他们的身份比较复杂，不仅是夫妻，还是媳妇呀，儿子呀，母亲呀，父亲啊，他们顾及的东西比较多，要互相关照，互相提携。做妻子的要给丈夫面子。可是回家就不一样了。回家他们是夫妻，没有外人，妻子在丈夫面前犯点混是可以的。
师：你好懂爱情哟！小小年纪就这么有智慧。爱情确实是需要经营的。（众笑）那好，再来试试，妻子会怎么说。
生：妻子说："如果你跟着奶奶走大路，就给你一块糖。"
生：不好不好，这是哄小孩子。田野里也买不到糖啊！（众笑）
师：对，教育最忌讳糊弄小孩子。处处用糖来收买也不恰当。
生：妻子说："爸爸想的跟我一样。就走大路。"
师："丈夫"倒高兴了，"儿子"恐怕还是不太高兴。你得思量，这话啊，得方方面面听起来都舒服，都没有压力。

生：妻子说："这回咱们走大路，下回走小路。"

师：这句话说得不错，有水平。做个好媳妇儿，真得动脑筋，有智慧，多修炼啊！

……

师：也用一个词语来评价一下这个妻子。

生：贤惠。

（师板书"贤"）

师：这就是"我们"。同学们，当你读"我们"这个词语的时候，你会有什么感觉？

生：温暖。

生：安全。

生：幸福。

生：有归属感。

师：让我们带着这些美好的感受，带着"慈爱""孝顺""贤惠"和"聪慧"来读。

（生读：我们在田野散步）

师：这种写法啊，我们可以这样归纳——

【投影展示】

神奇的写人技巧

一"言"可传神

无"言"亦传神

3. 咀嚼"田野"

师："我们"散步的地方啊，特别值得研究，不是马路上，不是小区里，不是公园里，而是在——

生：田野上！

【投影展示】

聊一聊"田野"……

师：田野！现代人离田野太远了，让我们走到田野里边去——谁能用朗读把我们带到田野中去呢？

【投影展示】

> 这南方初春的田野！
> 大块小块的新绿随意地铺着，
> 有的浓，有的淡；
> 树上的嫩芽也密了；
> 田里的冬水也咕咕地起着水泡。
> 这一切都使人想着一样东西——
> 生命。

（生配乐朗读）

师：多么美妙的声音！听的我的心都要醉了。这是我们的田野，更是母亲的田野，母亲看到了——

【投影展示】

> 她的眼随小路望去：
> 那里有金色的菜花，
> 两行整齐的桑树，
> 尽头一口水波粼粼的鱼塘。

（生配乐朗读。强调用欢欣的语气来读。重读"金色""整齐""水波粼粼"）

师：多好啊，继续——

【投影展示】

就这样，

我们

在阳光下，

向着那

菜花、桑树和鱼塘

走去

（指导学生深情地读）

师： 这幅田野里的画可美！可神奇呢！菜花？你的头脑中会蹦出什么诗？儿童疾走——

生： 儿童疾走追黄蝶，飞入菜花无处寻。

师： 梅子金黄杏子肥——

生： 麦花雪白菜花稀。

师： 有菜花的地方有生趣呢！桑树更美。我们常说"沧海桑田"，干嘛不说"沧海桃田"呢？"桑"在中国文化中是有特殊的意义的。开轩面场圃——

生： 把酒话桑麻。

师： 待到重阳日——

生： 还来就菊花。

师： 狗吠深巷中——

生： 鸡鸣桑树颠。

师： 中国古代有一位美女叫罗敷，是跟我们班石嘉慧一样漂亮的女子，汉乐府中写她的美，就写她"罗敷善蚕桑，采桑城南隅"。有"桑"的地方就有——

生： 人家。

师： 有桑的地方，就有生气，就有——

生： 和平呢！

师： 鱼塘呢？池塘生春草——

生： 园柳变鸣禽。

师：半亩方塘一鉴开——
生：天光云影共徘徊。
师：所以，当我们——

【投影展示】

我们在阳光下，
向着那菜花、
桑树和鱼塘走去。

（生朗读。师板书）

师：我们在阳光下，向着那菜花、桑树、鱼塘走去，就是向_____走去！
生：向和谐走去！
生：向快乐走去！
生：向红红火火的生活走去！
生：向美丽走去。
生：向幸福和美满走去！
师：进一步想想，如果没有这些景物的描写——

【投影展示】

如果没有这些景物描写……

生：如果没有，那种春天的气息就没有了。
生：如果没有的话，文中洋溢的那种温情我觉得也淡多了。
生：如果没有，字里行间的生命力就没有了。
生：必须有，为后文"走大路"还是"走小路"做铺垫啊。
生：有了这些景物描写，我觉得这篇小文章就显得厚重了，好像有许多东西值得挖掘。
……

【投影展示】

奇妙的景物描写
春天的气息被渲染出来了
幸福的心境被衬托出来了
推动情节发展的细节被铺垫出来了
多元深刻的主题被暗示出来了
……

（生诵读，做笔记）

和窦桂梅校长、张丽钧校长在一起

在人大附中上公开课

4. 咀嚼"散步"

师：我们一家人在田野里"散步"。

【投影展示】

聊一聊"散步"

师：同学们，你们现在还经常散步吗？

生（沮丧地）：很少散步。

师：是啊，老师也是。想想挺可悲的。现代人啊，一直在奔跑。小时候，就不能输在——

生：起跑线上。

师：何止是起跑线？中国人简直害怕任何一个阶段的落后。所以，大家都跑啊，跑啊，争先恐后，你争我夺。最后，就都堵在高速公路上了。世界上最远的距离就是世界上最近的距离——因为你在五环，我也在五环。可就是见不

了面啊！（众哄堂）

师：什么是"散步"呢？散步不是跑，不是跳，不是追，不是揎，不是挪。是一种挺美好的"走"。什么样的"走"才算散步呢。课文最后一段告诉了我们这个生命的秘密。快去找——

生：慢慢地，稳稳地。"走"得很仔细。

（师画板书"慢、稳"）

师：对，慢慢地，稳稳地，仔细地走，聚精会神地享受美景。这是多么美妙的生命状态！这么美妙的生命状态也是作者用富有"慢慢的、稳稳的"的风格特点的文字表达出来的呢！我们一起来探究一下。

【投影展示】

《散步》的文字风格是不是也是"慢慢的，稳稳的"呢？

师：为了帮助大家思考，老师给点儿帮助。请同学们睁大眼睛观察下边这组句子。

【投影展示】

第一组句子：

我们在田野散步：我，我的母亲，我的妻子和儿子。

我的母亲又熬过了一个酷冬。

我和母亲走在前面，我的妻子和儿子走在后面。

后来发生了分歧：母亲要走大路，大路平顺；我的儿子要走小路，小路有意思。

师：这些句子具有相同的特点，句中有的词语可以删掉？请你研究一下。

生：是那些"我的"。

生：对，所有的"我的"都可以删掉。

（指导朗读删掉"我的"后的句子）

师：真的可以删掉吗？

生：我觉得不能。删掉之后就显示不出"我"的重要性。

生：不能删掉。删掉就显得表达很急促了。

生：不能删掉，删掉就和那句"一霎时我感到了责任的重大，就像民族领袖在严重关头时那样"形不成呼应了。

生：删掉之后就没有自豪感了。

生：删掉之后感觉这家人就没有那么团结了，也没有那么温暖了。

师：再读这个"我的"，除了你们说的，对于父亲而言，还有一种重要的东西在其中呢！

（生朗读）

生：是责任和担当。当父亲说"我的"时，就是把家庭的责任全部挑起来了！

师：真好！真好！你能够朗读出来，说明你也是一个有担当意识和责任意识的好孩子。同学们，适当的重复就是一种表达的"慢"和"稳"！语言形式帮助了作者表达情感。我们再看一句。请不要看书，自己独立思考。

【投影展示】

我的母亲_____高大，_____很瘦，_____不算重；
儿子_____很胖，_____幼小，_____也轻：

（生自由练习，各有高下）

师：原文中是这样的——

【投影展示】

我的母亲虽然高大，然而很瘦，自然不算重；
儿子虽然很胖，毕竟幼小，自然也轻：

（生朗读）

师：琢磨一下，这个句子在形式上和内容上有什么特点？

生：它们是前后对应的。

生：有点儿像对偶句。

生：显得特别整齐。

生：意思也是相对的。

……

师：类似的句子在全文中还不少。找找看。

生：她现在很听我的话，就像我小时候很听她的话一样。

生：母亲要走大路，大路平顺；我的儿子要走小路，小路有意思。

生：我的母亲老了，她早已习惯听从她强壮的儿子；我的儿子还小，他还习惯听从他高大的父亲。

生：我蹲下来，背起了母亲，妻子也蹲下来，背起了儿子。

师：真好！又快又好！你在朗读这样的句子的时候，有什么感觉？

生：我觉得很优美。

生：我觉得吧，特别和谐，这些句子跟作者一家人一样团结。（众笑）

生：读起来也有一种安全感。

生：它们好像支撑在一起，构成一个温暖的家。

师：说得好有创意。

生：这些句子也是慢慢的，稳稳的。

师：如果要用一种图形来形容这样的句式的特点，你选择哪种图形？正方形？圆形？梯形？三角形？直线？弧线？

生：我选择对称图形。

师：对称图形给人以安定感。

生：我选择圆形，圆圆满满。

生：我选择三角形，老中青三代互相支撑着。

师：这个想法有创意！老师选择的是"圆形"，我还给这种句式命名了——

【投影展示】

神奇的圆形句式

内容相呼相答

形式相扶相持

思想相辉相映

情感相融相生

（生读）

师：这就是"慢慢的""稳稳的"语言，"慢慢的""稳稳的"散步"慢慢的""稳稳的"情怀。现在，也请你慢慢的、稳稳地去读出，背诵出你最爱的句子吧。

【投影展示】

她现在很听我的话，就像我小时候很听她的话一样。

母亲要走大路，大路平顺；我的儿子要走小路，小路有意思。

我的母亲老了，她早已习惯听从她强壮的儿子；我的儿子还小，他还习惯听从他高大的父亲；

我蹲下来，背起了母亲，妻子也蹲下来，背起了儿子。

我的母亲虽然高大，然而很瘦，自然不算重；儿子虽然很胖，毕竟幼小，自然也轻。

（生自由读、背、展示）

5. 总结收束

师：真好！真好！听着你们的诵读，老师的心也开始散步了。田野上的一切，使作者想起了一样东西——生命。而书内书外的这一切，又使你想起了哪些东西呢?

【投影展示】

这一切都使人想着一样东西——生命

这一切还使人想起更多——＿＿＿＿＿

生：责任。

生：爱。

生：传承。

生：温暖。

生：担当。

生：还是生命！

……

（下课铃声响起）

师：孩子们，让我们，就带着这样的感悟，在那阳光下，朝着我们生命中的菜花、桑树、鱼塘，走去，慢慢地、稳稳地走去吧！

【投影展示】

> 我们
> 在阳光下，
> 向着那
> 菜花、桑树和鱼塘
> 走去
>
> 我们都是
> 慢慢地，稳稳地，
> 走得很仔细，
> 好像我背上的同你背上的加起来，
> 就是整个世界。

（生在朗读中下课）

和苏立康前辈在一起

（二）语言造境艺术代表作：《老王》教学实录

"活"出高贵的生"命"

——《老王》课堂教学实录

上课时间	2012 年 4 月 15 日
上课地点	全国第四届高端人文论坛活动现场
授课学生	济南某中学初二年级学生
文本类型	主题型文本
课堂特色	以"用语言"的方式来造境和理解语言和学习语言

1. 感受老王的"活命"状态

生：起立！

师：同学们好！

生：老师好！

师：请坐。同学们，王老师是个热爱生命的人。我经常对我的朋友和学生们说，日子要像鲜花，一朵一朵地绽放。但是同学啊，生命有时候很遗憾，很无奈，很艰辛，不仅不是鲜花，甚至连草都不是，只像被人任意践踏的尘土啊，就如今天我们学习的《老王》。老王的生命状态是什么样的呢？我们先读课文中的这个句子，预备，起！

【投影展示】

他靠着活命的只是一辆破旧的三轮车

（生读）

师：请思考，哪一个词语最深刻的告诉了我们老王的生存状态？

生：活命。

（板书：活命）

师："活命"跟"生活"有什么不一样？

生："活命"可能仅仅是活着，谈不上尊严啊，幸福啊，就是在生存线上挣扎吧。"生活"是有品质地活着。

师：了不起啊，这同学，说得深刻。什么是"活命"？老王会告诉我们。大家先浏览一下大屏幕上的文字。

【投影展示】

"蹬三轮的都组织起来"，是指北京解放后，即 1956 年起全国倡导的"公私合营"，要求把各个行业的人都组织起来，反对私营，反对单干。后来因为要彻底地反对所谓"阶级压迫"，不准"骑在劳动人民头上作威作福"，三轮就被取缔了。那是中国的一段荒唐的历史。

（学生浏览）

师：什么是"活命"？我们先听一听老王自己的解说吧！现在你们就是老王。请把课文中这段文字转换成老王的倾诉。讲给坐在他车上的杨绛听。现在，我们都是杨绛。王老师帮你开个头。唉！

【投影展示】

据老王自己讲：北京解放后，蹬三轮的都组织起来，那时候他"脑袋慢""没绕过来""晚了一步"，就"进不去了"，他感叹自己"人老了，没用了"。

生：唉！北京解放后，蹬三轮的都组织起来，那时候，他脑袋慢。

师：他？注意人称。

生：我！我脑袋慢，就进不去了，我感叹自己……

师：他这样的倾诉对吗？

生：不对。

师：好。请坐。谁在他的基础上，把语言组织得更好一些？唉！开始……

生：北京解放后，蹬三轮的都组织起来，那时候啊，我脑袋太慢啦，就晚了一步，然后就进不去了。人老了，就没用啦！

　　师：嗯，语言组织得非常好了。但你这个老王，精气神太足。不像老王，像小王。联系全文琢磨琢磨，老王说话，会以什么样的语气说呢？再读，你来。

　　生（深沉地感慨，无可奈何的样子）：北京解放后，蹬三轮的都组织起来，那时候啊，我脑袋太慢啦，就晚了一步，然后就进不去了。人老了，就没用啦！

　　师：这个语气像老王了。特别好的是表情，那种悲苦的表情。说得到位了。好，你想说，请你来。

　　生：唉！唉！

　　师：这位同学很有创意啊。她做了创造性地提炼。她把所有文字都变成了"唉"。服！其实这段文字所蕴含的就是生命的无数个"唉"。这就是什么？活命啊！老王首先被社会抛弃了，被"组织"抛弃了。

　　（提醒大家记笔记）

　　其次呢，比较第一段末尾，读一读，他的家庭状况如何。看看王老师大屏幕上的表达，可以这样调换吗？比较！

【投影展示】

改文：

有个死了的哥哥，有两个没出息的侄儿，此外就没什么亲人。

原文：

有个哥哥，死了，有两个侄儿，"没出息"，此外就没什么亲人。

　　生：我觉得不如原文中写得好啊。原文更加强调"死了，没出息，就没有"，把老王的孤苦伶仃表达出来了。

　　生：原文读起来更沉重。

　　师：大家感觉很精准，非常棒！来，我们配合一下。你现在是老王，我是杨绛，我们来对话，一人一句，你要根据课文中的意思来跟老师对话啊。

　　师：老王啊，你老伴还好吗？

　　生：还好……

　　（众反对）

师：结合前后文想想。

生：哎，我没有老伴……

师：老王啊，你孩子都长大了吧？

生：哪有孩子啊……

师：哎哟，老王啊，你家里还有什么亲人呐？

生：唉，有个哥哥。

师：哎哟，有哥哥真好啊。

生：可是死啦。

师：哎！那还有什么亲人吗？

生：还有两个侄儿。

师：那两个侄儿也能够经常走动走动帮衬帮衬你吧？

生：这俩孩子都没出息啊。

师：那还有其他可以照顾你的亲人吗？

生：就没有什么亲人了。

（生鼓掌）

师：再来一个老王，我们再聊聊。

师：老王啊，孩子们都工作了吧？

生：孩子？哎，我呀，光棍一辈子啦。

师：没有结婚？

生：我这条件，谁愿意嫁过来受苦啊。

师：那家里还有什么亲戚吗？

生：两个侄儿还年轻……

师：那真好，经常过来搭把手吗？

生：哎，没一个争气的。

师：那你一个人挺难的，还有兄弟姊妹吗？

生：有一个哥哥……

师：有哥哥就好啊，总能聊聊天什么的……

生：早死啦，早死啦……

（生的表达入情入境。大家热烈鼓掌）

师：孩子们，这就叫做"活命"啊！没有家庭。没有亲人。再读大屏幕上第一句，预备，起！

【投影展示】

老王只有一只眼，另一只是"田螺眼"，瞎的。乘客不愿坐他的车，怕他看不清，撞了什么。

（生读）

师：我想起小悦悦事件。鲁迅说中国人有很多……
生：看客！
师：对，现在我们就来看看这些看客是如何对老王指指点点的。你就是那些看客，你怎么来表达下面这个句子？

【投影展示】

有人说，这老光棍大约年轻时不老实，害了什么恶病，瞎掉了一只眼。

师：好，请你来。
生（讽刺地）：你这老光棍，太不老实了，害了什么恶病，瞎掉了一只眼！
师：冷冰冰的语言，还有冷漠的动作，有表演天才啊！
生（激愤地）：你这老光棍，太不老实了，害了什么恶病，瞎掉了一只眼！
师：你能够把这话的言外之意也表达出来吗？
生（鄙夷地）：活该！
（众鼓掌）
师：他把"看客"们的心灵深处的话都说出来了。是，老王活该！造孽！可怜之人必有可恨之处，这就是他们的逻辑。同学们，这就叫做，读——
生：活命。
师：好，我们继续读书。现在我是杨绛，你们都是老王啊。我们根据课文来对话。如果我是杨绛你们怎么回答我呢？

【投影展示】

有一天傍晚，我们夫妇散步，经过一个荒僻的小胡同，看见一个破破落落的大院，里面有几间塌败的小屋；老王正蹬着他那辆三轮进大院去。后来我在坐着老王的车和他闲聊的时候，问起那里是不是他的家。他说，住那儿多年了。

师：老王啊，那个地方是不是就是你的家啊？
生：住那儿很多年了。
师：发现了问题没有？
生：发现了。
师：你说。
生：老王的回答是答非所问。他没说他的家在那儿，那就是一个房子。家是一个有亲人有温暖的地方。但是他住的地方没有家庭的温暖。他认为自己没有家。
师：他只有破败的小屋。没有家。这就是什么？读——
生：活命。
师：这就是活命的状态！再读大屏幕上的文字。预备，起！

【投影展示】

我们从干校回来，载客三轮都取缔了。老王只好把他那辆三轮改成运货的平板三轮。

（生读）

师：这个句子中哪一个词语最心酸地写出了老王的活命状态？
生：只好。
师：只好！来，我们把这个句子读好。你来试试。
生（深沉地）：老王只好把他那辆三轮改成运货的平板三轮。
师：同学们啊，除了这个"只"，文中还有太多的"只"。我们来读这些句子，每个"只"都要重读。他靠着活命的——

【投影展示】

他靠着活命的只是一辆破旧的三轮车

他只有一只眼

他只好把他那辆三轮改成运货的平板三轮

开始几个月他还能扶病到我家来，以后只好托他同院的老李来代他传话了。

他只说：我不吃。

……

（生动情朗读）

师：王老师一直以为啊，在现代汉语当中，最走投无路、最孤苦无依的一个汉字就是这个"只"字了。上天无路，下地无门，别无选择，这就叫做什么——活命。老王就以这样的状态度过了一生。当他最后一次出现在杨绛面前的时候，他是这个样子的。孩子们，请读！

【投影展示】

老王直僵僵地镶嵌在门框里

他面如死灰

两只眼上都结着一层翳

分不清哪一只瞎

哪一只不瞎

说得可笑些

他简直像棺材里倒出来的

就像我想像里的僵尸

骷髅上绷着一层枯黄的干皮

打上一棍就会散成一堆白骨

（配乐。先请一生读，再齐读，感人至深）

师：同学们，这就是杨绛笔下的老王的"活命"的状态。杨绛的文字，粗略看去非常朴素直白，但如果我们细细琢磨，却大有深意。这就是杨绛作品的典型的特色。

【投影展示】

沉定简洁是杨绛作品的语言特色，看起来平平淡淡，无阴无晴，实则在经过了漂洗的苦心经营的朴素中，有着生命最本真最炫目的华丽。

师：读她的文字我们只有沉入词语里，你才能够感受到平淡文字底下的、背后的、深藏着的一些东西。

【投影展示】

文本细读就是沉入词语里。

——南帆

师：其实刚才我们在分析老王的时候，用了一些文本细读的方法……

【投影展示】

文本细读方法小结

咬文嚼字

深情朗读

重现情景

发现空白

探究疑点

……

（强调不用抄，只需体会）

2. 感受杨绛的"活命"状态

师：老王有幸的是，他遇到了杨绛，杨绛，何许人也？请读作者——

【投影展示】

杨绛，生于 1911 年

她是清华学者一代才女

他是《围城》作者钱钟书的夫人
他们夫妇
都是新中国成立初期中国最有学问的高级知识分子
可悲的是
他们遭遇了中国最荒唐的年代——"文化大革命"
在那些长夜漫漫的日子里
他们经受了非人的苦痛折磨

（生读）

师： 这个女子可以说是中国历史上最美丽、最迷人的女子之一。你看，她不会对着拉三轮车的那位老人说"这老家伙"，她叫他什么，读出来！

【投影展示】

老王

（教生反复读）

师： 当你听杨绛叫他"老王"的时候，你感觉出来杨绛心中什么样的情怀？
生： 我感觉应该是亲切、博大的情怀。
生： 我感觉就是街坊邻居，像一家人一样。
生： 特别的亲切，很平等。
生： 像朋友。
师： 对。当你们叫我"老王"的时候，老师也会感觉到亲切温暖平等呢。但是，杨绛这一代才女对活命的老王，还有其他的复杂情怀。看，文章的开头。

【投影展示】
我常坐老王的三轮。他蹬，我坐，一路上我们说着闲话。

师： 我们说，杨绛的文字，特别简洁，但是这个文字好像特别不简洁。再读，预备，起！

　　生读：我常坐老王的三轮。他蹬，我坐。一路上，我们说着闲话。

　　师：这段话中哪几个字完全可以不要？

　　生：他蹬，我坐。

　　师：对。你说杨绛她怎么了，她惜墨如金，为什么还要写个"他蹬，我坐"？这难道还需要说么？你从"他蹬，我坐"当中感觉到了什么？

　　生：感觉是对老王的一种感谢之情。

　　师：他拉着我，他在使劲儿，很劳累不是？所以杨绛感激。

　　生：我感觉一个"蹬"字，就显出老王特别费劲，杨绛特别轻松，有一种反差。

　　师：独特！还有其他的感觉么？他蹬，我坐，我坐在高处，他在下边蹬，我们之间……

　　生：有一种身份地位的差距。

　　生：杨绛好像不安……

　　师：哟，她说她读出一种不安。有同学说有身份地位的差距。很矛盾。一方面，和老王很亲密，另一方面又在着意地表现这种差距。玄妙在哪儿？慢慢体会。老王后来去世了，杨绛写了这篇文章。那么杨绛内心的情感是什么呢？读第一句，预备，起！

【投影展示】

　　但不知为什么，每想起老王，总觉得心上不安。因为吃了他的香油和鸡蛋？因为他来表示感谢，我却拿钱去侮辱他？都不是。

　　（生读）

　　师：她的感觉是什么？

　　生：不安。

　　师：不安？为什么，孩子们？接下来请再快速地把全文浏览一遍，努力地用老师平时和今天讲到的一些方法，我们从第三者的角度思考一下，如果你来评价老王和杨绛交往的点点滴滴的那些小事，老王已去了，杨绛可不可以心安？好，请静静看书！

【投影展示】

请默读全文，尝试用"咬文嚼字、深情朗读、重现情景、发现空白、探究疑点"等文本细读的方法研读思考老王和杨绛之间发生的那些事，然后进行课堂争鸣：

老王去世了，杨绛的心"不安"，你认为呢？她该不该"心安"？

（生静静读书）

师： 好。停。现在我们是站在第三者立场上来看待他们交往的故事。请举手告诉王老师你的观点。

（生各自举手）

生： 应该心安。因为我觉得她已经为老王做了很多。首先她给老王钱，只要用三轮车的时候一直叫老王的车。

师： 坐车给钱没有？给了，一分都不少。

生： 这应该算帮助他，因为其他人不敢坐老王的三轮。还有一个，我觉得就是老王这样子，还是因为当时社会底层太艰苦了，杨绛也救不了。

师： 是，有时候我们不能救大海里所有被冲上海滩的小鱼，甚至连一条你也救不了。但我们还是要救啊。你的观点是认为杨绛已经做得够多了，该心安，是吧？好。其他同学请继续表达自己的意见。

生： 我觉得她应该心安的。杨绛不仅自己照顾老王的生意，连她的女儿也受了影响给老王送鱼肝油呢。他们一家都在用各种方法帮助老王。

生： 我认为她是不应该心安的。老王来送东西，她都没有让他进门，让他坐一坐。他还害怕。如果是亲人即将离世，是不可能害怕的。

师： 他抓住了细节，就应该这样去思考。

生： 我觉得应该心安，他们一直相信老王的人品。信任是最大的尊重。该心安。

生： 我是站在外人的角度来看的。开始几个月，他都是经常到我们家，以后都是让老李来传话，我觉得这话有留白。也就是说，老王来找她，但是杨绛好像并没有去找过老王。如果我们关系很好的话，你有生病了，我肯定会去看你的，但是她没有提到去看老王，老王死了好久她都不知道，所以说她应该是不安的。

师： 你看，她就运用了老师教学的方法，留白，她抓住了空白，她发现其实他们的交往当中特别主动的是老王，杨绛似乎显得要勉强一些。

师：预习中有很多同学问，为什么老王都这个样了，他还要去送香油和鸡蛋。你怎么看，他为什么要去送？

生：老王觉得杨绛平时对他比别人好，所以他要回报杨绛。

师：说到一部分。孩子们，你们喜欢吃鸡蛋么？我知道你们看不懂这个细节在于，包括我儿子在内的大部分小孩现在一提到要吃鸡蛋了就要被吓得逃跑。但同学们，你们要知道啊，在老王那个年代，鸡蛋是什么？极其珍贵的东西。王老师小时候，一年只有在生日的时候，才能够吃两枚鸡蛋。从来没有把鸡蛋吃够过。香油呢，同学们，春雨贵如油，在那个年代，香油也是最珍贵的东西啊！在临死之前，连活命都艰难的老王把香油和鸡蛋送到杨绛的家里，他是在表达什么？

生：表达深深的谢意！拿出最珍贵的东西表达谢意。

生：他是把杨绛当亲人看待了，他是来和亲人告别。

师：对于老王而言，这是他能够做到的最隆重最掏心掏肺的告别。但杨绛呢？我们看一个细节。最后老王死了，杨绛还不知道。只读最后一句！预备，起！

【投影展示】

过了十多天，我碰见老王同院的老李。我问："老王怎么了？好些没有？"

"早埋了。"

"呀，他什么时候……"

"什么时候死的？就是到您那儿的第二天。"

他还讲老王身上缠了多少尺全新的白布——因为老王是回民，埋在什么沟里。我也不懂，没多问。

我也不懂，没＿＿＿＿＿＿多问。

（没兴趣多问？没忍心多问？没敢多问？没脸多问？没工夫多问？没心情多问？没勇气多问……）

（生读最后一句）

师：我要问的是，从平时的交往看来，他们是关系那么亲近的朋友，为什么

"我"居然不问？你认为是没怎么多问？

生（小声地）：没敢多问。

师：你怎么看的？你认为是没敢多问？请起来说。

生：她可能觉得对老王还不够好，心中内疚，所以不敢。

师：你的意思是不敢是因为心中有愧。

生：我觉得从文章的多个角度看，都是老王更关心作者一些。从这个角度讲，是没想多问。

师：好，你认为是她本来就没有那么关心老王。其他同学呢，你说你的观点。

生：我觉得是没有心情多问。因为杨绛听说老王第二天就死了，她心情肯定很坏。回家又看到老王送她的香油和鸡蛋，心情更坏，所以她没心情多问。

师：没有心情，好，你在努力触摸杨绛的内心深处。请坐。你说呢？

生：我觉得是没有勇气去问。因为老王死了，他不想接受这个事实。活生生一个人，他怎么会突然死了呢。老王死了，她可能回想认识老王以后让他做的事情，很不安，很痛苦。

师：你的意思是说觉得杨绛没有勇气问？很深刻了。

生：对。

师：好。请坐。到底是什么答案，老师其实也不知道。我们看看当时的背景。当时的杨绛是个什么状态？他们生活的时代，杨绛作为一代才女，过的是什么日子呢？

【投影展示】

"文化大革命"爆发于 1966 年，那是中国的一个荒唐的年代。当时有很多高级知识分子受到了残酷迫害，钱钟书、杨绛夫妇此时也被打为"反动学术权威"，戴高帽，挂木板，受批斗，剃成阴阳头，被驱到大街上游行，最后被发配去扫厕所……经受了漫长的苦痛折磨。

（学生浏览）

师：下面的文字是杨绛回顾"文化大革命"岁月，你来，帮大家读一读。老师给你配点乐。

【投影展示】

我们草草吃过晚饭，就像小学生做手工那样，认真制作自己的牌子……做好了牌子，工楷写上自己的一款款罪名，然后穿上绳子，各自挂在胸前……有一天大雨骤冷，忽有不知何处闯来的红卫兵，把各所"揪出来"的人都召到大席棚里，押上台去"示众"。还给我们都带上报纸做成的尖顶高帽。在群众愤怒的呵骂声中，我方知我们这一大群"示众"的都是"牛鬼蛇神"。我偷眼看见同伙帽子上都标着名目，如"黑帮""国民党特务""苏修特务""反动学术权威""资产阶级学术权威"等。

一位中年干部不知从哪里找来一块污水浸霉发黑的木板，络上绳子，叫我挂在颈上，木板是滑腻腻的，挂在脖子上很沉，我戴着高帽，举着铜锣，给群众押着先到稠人广众的食堂去绕一周，然后又在院内各条大道上"游街"。他们命我走几步就打两下锣，叫一声"我是资产阶级知识分子！"背后还跟着七长八短一队戴高帽子的"牛鬼蛇神"……

——杨绛回顾"文化大革命"岁月

（配乐，生沉痛地读）

师：看了这个背景，可能你的理解会有依据一些。中国历史上最美丽的女子，最有才华的女子，中国最高贵的家庭，代表着中国知识分子最高层次的家庭，他们当时就过着这样的日子。哪里是老王是活命的状态啊，杨绛及他们一家人也是在……

生：活命。

3. 总结——"活"出高贵的生"命"

师：你现在再回过头来，我们站在杨绛的角度，她当时没有问，也许，有很多原因。也许没有勇气问，也许没有时间问，也许没有胆量问，也许没有心情问，甚至没有体力问……孩子们，如果我们站在这个角度来看，杨绛该不该心安？那个时代，人与人被逼迫着互相背叛。妻子得背叛丈夫，儿女得背叛父母。就连杨绛和钱钟书的女儿，钱瑗，要回去看爸爸妈妈也要先把大字报贴了，说我跟钱钟书、杨绛在思想上彻底地划清界限，然后才能够回到家，去看自己的父母。而更悲惨的是，杨绛的女婿，钱瑗的丈夫，因为不愿意无辜诬陷别人，最后被逼得上吊自杀。《老王》的故事，就发生在那样的一个年代里。你说杨绛该不该"心安"，仁者见仁，智者见智吧。但杨绛不安，老王死时她不安，许多年后，她还不安，一直到了暮年的86岁，她还是不安。于是她写了《老王》来忏悔。她是怎么样剖析自己的呢？看大屏幕，预备，读！

【投影展示】
几年过去了，我渐渐明白：那是一个幸运的人对一个不幸者的愧怍。
（生读）

师：孩子们，杨绛是幸运的人吗？她也是一个活命的人啊。当我们读到这个句子的时候，你看到一个什么样的女子？为什么她还愧怍？这些问题，困扰了杨绛自己一生，也需要我们慢慢地去体会。你们现在也许还不会太懂。但有一天，你们会懂。请看投影。这是一篇读后感。王老师写的，最后送给同学们。作为你们去读懂这篇文章，读懂一个时代的起点。请一个同学……我来放音乐，请你做好准备。

【投影展示】
老王和杨绛
王　君

你只有一只眼
但你把这世界　　看得多么明白
你的房屋荒僻塌败
但你的心里却充满了温暖
你的三轮车都拉不动那破破落落的日子了
但你还是伸出双手　捧出了
你的大冰块
还有大鸡蛋

你呢
你不安　　一直不安

他蹬　　你坐　　你不安

他只有一只眼　　你不安

他要半价收费　　你不安

他送人看病不要钱　　你不安

他的香油和鸡蛋让你不安

他的悄悄去世让你不安

……

真的　真的

你已经做得够好了

但你还是觉得自己不够慷慨

于是在被命运流放的日子里

你又把自己送上了灵魂的祭坛

你们啊　　活命的你们啊

在那个时代

一样卑微　　一样艰难

但你们彼此的牵挂好像那大瓶的鱼肝油

是疯狂岁月里的　　热血和肝胆

而这个世界

也因为一位百岁老人的愧怍

让多少曾被嘲笑遗忘的珍贵

涅槃

……

（配乐，生动情读）

师：孩子们，这是王老师的读后感。

（在黑板上"活命"中板书，使板书成为：活出高贵的生命）

师：读《老王》，王老师想了很多很多。比如——

【投影展示】

越是被剥夺，越是懂感恩；

越是被伤害，越是懂悲悯；

越是缺得多，越是要得少。

爱得越多，隐忍就越多；

爱得越多，愧疚也就越多。

……

师：比如——

【投影展示】

卑微的生命即使在尘土中也依旧开出了花来……

师：比如——

【投影展示】

愧怍

师：这是人到中年的王老师的感悟，同学们，你们还小，你们又读出了什么呢？

【投影展示】

你读出了什么？

师：给大家推荐杨绛的几本书，有兴趣的同学可以读一读，特别是《干校六记》。

【投影展示】

杨绛作品

《洗澡》

《干校六记》

《我们仨》

《走在人生边上》

（请学生抄下来。下课）

（三）文本整合艺术代表作：《诗词五首》教学实录

问君能有几多愁?

——《诗词五首》整合教学实录

上课时间	2008 年 12 月 18 日
上课地点	西南师范大学青年教师培训现场
授课学生	四川外语学院附属外国语学校初三年级学生
文本类型	主题型文本
课堂特色	整合的魅力

人教版九年级上册第 25 课由五首词组成，分别是：温庭筠的《望江南》、范仲淹的《渔家傲秋思》、苏轼的《江城子　密州出猎》、李清照的《武陵春》、辛弃疾的《破阵子为陈同甫赋壮词以寄之》。教材上的排列是按照诗人所处年代排列的，如果照这样的顺序教学，内容就会显得很散乱。在对这五首词进行了研究之后，我决定对这五首词进行整合教学。

教学课时安排为两课时，教学主题是：问君能有几多愁?

下面是课堂教学实录。

1. 第一课时

师：同学们，记得有一位著名作家说：痛苦的感受往往比幸福的感受更加刻骨铭心。今天我们要通过五首词的学习，去感悟和体会古人的愁。请大家自由地把全课五首词都大声朗读一遍，说一说如果以愁为分类标准，这五首词可以怎样简单地分一下类。

（生摇头晃脑自由朗读，交头接耳）

生：词中有些人很愁，有些人不愁。

生：词中有些人愁得很厉害，有些人只是一般愁。

生：有男人的愁也有女人的愁。

生：有男人描绘的愁也有女人描绘的愁。（众笑）

生：有为家事愁，也有为国事愁。

生：有为亲人愁，有为理想愁。

……

（自评：简单导入，直入正题。开篇整合，建构全课整体意识，第一次对比，为思维预热）

师：那这样好不好，让我们先来体会一下两位古代女子的愁。我再请两位同学朗诵，听完后，请大家说说你感觉到诗词中的两位女子她们各自在为何愁？

（自评：进入第二次整合对比。不足的是板块的过渡稍显生硬）

（请同学朗诵《望江南》和《武陵春》）

生：我感觉《望江南》中的女子好像是在等待她的心上人，可是没有等回来，所以她愁。《武陵春》我没有感觉得出来李清照到底为什么愁。

生：我也是。《武陵春》中的愁好像比较多，最后一句是"载不动许多愁"嘛！

师：那这个问题我们先放一放。现在请大家再自由地把两首词多读两遍，想一想，同学间还可以讨论一下：你觉得两首词中的女子哪个更愁？大家一定要紧扣原词中的关键词句来印证自己的想法！

（生自由朗诵，讨论）

（自评：从另一角度巧对比巧整合）

生：我认为《望江南》中的女子更愁，因为她愁得都"肠断白蘋洲"了啊！还有什么愁比"肠子都愁断了"更愁呢？

生：我不同意，李清照的愁连船都载不动了，这才是最重的愁。

生：不能这样比吧，这两个句子都是诗人应用了大胆的联想想象写成的，是化抽象为形象的写法。这样比的话不客观。

师：有道理，大家能够关注到对愁的形象描绘这很好，但最能证明你的观点的还应该是主人公的行为和思想！

生：李清照最愁。《望江南》中的女子还"梳洗罢"，可李清照却"倦梳头"，一个女子连梳妆打扮都不想了，那她一定非常愁闷了。

生：是的，俗话说"女为悦己者容"，《望江南》中的女子还可以打扮得漂漂亮亮的去等丈夫回来看，可李清照连打扮自己的兴趣都没有了，我猜像她的丈夫一定已经去世了。

师：你很聪明。写这首词的时候，李清照的丈夫已经去世很多年了。

生：我还是觉得《望江南》中的女子愁，你看她"独倚望江楼"，一个人在那里等啊等啊，看了一帆又一帆，从早上直等到"斜晖脉脉"的傍晚，等了整整一天啊，可最后还是失望了，你难道能说她的愁不深重吗？

师：你这个分析很到位。但"倚"字品得还不够，哪个同学帮帮她的忙。

生："倚"是"靠"的意思，她靠在望江楼上，很孤苦无依的样子！

生："倚"还显得这个女子很柔弱，没有力气。

生：她一定是望得太久了，所以浑身酸软，就只能"倚"着了。

生：主要不是身体问题，还是心事太沉重了。

师：对了，这样抓住关键词抠进去，人物的形象就鲜明了。

（自评：对"倚"的品味环节是课堂机智生成的，处理得不错）

生：我不同意刚才同学们的看法。《望江南》中的女子是愁，但是她毕竟还有事情可干。可是李清照呢，她却觉得"物是人非事事休"，她觉得什么事情都没有意义了，所以她干什么都索然无味了，我认为这样的愁才最愁。

生：我有同感。她不仅不想梳头，她连去双溪泛舟也提不起兴趣呢！

生（高高举手）：老师，我发现课文中的插图不太好。

师：你说说。

生：一是诗人窗前的花木太繁盛，没有"风住尘香花已尽"的凄凉感觉。二是图中画了一轮弯月，这就表明是晚上了。而诗中不应该是晚上。

生：是晚上，不是说"日晚"嘛。

生："日晚"不是晚上，如果是晚上，那李清照不梳头就很正常了，谁晚上还梳头啊？

生：对，都晚上了，李清照怎么会想到去泛舟呢？

师：有道理，古代女子有夜生活的很少。（众笑）

生："日晚"是日头很高的时候，可能是要到中午了，她都还不想梳头，可见心情非常郁闷！

（自评：旁逸斜出的一笔！学生的自主质疑很有力度，教师能在具体的语言环境中解决学生困惑，处理得不错）

生：这是因为李清照的丈夫已经去世了很多年了，她已经习惯了，她怎么可能比还在盼望丈夫回来的女子更愁呢？

生：我不同意。确实李清照是已经绝望，《望江南》中的女子是正在绝望，我认为已经绝望比正在绝望更愁。（生鼓掌）

生：可是《望江南》中的女子稀里糊涂经受的是希望的煎熬，而李清照已经是心如死灰，我认为这比前一种煎熬更痛苦。

（学生争论不休）

师：同学们，这个问题比较复杂，也许当你们的生活阅历多一些后，你们的体会会更加深入。王老师想起了金庸《神雕侠侣》中的杨过对小龙女十六年痴痴地等候。十六年的痛苦等待他都熬过来了，他为什么要在最后得知小龙女活着不过是一个谎言后却没有再活下去的勇气，而毅然跳崖自尽呢？

生：他活下来是因为他心中还有希望，他选择死是因为他在善意的谎言中清醒过来后他绝望了。

师：对杨过而言，哪种痛更为深呢？

生：清醒之后的痛。

师：对了，同学们，人的情感是一个难解之谜。但是，我们必须知道，人生存下去的本质力量是靠希望：哪怕这种希望只是星星之火，它也可能成为一种生存的信念。而最残酷的人生境遇是没有希望，也就是绝望。绝望这种痛，是人生之最大痛。大部分轻生者选择死亡并非因为生活的艰难，而恰恰是希望的丧失。正如开头同学们提到的，李清照的愁在词中很难表述清楚是哪一种愁，因为在她的生命历程中融入了太多的苦难。初一的时候，我们学过她的《如梦令》，大家一起背诵出来好吗？

（生齐背：常记溪亭日暮……）

师：从这首李清照年轻时代的词中，我们读到了一颗青春快乐的心。是的，李清照的前半生是幸福得让人羡慕的。她和夫君赵明诚才子才女结成佳偶，夫唱妇随、琴瑟和谐。而写这首词时，李清照已经 53 岁了，她流落江南，茕茕一身，辗转飘零，历尽了生活的艰辛和人世的坎坷。她的愁岂止是心爱的丈夫早逝之愁，这其中有国家的败亡，家乡的沦陷，有文物的丧失，这愁，让她"寻寻觅觅、冷冷清清、凄凄惨惨戚戚"，让她"梧桐更兼细雨，到黄昏，这次第，怎一个愁字了得"，让她只有"在人屋檐下，听人笑语"……这种愁，岂止是双溪的舴艋舟载不动，就是历经千年之后的无数的读者的心痛汇聚而成的心灵之舟也载不动啊！

（自评：这番争论整合了课外阅读资源，旧知识资源，比较有深度，学生课堂反应很动情）

两位女子都愁，但愁的对象不一样，愁的形式不一样，愁的深度也不一样，连表达的形式也不一样啊。现在同学们再自由动情朗诵一遍，品味一下两首词在具体描绘愁时的艺术方法各有什么妙处。

师生再一次动情诵读两首词。

生：我觉得《望江南》中最动人的是"斜晖脉脉水悠悠"，情景交融，很有感染力。

生：这首词只有三十字，却从早上写到傍晚，从人写到楼写到船写到江还写到了洲，内容含量还是很大的。

生：人物情感的变化也很有层次，从希望写到失望写到断肠，很让人揪心的。

生：最妙的是虽然只写到了人物的动作，却可以让我们想象出人物的表情和心情。文字很少，留给读者的空间却很大。

师：评得不错，还涉及了艺术表现的空白艺术。

生：《武陵春》中有两句很著名。一句是"物是人非事事休，欲语泪先流"，一句是"只恐双溪舴艋舟，载不动许多愁"。

生：是的，前一句是欲说还休入木三分。而后一句是想象奇特出人意料。她把抽象的愁写出了重量。

师：愁不仅有重量，还有长度，比如"问君……"

生：问君能有几多愁，恰是一江春水向东流。

师：愁不仅有长度，还有深度，比如"月落乌啼……"

生：月落乌啼霜满天，江枫渔火对愁眠。

师：愁还有既重又长又深的，比如"抽刀断水……"

生：抽刀断水水更流，举杯消愁愁更愁。

师：同学们，这是古人的一种愁，愁得让人黯然神伤，愁得让人缠绵悱恻，不管是思妇闺怨之愁，还是国破家亡之愁，但这些都是典型的女子的愁。下节课我们将要感受的是男儿的愁、英雄的愁。

（在自由背诵中结束第一课时）

（自评：轻轻一宕，又是一次旧知识的整合——自然天成）

2. 第二课时

师：请同学们自由朗读《渔家傲》《江城子》《破阵子》，然后谈一谈你的第一感受，你认为这三位诗人，谁的愁最重，谁的愁稍轻呢？

（生自由高声诵读）

生：我认为范仲淹的愁最重，其次是辛弃疾，苏轼根本就不愁。

生：我也认为苏轼不愁。但我认为最愁的是辛弃疾。

师：那我们暂时把苏轼放一放，现在说说到底是范仲淹更愁呢，还是辛弃疾更愁。

（自评：这是整合基础的再整合，课堂继续朝着纵深发展）

生：我觉得是辛弃疾愁，词的结尾是"可怜白发生"，五个字，特别醒目，字字泣血啊！

生：但是范仲淹的词中也写了白发啊，不仅有白发，还有泪呢！

师：谁的白发？谁的泪？

生：将军的白发，征夫的泪。

师：征夫就不白头发了，他们永远年轻？

（生思考）

生：哦，应该是将军和征夫的白发和泪。前几天才学的"千里冰封，万里雪飘"呢！

师：这种修辞手法叫做——

生：互文。

（自评：这种"故意误问"是一种虚拟问，能够加深学生对基础知识的理解）

师：对了。同学们不要忘了，抒情一般有两种，一种是直接抒情，一种是间接抒情。间接抒情可以通过描写记叙等来抒情，大家从这个角度审视一下两首词!

（自评：为学生指明理解方法，导得不错）

生：我感觉到《渔家傲》的描写要感伤一些，而《破阵子》的描写要欢快一些。

师：这个感觉很重要，大家顺着这个思路去思考。

生：在范仲淹的笔下，塞外的风景很让人伤感的。大雁一点儿不留恋地飞走了，一轮落日，一座孤城，城还是紧闭的。

师：强调孤城"闭"，暗示着什么？

生：边关告急，战事很吃紧。

生：还有满地的霜，连绵不断的山峦啊，反正挺清冷的。

生：还有声音也很让人愁，大风、号角、羌笛、马啸、雁叫，一声声都催得人心中紧。

师：一声声都催得人心中紧！这话评得妙。不要忘记了词中的人都在干些什么。

生：在"不寐"，睡不着觉，失眠了。

生：愁啊，睡不着觉，就喝酒，喝的还是不好的浊酒。

师：这些景这些声音这些人合在一起，就构成一幅边关特有的景色。就如范仲淹自己在词中所说的——

生：风景异！

（自评：充分利用联想进入文字，导得比较轻松）

师：对。那我们再看看，同样是描写边塞，辛弃疾的笔下又是如何"异"的呢？读一读，比较一下。

（生自由朗读）

生：不一样！辛弃疾的边塞风景热闹得多，豪气得多。声音是大碗喝酒大块吃肉的声音，各种乐器合奏的声音。

生：还有骏马飞驰的声音，还有良弓拉开的声音，沙场点兵的声音。

师：这些声音给我们的感觉是什么？

生：热烈激昂豪气冲天。

生：热血澎湃激情洋溢。

师：说得好！在这样的声音中，我们可以想象画面中的人们会是怎样的一种心情呢？

生：为建功立业而自豪，因为他们"了却了君王天下事，赢得了生前身后名"！

师：既然如此，辛弃疾为何要愁？

生：可怜白发生啊！当初建功立业的年龄一去不复返了！

师：这和范仲淹在词中表现的愁一样吗？

（自评：在关键处点拨，让学生思维渐入佳境）

生：不一样。范仲淹还在感叹"燕然未勒归无计"呢！

生：范仲淹是壮志未酬，而辛弃疾是渴望壮志再酬。（众鼓掌）

师：妙极了！因为愁的内容不同，所以同样的边塞风景，在他们笔下却有迥然不同的表现。同学们，这又应了我们经常在强调的一个美学观点：一切——

生：景语皆情语。

师：来，再次自由诵读，体会这相同的土地上酝酿出来的不同的愁。

（生自由朗读）

（自评：整合中对比，效果不错）

师：现在我们最后来研究一些苏轼的愁。哦，刚才大家都说他根本就不愁，谈谈理由。

生："鬓微霜，又何妨"，他自己都豁达得很，何来愁？

生：他像少年人一样意气风发，左手牵着黄犬，右手擎着苍鹰，穿着时尚的锦帽貂裘，青春得很呢！（众笑）

生：他还很有魅力，"千骑卷平冈"，有众多的追随者啊！

师：谁来品品这个"卷"字。

生：写出了一种气魄。

师：还不够，气魄怎么就出来了？

生：跟随苏轼的人很多。

师：仅仅是多么？

生：还有速度快。

师：对了。人既多又快，场面的热烈就出来了。

（自评：不能忘记是语文课，要时时紧扣关键词语）

生：这种气势也反过来激发了苏轼，他还自比为孙郎，要当射虎英雄呢！

生：何止是射虎！他要射的是天狼星，他的建功立业的豪情也被激发出来了。

师：同学们说得有理有据，连王老师也不得不服，看来苏轼还真不愁。不过我也记起了刚才一个同学的一句话：这种气势反过来也激发了苏轼的豪情。对了，环境对人是有催化剂的作用的。但是，如果不催化呢？作者的心情会是如何呢？在字里行间真的就没有流露出哪怕一丁点儿愁吗？大家再读读书，品品看，小声读，仔细想。

（生各自小声读书）

（自评：抓住学生发言的中的信息进行引导，这个板块的过渡就比较自然）

生：哦，我感到"何日遣冯唐"的"何日"有些意味，毕竟建功立业还只是一种向往。

生：还有，开头的那句"老夫聊发少年狂"的"聊"很值得挖掘，"聊"是姑且尚且的意思，苏轼也还是觉得自己已经无少年血气了，所以只是趁这次机会"勉强、姑且"狂一下罢了。

生：是啊，这个"聊"字让我们读到了这首词意气风发之外的无奈，而"何日"更使我们感受到了词人心中的恐慌。虽然借着酒劲儿，借着一时之欢，作者放浪形骸做了一回少年英雄，但是，现实是残酷的，在欢乐的缝隙里，我们还是感受到了词人心中的愁，那想掩饰却终于没有掩饰得了的，想忘记却终于没有忘记得了的愁啊。（众鼓掌）

师：说得太好了！写《密州出猎》的时候，因为对王安石变法持不同意见，苏轼自请外任。这时他的仕途上已经是布满了阴影。他在这首词中所问的"何日遣冯唐"的理想其实到死也未能实现。在《念奴娇　赤壁怀古》中我们不是又读到了一个苏轼吗？还是那个要射虎要射天狼的苏轼吗？我们背背《赤壁怀古》。

（师生齐背：大江东去……）

师："人生如梦，一樽还酹江月"，同学们，是啊，也许，把这份愁彻底展现出来的苏轼，这才是一个更真实的苏轼。苏轼之愁，虽然体现得很含蓄，但是他和范仲淹一样，其愁是难以排遣难以挥手自兹去的啊！这就是中国古代的典型的壮志难酬的志士之愁。

来，让我们在再比较着朗读一遍，体会一下他们的愁。

（生自由朗诵三首词）

（自评：整合旧知，再次掀起理解和情感的高潮）

师：不管是壮志难酬的愁还是渴望壮志重酬的愁，在英雄的笔下，愁还是和女子是不一样的。同学们再比较一下两位女子表达的愁和三位男儿表达的愁呢？

生：女子的愁较纤细而敏感，男儿的愁豪放阔达得多。

生：承载女子愁的世界是风花雪月，而承载男儿愁的世界是苍茫边关。

师：所以，我们可以用凄凉来表达女子的愁，但不能用凄凉来表达范仲淹们的愁。用什么表达比较好呢？

公开课

生：苍凉！以前讲《三峡》的时候讲过这种特殊的美。

师：对了。不同的人格形态决定不同的情感形态。不仅是一切景语皆情语，而且是一切"情语"皆"人语"。所以，我们在朗读的时候，更要准确把握五位词人个性上气质上的差异。现在就请同学们根据自己的理解自由设计朗读，然后起来表演朗诵。

（在朗读中结束全课）

（自评：最后一次整合对比，凸显五首词的整体性而且进一步深化思维）

二、青春语文文本特质研究代表作

（一）主题性文本教学代表作：《陋室铭》《爱莲说》课堂实录

刘禹锡的心灵世界探幽

—— 《陋室铭》《爱莲说》教学实录

上课时间	2006 年 12 月 15 日
上课地点	西南师范大学青年教师培训活动现场
授课学生	四川外语学院附属外国语学校初一年级学生
文本类型	主题型文本
课堂特色	整合的魅力；涵咏的功效

经过钻研教材，我发现《陋室铭》和《爱莲说》两篇文章的精神血脉息息相通。于是，我对这两篇文章进行了整合教学。两课时连堂进行。以走进刘禹锡的精神世界为教学核心目标。第一课时的主要任务是指导朗读，质疑字词，尝试背诵。第二课时则结合学生疑问引导他们紧扣关键字词感受人物心灵律动，探寻古代一类知识分子人格追求。实录的是第二课时。

1. 蓄势——走进周敦颐的精神世界

师：第一节课，陈禹杭就《爱莲说》提出了一个很有价值的问题，就是关于最后几个句子的顺序安排。同学们的争论很热烈。王悦同学的发言更是引发了大家的不同意见。这节课，我们就以这个问题为切入点开始讨论。王悦认为菊和牡丹对莲都是反衬，有些同学不同意。看来，周敦颐对陶渊明的态度如何这个问题分歧还很大，现在请大家在字里行间去寻找证明自己观点的证据。

生：我认为周敦颐很欣赏陶渊明。我从这句可以看出来，"晋陶渊明独爱菊"，"独"字挺有力量的，我读出了一种欣赏。

生：我也是，后文中周敦颐说自己爱莲也用的是"独"，看来这"独"有与众不同之意，含有褒义的。

师："独"是独特，独到，"独"是特立——

生：独行。

师：我想到毛主席有一首著名的词第一句就是"独立寒秋"，好一个"独"！

生：周敦颐称菊花为"隐逸者"，就是隐居避世之人，不含贬义。

师：隐逸者？注意，为何不说是"花之隐者"呢？

生："逸"有一种飘逸安逸的感觉，周敦颐称其为"隐逸者"，看来对其生活状态是欣赏的。

生：周敦颐只在最后一句"牡丹之爱，宜乎众矣"用"矣"字加重情感，表达出深深的惋惜之情，而对"菊花"的表达比较庄重，只是说"菊之爱，陶后鲜有闻"，从这里也可以看出作者对陶渊明绝无贬义。

师：说得真好，同学们读书非常仔细。看来，作者写陶渊明，绝非反衬，而是正衬。写陶渊明只是铺垫，目的是为了更好地表达自己。在周敦颐眼里，陶渊明是美的，但周敦颐认为谁更美？

生：他自己更美。（众笑）

师：那好，如果你自己就是周敦颐，请你结合文中的关键句来夸夸自己，请用第一人称。

（引导学生再次大声朗读"予独爱……"一句）

生：我像莲花一样高洁，生活于世俗的社会但不被污染。

生：我的美名远播，像莲花的香气一样越远越沁人心脾。

生：我庄重高雅，绝不对权贵献媚求荣。我才德出众但绝不妖媚。

生：我像莲花一样中通外直，表里如一，个性刚直。

生：我像莲花一样让人敬重不可侮辱，可远观而不可亵玩焉。

生：我不蔓不枝，心意专一，目标明确。

……

师：说得不错，再背一背这句。

（生齐背"予独爱……"一句）

师：现在，周敦颐们，咱们换个角度自夸，你和陶渊明都是美的，但你认为你和陶渊明的不同之处在哪里啊？

生：陶渊明隐居避世了，我还坚守在官场。

生：我是出淤泥而不染，陶渊明是躲淤泥躲得远远的。（众笑）

师：聪明！我们才学习了《桃花源记》，也背诵过陶渊明的《归园田居》。面对混浊的官场和肮脏的世风，不愿意为五斗米折腰的陶渊明选择了隐居。他吟诵着《归去来兮辞》，在自己的心里幻想出了一片芳草鲜美落英缤纷的桃花源，他最后选择的生活是"采菊东篱下，悠然见南山"。但周敦颐不是这样的。据历史记载，周敦颐也有"山林之志"，他胸怀洒脱，颇有仙风道气。他虽在各地做官，但俸禄甚微，即使这样，来到九江时，他还把微薄的积蓄捐献给了故里宗族。他不仅是中国理学的开山祖师，在为官上也有卓越建树。黄庭坚曾盛赞他"人品甚高，胸怀洒落，如光风霁月"。（板书）

同学们，这就是周敦颐和陶渊明的不同。面对淤泥，陶渊明的选择是远离，他到红尘边上去寻找一片净土。而周敦颐的选择是生长，哪怕是淤泥之中，依旧成长为高洁独立的荷花。这不同的人生选择和诗人的个性气质理想有关，也和当时具体的时代背景有关。选择虽不同，但都显著有别于趋同富贵失掉自我的芸芸众生，所以其人格都同样伟大。来，让我们再朗读一遍那流传千古的名句。

（齐深情诵读"予独爱……"一句）

2. 探究——走进刘禹锡的心灵深处

师：我们读懂了周敦颐和陶渊明，那么，现在，我们回过头去再看刘禹锡。我们重点讨论一个问题，你认为刘禹锡的人生选择是陶渊明式的呢，还是周敦颐式的？请大家注意不要空谈，扣紧诗文的关键字词来证明自己的观点。请先自由朗读一遍。

（生自由诵读）

生：我认为刘禹锡的选择是周敦颐式的。你看，他对自己陋室的评价是"斯是陋室，唯吾德馨"，他认为自己的品德是美好的，可以让陋室生辉。

师：你能够一下子就抓住关键词语"德馨"来思考，非常难得。但是，难道陶渊明的品德就不"馨"吗？

（众笑，生被问住了，不好意思地笑着坐下）

生：我认为刘禹锡的选择是陶渊明式的，你看他的居住环境"苔痕上阶绿，草色入帘青"，这不也是一种隐居的环境吗？

生：我不同意。刘禹锡的生活其实很丰富的，来来往往的都是博学的大儒，他还经常弹琴看书，这种生活是隐居的生活吗？

生：老师，这地方有点儿矛盾，既然鸿儒谈笑往来，地上怎么可以生青苔呢？矛盾的！（众笑）

生（急切地）：我还是认为刘禹锡的选择是陶渊明式的。请注意，他读的书是"金经"，金经就是佛经，金经有南华经……（众大笑），一个读佛经的人难道不是在隐居吗？

师：有意思！再深入一点点，为什么刘禹锡说自己是"调素琴"，而不是"弹古琴"呢？

生："调"更悠闲更随意，"素琴"说明他的生活是非常清苦的。

师：品得妙！这个"调"让我想起了那著名的"悠然见南山"的——

生：见！

师：对，异曲同工之妙。一样的闲适和自得。

生：我也觉得刘禹锡的选择是陶渊明式的选择，你看他的生活"无丝竹之乱耳，无案牍之劳形"，清静优雅，自由自在，不是隐居之人是什么？

生：他的生活并不清雅，"谈笑有鸿儒"就可以证明。一个隐居之人，还会和世俗间的读书人来往频繁吗？一个真正心灵幽静的人，还会拒绝和没有文化的老百姓来往吗？我们背诵的陶渊明的很多诗歌，他可都是把自己打扮成农民的样子啊。

师：有意思有意思！确实，陶渊明过的是真正的田园生活。他种豆南山下，草盛豆苗稀，他的思想，他的行为，包括他的文字，都有泥土的气息了。

生（急切地）：我坚决不同意刘禹锡的选择是陶渊明式的。你看，他以南阳诸葛庐和西蜀子云亭来比方自己的陋室。诸葛亮和杨子云都是历史上名声显赫的人物，一个在政治上建立奇功，一个在文学上很有造诣。看来，刘禹锡是希望自己也能像诸葛子云一样建功立业的。

师（惊喜地）：好！真知灼见！

生：还有，结尾点题句刘禹锡用的是孔子的名句。孔子是儒家主张建功立业的代表人物。这段时间班里读《论语》，孔子表扬颜回说"贤哉回也，一箪食，一瓢饮，在陋巷，人不堪其忧，回也不改其乐。贤哉回也"（在老师的提示下说完这个句子）。我想孔子更赞成周敦颐的人生选择，虽然身处逆境但是依旧要建功立业。刘禹锡引用孔子的话也应该是对自己的一种勉励。

生：对。老师讲过孔子是坚决主张入世的，他自己便是终生为实现政治理想在奋斗。刘禹锡引用他的话，可见是非常尊崇孔子的。他不可能去隐居。

师：有见解，活学活用，半学期的《论语》没有白读！大家注意到了结尾，为什么不同样注意一下开头呢？

（引导学生齐读开头两遍）

生（恍然大悟）：开头其实也证明了刘禹锡的选择其实是周敦颐式的。山不在高，有仙则名；水不在深，有龙则灵。他其实是把自己比成了仙和龙。

师：哦，只不过，是和诸葛亮一般的——

生：卧龙！（众笑）

生：一个把自己比作龙和仙的人会真正隐居吗？

生：还有，从这句话可以看出，刘禹锡并不安于寂寞，他希望自己的陋室能够"名"和"灵"，其实就是一开头就流露了自己要有所作为的想法。这也证明了刘禹锡的选择不会是陶渊明式的。

师：这就怪了，看来《陋室铭》中表达的东西有矛盾啊！

生（手举得老高）：老师，我觉得是不是这样的。刘禹锡他本来想表现的是一种安贫乐道、独善其身的生活状态，但是，他在不知不觉中又暴露了自己内心真实的想法。或者说，他当时过的的确是一种近似于隐居的生活，但是，他的心中却向往着建功立业，他从来没有放弃过建功立业的理想！

师：好一个"不知不觉"！这句话像一把解剖刀，就要把刘禹锡的精神世界祖露在我们面前。现在请大家看看《名校精练》之后关于刘禹锡写《陋室铭》的背景故事，谁来讲讲。

生：刘禹锡得罪了当朝的权贵，被贬到和州当通判。和州的知府姓策，他看到刘禹锡得罪了不少权臣，又不得势，就有意给他小鞋穿。按照当时的规定，通判应该住衙门里三间三厦的屋子，可策知州只在城南门给了刘禹锡三间小屋。这三间小屋面临大江，推窗便可看到浩瀚的江面，刘禹锡反倒十分高兴，并欣然在自己的房门上悬挂了这样一副对联："面对大江观白帆，身在和州思争辩。"这举动可气坏了策知州，他命令衙门的书丞将刘禹锡的房子由城南门调到城北门，面积由三间减小到一间半，想看看他如何再观白帆。这一间半小屋位于德胜河的边上，附近是一排排杨柳。刘禹锡看到这些景色，欣然命笔，又写了这样一副对联："杨柳青青江水平，人在历阳心在京。"仍旧在这一间半小屋里读他的诗，写他的文。策知州见刘禹锡仍不买他的账，连肺都快要气炸了。他和书丞商量了好久，便又在城中为刘禹锡选了一间仅能容一床一桌一椅的小屋，逼他搬家。半年时光，搬了三次家，刘禹锡想，这狗官也实在太不像话了，想捉弄我，我偏不买你的账，你要我愁，我偏乐，于是，就提笔写下了这篇《陋室铭》，并请大书法家柳公权书碑勒石，立于门前，以示"纪念"，一时轰动朝野。

师：讲得真生动！从这个故事中，你知道了吗，刘禹锡隐居没有？

生：他没有隐居，还在当官，只是被贬官了。他还住在城里。

师：那就有意思了！那刘禹锡在《陋室铭》中描绘的生活场景岂不是虚假的？

（生沉默，思考）

生：他这样写是为了回击权贵的压迫，表达一种绝不低头的志向。你越压迫我，我越要活得潇洒自得，你要我活得不像一个人，我越要活得像一个人。

生：《陋室铭》中的生活场景确实是经过了刘禹锡的夸张的。生活是现实的。城里的一间小屋，条件肯定很糟糕，来来往往的人也可能不会都那么高雅，环境也可能不会那么清幽，但是我认为，刘禹锡这样写不是造假，而是因为他的心。

师：分析得非常有见地。他的心如何？房子很狭窄，但是他的心——

生：很开阔。

师：房子很嘈杂，但是他的心——

生：很宁静。

师：生活很单调，但是他的心——

生：很饱满。

师：对了，同学们，这就是刘禹锡。他没有选择桃花源，他和周敦颐一样，在淤泥之中还在顽强乐观地生长。这个周的班级古诗积累，老师推荐了刘禹锡一系列的小诗，从"东边日出西边雨，道是无情却有情"到"请君莫奏前朝曲，听唱新翻杨柳枝"，老师是要让同学们感受刘禹锡是一个多么有生活情趣的人。以前我们还背诵过刘禹锡的《秋词》，一起来——

（生齐诵：自古逢秋悲寂寥，我言秋日胜春朝。晴空一鹤排云去，便引诗情到碧霄）

师：同学们，这更是刘禹锡，自然界的秋天在他的眼里尚且诗情盎然，他又怎么会躲到人生的秋天里去自怨自艾呢？

师：我们还背诵过刘禹锡的《酬乐天扬州初逢席上见赠》，其中有一个最著名的句子是沉舟——

生：沉舟侧畔千帆过，病树前头万木春。

师：同学们，吟诵着"病树前头万木春"刘禹锡怎么可能让一间小小陋室困住了自己高贵的心？就是这个刘禹锡，留下诗文 800 多篇，被称为中唐"诗豪"。就是这个刘禹锡，他一生辗转奔波于仕途，虽历经艰辛却痴心不改。就是这个刘禹锡，先后被贬到连州、和州、苏州，但每一个地方的老百姓都"因祸得福"，因为他深入民众，体察民情，勤廉守政，力行教育，为当地的发展作出了历史性的贡献。这样乐观豁达，这样富有生命活力的一个刘禹锡，怎么可能"清高自许""独善其身""隐居避世"呢？所以，同学们，《陋室铭》不是一个落魄文人郁郁不得志时的自我沉醉自我安慰，而是一篇特殊的战斗檄文。官场的险恶人情的冷暖并没有浇灭刘禹锡心中的战斗之火，他潇潇洒洒地提起笔，对炎凉世态坎坷仕途作出了最昂扬最诗意的回答。

师：同学们，暑假的时候，我们提前背诵了《岳阳楼记》。嗟夫，予尝求古仁人之心——

生（齐背诵）：不以物喜，不以己悲，居庙堂之高，则忧其民；处江湖之远，则忧其君。是进亦忧，退亦忧；然则何时而乐耶？其必曰：先天下之忧而忧，后天下之乐而乐欤！噫！微斯人，吾谁与归！

师：同学们，周敦颐、刘禹锡、范仲淹、苏轼都是这样的中国知识分子。孟子说，读书人要"达则兼济天下，穷则独善其身"，但范仲淹们，刘禹锡们超越了孟子。他们不以物喜，不以己悲，先天下之忧而忧，后天下之乐而乐，不管是居朝堂之高还是处江湖之远，他们都坚定执着，把兼济天下作为生命永远的崇高追求。老当益壮，宁移白首之心；穷且益坚，不堕青云之志。正如刘禹锡曾吟诵过的"天地英雄气，千秋尚凛然"，这群走在时代的风潮浪尖上绝不沉沦绝不逃避的文人们，乃是中国知识分子的筋骨和脊梁。最后，让我们怀着对刘禹锡周敦颐们更加深刻的理解和崇敬再次诵读《陋室铭》和《爱莲说》。

（在诵读中下课）

（二）诵读型文本教学代表作：《安塞腰鼓》

读出生命的存在、活跃和强盛

——《安塞腰鼓》教学实录

授课时间	2014 年 10 月 25 日
授课班级	青岛某中学学生
课型	诵读型文本
课堂特色	激情洋溢地自由诵读和别出心裁地语言品析

1. 感特色

（课前和学生交流。发现学生没有预习。和学生一起梳理了全课的字词）

师： 今天我们学习刘成章的《安塞腰鼓》。这是一篇有意思的文章。

【投影展示】

"腰鼓"是陕北各地广泛流传的一种民间鼓舞形式，尤以延安市的安塞县最为盛行，具有 2000 年以上的历史。独具魅力的安塞腰鼓像掀起在黄土地上的狂飙，展示出西北黄土高原农民朴素而豪放的性格，张扬出独特的艺术个性。安塞腰鼓表演可由几人或上千人一同进行，磅礴的气势，精湛的表现力令人陶醉，被称为"天下第一鼓"。

（生看。不读）

师： "天下第一鼓"！这荣誉了得！还有人评论道：

【投影展示】

表演起来有股能劲，挥槌有股狠劲，踢腿有股蛮劲，跳跃有股虎劲，转身有股猛劲，全身使出一股牛劲，看了叫人带劲，听了给人鼓劲，实实在在足劲！

（带领学生读）

师：刘成章自己说啊——

【投影展示】

刘成章是把散文当"诗歌"来写的，他的《安塞腰鼓》简直就是一首意蕴优美的散文诗。

——刘锡庆《我读刘成章》

师：像诗一样的作品，如何学？

生：朗读。（杂然）

师：对。咱们今天这节课啊，目标就是——

【投影展示】

享受朗读

（师板书。也请学生记录）

师：平时就敢于放声朗读的同学举个手。

（生面面相觑，只有三个同学勉强举手）

师：呵呵，可怜的孩子们。不爱朗读，害怕朗读就很难享受语文学习的极致的快乐啊。按照我的经验，不敢放声读啊，是因为大家心中有——

（师板书：束缚　羁绊　闭塞）

师：如果你"挣脱"这些"束缚"，"冲破"这些"羁绊"，"撞开"这些"闭塞"——

（师用语气引导学生在文中找这些词，用更重的字写"挣脱""冲破""撞开"，覆盖在"束缚""羁绊"和"闭塞"上）

师：哈哈，我的板书基本完成。王老师来抛砖引玉，先示范一下。有一种读，其实和技巧无关，和情怀有关。第一次朗读，我主读，同学们配合，好吗？

生：好！

（师分配任务。开头6段和结尾3段请一位主动举手的女孩儿读。只要出现"好一个安塞腰鼓"就全班齐读。中间出现"隆隆隆隆"的词语的段落全班同学用手击打桌面模拟打鼓一起读）

【投影展示】

大声读起来

读出你对文本的原初体会

读《安塞腰鼓》，我读出了……

（配雄壮的音乐。师生配合，大声诵读。孩子们还是不能完全放开）

师：读完了，感觉如何？

（生杂然）

师：舒服，非常舒服。反正我是把自己搞舒服了。我知道你们还没有完全舒服。待会儿老师会想办法让大家都在朗动中感受到舒服。先自由说说你们的初读感觉。读《安塞腰鼓》，我读出了……

（传话筒，让每一个孩子都发言）

生：安塞腰鼓是一种生命力的展现。

师：深刻！直通主题。

生：安塞腰鼓是黄土高原的精神象征。

师：一个比一个深刻！

生：安塞腰鼓中有一种对生活的热爱，我读到的是一种磅礴的激情。

师：你朗读时相当用心了。

生：我惊叹于安塞腰鼓的整齐宏大的气势，非常气派，非常震撼人心。

师：你的眼前有画面了。好！

生：安塞腰鼓敲得惊天动地，那是一种灵魂的呐喊。

师：打鼓人在喊什么？

生：冲出高原，走向世界。（众鼓掌）

……

师：我听大家发言，感觉你们理解主题是没有问题的。甚至你们已经超越了教参的分析。好的主题需要好的语言形式来承载。大家感受到了这篇文章在语言表达上的突出特点了吗？

生：排比！

师：对。排比这种修辞方法我们并不陌生。可是在《安塞腰鼓》中，刘成章对排比有了创造性地使用，非常精彩。现在我们来分小组进行第二次放声诵读，这次诵读的任务主要是感受《安塞腰鼓》的排比之美和排比之智慧。

【投影展示】

选择你们小组感兴趣的一组或者几组排比句设计朗读，然后放声尽情朗读，希望大家：

感受这些排比句的构成特点

感受这些排比句的用词特色

感受这些排比句和其他修辞方法的配合

感受这些排比句的其他奥妙

……

（生分小组进行准备朗读。老师巡视指导。五分钟左右）

2. 赏语言

师：准备好了吗？

生：准备好了！

（各组展示，各有高下。老师随机点评、激发、帮助、推进。教师特别注意扣紧排比句的读法启发学生）

师：很有进步，不少同学一定比刚才舒服了。（众笑）

师：是啊，课堂上把老师搞舒服是不够的。（众笑）得让每一个同学都舒服才是有意思的课。有不少同学心中的"束缚、羁绊、闭塞"，正在被"挣脱、冲破、撞开"，真好！大家刚才朗读的时候已经谈了部分排比句的问题。老师推进一步，帮助大家更好地理解啊。教大家一个好法子，如果要研究语言，最好的办法就是比较。
一比较，在比较中大声读，文字的美妙之处就出来了。

【投影展示】

> 一捶起来就
> 发狠了，
> 忘情了，
> 没命了！
> 百十个斜背响鼓的后生，
> 如百十块被强震不断击起的石头，
> 狂舞在你的面前。
> 骤雨一样，
> 是急促的鼓点；
> 旋风一样，
> 是飞扬的流苏；
> 乱蛙一样，
> 是蹦跳的脚步；
> 火花一样，
> 是闪射的瞳仁；
> 斗虎一样，
> 是强健的风姿。
> 黄土高原上，
> 爆出一场
> 多么壮阔、
> 多么豪放、
> 多么火烈
> 的舞蹈哇
> 安塞腰鼓！

师：这是非常精彩的一段。来，读。

（生豪气干云地读）

师：越来越有感觉了！如果老师把它变成这个样子呢？

【投影展示】

> 一捶起来就
> 发狠了！
> 百十个斜背响鼓的后生，
> 狂舞在你的面前。
> 鼓点急促；
> 流苏飞扬；
> 脚步蹦跳；
> 瞳仁闪射；
> 风姿强健。
> 黄土高原上，
> 爆出一场
> 多么壮阔
> 的舞蹈哇
> 安塞腰鼓！

（让生反复琢磨）

生：好像不如以前有气势了。

师：我希望听到更具体的分析。"气势"啊，"生动"啊，"形象"啊太笼统，全国的学生都特别会用，但就是不会具体分析。（众笑）

生：你看，"发狠了"很单调，但是"忘情了""没命了"感情就特别强烈。

师：仅仅是强烈吗？你读读。

（生动情读）

师：你读得很好，比你说得好。其实，三个句子，你用劲儿是不一样的。

生：我一个比一个读得重。想表达一种递进。

师：意思出来了，这组排比句呈现出——

生：感情的越来越强烈。"没命了"是一种顶峰状态。

师：做事啊，很多时候没有豁出去的精神，不要命的精神，还真做不好。"没命"是全部地拿出自己彻底地奔放自己的状态呢！来，读出递进。

（生动情读）

师：这叫递进式排比句。请旁批。

（学生笔记）

师：我再考考大家，请问，最后一节诗中老师对原文的变化是不是也可以用刚才的理论来解释。

生：好像……可以……

生："多么火烈"好像也比"多么壮阔"要显得雄壮。

师：是吗？

生：我觉得不是。"壮阔"是一种场面，"火烈"是一种氛围，"豪放"是——是——

师：对，"壮阔"是场面，大场面。"豪放"不一定。岳飞一人写"怒发冲冠"，我们也觉得豪放。苏轼一人念"大江东去"，我们觉得豪放。

生："豪放"更倾向于一种个性特质吧。是一种气势。

师："火烈"呢？可以用组词的方法。火——

生：热火朝天。

生：火热。

师：烈——

生：热烈。

生：烈焰。

师："火烈"更倾向于——

生：气氛。

师：有道理。加上"场面""气势""氛围"三个词语来读读。

（指导生大声朗读：场面壮阔、气势豪放、气氛火烈）

师：这叫做多角度修饰排比句。和刚才层层递进是不一样的。请旁批。

（生旁批）

师：还有发现吗？

生：我觉得第二部分的修改也不好。原文中有很多比喻，特别丰富，去掉了之后我们对安塞腰鼓的认识就没有那么全面了。

生：这些比喻也是从各个角度描绘了安塞腰鼓。比如"骤雨"让我感到腰鼓的迅疾，"乱蛙"让我好像看到腰鼓的活泼热闹。

师：热闹，他提到了声音，真有创见。

生："火花"，是光亮，他们的眼睛在发光。

生："旋风"是一种速度，也有声音。说明腰鼓的动作变幻非常迅速。

师：考考大家，用刚才的学习成果。同样都是动物，用"乱蛙"和"斗虎"各有什么侧重吗？

生："乱蛙"是活泼热闹，"斗虎"强调力量。

师：说得准确。可敬的孩子！

生：原文的句式也很美。

师：我们再来一次比较——

【投影展示】

改文：

急促的鼓点

像骤雨一样

飞扬的流苏

像旋风一样

蹦跳的脚步

像乱蛙一样

闪射的瞳仁

像火花一样

强健的风姿

像斗虎一样

（原文）

骤雨一样，

是急促的鼓点；

旋风一样，

是飞扬的流苏；

乱蛙一样，

是蹦跳的脚步；

火花一样，

是闪射的瞳仁；

斗虎一样，

是强健的风姿。

（组织学生用各种方法对比朗读）

生：作者没有用"像"，而用"是"，给人的感觉更肯定，更有力量。

生：作者把喻体放在前边，本体放在后边，这样喻体就特别有冲击力。

师：这位同学，语文专业术语用得准确！点赞！

师：你看，稍微一变化，语言的表现力就出来了。多姿的句式也是作者的一种创造呢。再考考大家，更难的。老师在第一次读《安塞腰鼓》时就发现一个句子有问题，后来再读，更是确定。所以，我就做了这样一个改变——

【投影展示】

原文：

隆隆隆隆的豪壮的抒情，

隆隆隆隆的严峻的思索，

隆隆隆隆的犁尖翻起的杂着草根的土浪，

隆隆隆隆的阵痛的发生和排解……

改文：

隆隆隆隆的犁尖翻起的阵痛，

> 隆隆隆隆的严峻的思索，
>
> 隆隆隆隆的豪壮的抒情，
>
> 隆隆隆隆的痛苦的释放和升华……

（组织学生朗读）

师：当然，你可以不同意王老师的修改。但老师希望你想想，老师为什么要这样改呢？

（生沉默）

师：这是一个比较难的话题，可能我们很多老师也不一定注意到呢。同学们，学习语文，如果遇到难题，有一个非常管用的办法。你不懂，就——

生：反复读。

师：好聪明。对，朗读啊。反反复复朗读，慢慢就懂了。来……

（组织学生以各种形式读，句子对比读，短语对比读，词语对比读）

生：哦，我好像懂了。"抒情""思维""阵痛"好像和"土浪"不是同一类词语。前面好像是表达感情的，后面是，是——

师："土浪"是写实，"抒情"等是写——

生：写虚。

师：聪明！在正常情况下，作者会先写实，后写虚，或者先写虚，后写实，一般不会混杂在一起写。你看看，老师改了之后，是不是脉络更清楚了呢？

生：哦！是这样的，是这样的！

师：你也可以不同意，自己再去琢磨一下啊。老师想告诉大家的是：咱们任何时候都不能跪着读书。要有自己的独立思考，不管这个作品多优秀。

师：好，我们现在总结一下，《安塞腰鼓》的语言啊，也是一个好啊！

【投影展示】

好个《安塞腰鼓》中的排比

让词与词去排比

让句与句去排比

让段与段去排比

灵动的排比啊
排比中
层层在递进
排比里
多角来辐射
动静巧结合
虚实更相生
丰富的排比啊

排比中有比喻
排比中有反复
排比中有对比
排比中有引用
排比中更有妙词
斑斓的排比啊

容不得束缚
容不得羁绊
容不得闭塞
是挣脱了
冲破了
撞开了
的那么一股
汉语的劲

神奇的中文
智慧的组合
好一场精彩的安塞腰鼓啊
好一次深情的语言的创新

（生动情朗读）

师： 刘成章这样介绍自己的创作。他说——

【投影展示】

　　……我动笔时的思维处于一种自由状态、沸腾状态，几乎像风一样自由、水一样沸腾。这状态太重要了。我体会，作家必须敏感于这种状态出现的时机，并奋力抓住。抓住它，就等于抓住了自己最高质量的心血。如果错过它，比方让我三五年后或者现在再写《安塞腰鼓》，那是断然写不出来的。

——刘成章谈《安塞腰鼓》的创作

（老师声情并茂读前几句）

师： 孩子们，那就让我们进入自由状态，沸腾的状态，像风一样自由，水一样沸腾，再读吧！

【投影展示】

愈捶愈烈！

痛苦和欢乐，

生活和梦幻，

摆脱和追求，

都在这舞姿和鼓点中，

交织！

旋转！

凝聚！

奔突！

辐射！

翻飞！

升华！

人，成了茫茫一片；

声，成了茫茫一片……

（组织学生朗读。这是很重要的一次朗读提升指导。要在以下几个方面用力：

①重读"捶""烈";②赋予汉字表情,"梦幻""生活"等词要充满憧憬地笑着读,"痛苦"一类词要配合以痛苦的表情;③几个词语排比要分类层层递进地读;④"升华"之后三秒停顿再读;⑤"茫茫一片"要读得渐轻渐无。老师示范读,学生个人示范读,齐读,反复读,让学生在这个阶段读出最好的状态,读出课堂的高潮)

参加半程马拉松

3. 悟主题

师:刘成章写《安塞腰鼓》啊,他当时的目的是很明确的。他就是要讴歌改革开放带给黄土高原的变化。

【投影展示】

关于《安塞腰鼓》(刘成章)

我在陕北生活多年。陕北以她的山河五谷养育了我,我在陕北发现了无数闪闪发光夺人魂魄的人类美质,因此当我决定此生以写作为业的时候,我就立誓,要长时间地写陕北,要把陕北那些令人感动的地方统统挖掘在世人面前。而在写《安塞腰鼓》之前,我已接连写了好几篇颇有影响的文章。这些文章不但使陕北骄傲地在新时期美的视野中踏出一方天地,而且都贯穿着一条红线,那就是讴歌改革开放。那个时期,我满脑子都是改革开放。因为天地的巨大变化给我个人和国家都带来了希望，我对改革开放充满了热情。

师： 但是，优秀的作品是一定有穿越的力量的。现在改革开放已经三十多年了，我们，很多读者，不管是不是黄土高原的人，读到《安塞腰鼓》还是会热血沸腾，连"敲不得这样的腰鼓"的如"易碎的玻璃"的"多水"的江南人也喜欢。这就是杰出作品的魅力！孩子们，这么动人的安塞腰鼓，你想邀请谁一起去看。

【投影展示】
这样的震撼人心的安塞腰鼓，你想邀请谁去看，你想告诉他什么……
请你用朗读先为他描绘安塞腰鼓的场景吧……

生： 我想邀请我的同学和我一起去看，我想告诉他：活着，就要活得痛快，活出激情，要有安塞腰鼓的那股劲儿，不要老在期中考试失败的阴霾中徘徊。
（生动情朗读一段。生鼓掌）
生： 我想和我的爸爸妈妈一起去看。我要告诉他们：请他们放心，我的生命，也将是一曲痛快淋漓的安塞腰鼓。
（生动情朗读一段。生鼓掌）
生： 我想请我的姨妈去看，她得了乳腺癌。我想告诉她：我们不能是易碎的玻璃，要坚强。我们一定也可以释放出奇伟磅礴的能量战胜疾病。
（生动情诵读。众鼓掌）
生： 我想和我的哥哥一起去看安塞腰鼓，我还决定一定要去一趟黄土高原。哥哥今年就要参加中考了，我想陪伴他一起去高原寻找一种严峻的思索。
（生动情诵读）
……
师： 老师也想邀请每一个同学一起去看安塞腰鼓，也想读一段儿给大家。请看书，刘成章说，黄土高原啊，你生养了这些元气淋漓的后生。咱们这儿是……
生： 齐鲁大地。

【投影展示】

> 齐鲁大地啊
> 你生养了我们这些
> 元气淋漓的少年
> 我们
> 一定能承受
> 如此惊心动魄的搏击!

（生读）

师：捶打这腰鼓啊！把它想象成你的一张考试失败的试卷，把这腰鼓想象成一个巨大的困难，狠狠地锤打啊，把"后生"变为"我们"，再读——

【投影展示】

> 我们的胳膊、腿、全身，
> 有力地搏击着，
> 疾速地搏击着，
> 大起大落地搏击着。
> 生活啊
> 它震撼着我们，
> 烧灼着我们，
> 威逼着我们。
>
> 它使我们
> 从来没有如此鲜明地感受到
> 生命的
> 存在、活跃和强盛。
> 它使我们惊异于
> 自己年轻的躯体，
> 居然可以释放出

那么奇伟磅礴的能量！

（生大声朗读）

师：啊，孩子们，出来了，感觉出来了。你感受到了吗？这不是腰鼓的问题，这是生命的——

（师重重板书：生命的存在、活跃和强盛）

师：祝愿山东的孩子们，永远拥有存在、活跃、强盛的生命！

（在热烈的掌声中下课）

（三）语用型文本教学代表作：《紫藤萝瀑布》

理性地析 深情地悟

—— 《紫藤萝瀑布》课堂实录

上课时间	2015 年 10 月 25 日
上课地点	山东济南第七届名家人文高端论坛会场
授课学生	山东师范大学附属中学初一年级学生
文本类型	语用型文本
课堂特色	聚焦语用，看篇看段看句看词看意

1. 读法介绍

师：孩子们，请站起来面向我们的老师，让老师认识一下你们，表达老师对同学们的感谢。今天是周末，你们放弃休息时间和我们一起来进行教学研讨，老师们很感恩。

师（面向老师）：请老师跟我们的同学问个好！同学们也向老师问个好。

（全场热烈的掌声）

生：老师好。

师：今天我们学习散文名篇《紫藤萝瀑布》。题目五个字有两个字特别容易写错，那个小男孩请你上来，拿着粉笔写藤萝的"藤"，不许偷看哦。再来第二个同学，你来写宗璞的"璞"。打开课堂练习本，每个同学都写写。

（生写）

师：好，谢谢。两个孩子的书写都漂亮，但是我就知道一定会出问题的。大家看，哪个字出问题了？发现了吗？你来改错。就写在旁边，把错的圈出来。写大点，放大，好，谢谢你，你是我们的小老师。下次不能再错了，"藤"字下面有同学经常写成"马"字，再写一遍，动笔。

（生写）

【投影展示】

宗璞，原名冯钟璞，女，1928 年出生，常用笔名宗璞。著名哲学家冯友兰之女。当代作家。代表作品有短篇小说《红豆》，系列长篇《南渡记》和散文《紫藤萝瀑布》等。荣获第六届茅盾文学奖。其各类创作都深受瞩目。

师：我们先做点笔记啊，这是一篇咏物抒情的散文。

【投影展示】

咏物抒情散文
托物寓意
借物抒情

师：大家把书打开。这一类的语文专用名词我们经常会遇到，请在题目的旁边旁批"咏物抒情"。我们经常说"托物寓意""借物抒情"等是一个意思。人是万物之灵，人要表达对人间万象的情怀，他就要抒发感情，但是直接抒发感情就不够"文学"，所以很多时候我们需要通过"物"把一个个独立的个体"我"的感受抒发出来。那么这种文章挺难写的，它的难处在哪里呢？就在于需要把"我"还有"物"还有"情"三者非常好地融为一体。

（师板书："我""物""情"三者之间的融入关系）

师：一篇借物抒情的好文章啊，用《紫藤萝瀑布》的开头和结尾的说法，就是这样的——

【投影展示】

　　　　　　　初读，不由得让人停住了脚步
　　　　　　　读完，不觉得让人加快了脚步

（生读）

　　师：这就是好文章的魅力。《紫藤萝瀑布》就是这样的好文章，它是宗璞托物抒情散文的巅峰之作，很有代表性。宗璞自己这样评价——

【投影展示】

我的写景抒情散文追求

　　美文不在辞藻，如美人不在衣饰，而在天真烂漫舒卷自然之中，匠心存矣。

　　　　　　　　　　　　　　　　　　　　——宗璞《丁香结》代后记

　　师：今天我们尝试一种新读法来读出这个"匠心"——

【投影展示】

通过读一篇文章

　　　　　感受一位作家在这类文章上的创作风格

【投影展示】

　　　　　　　　　　看篇
　　　　　　　　　　看段
　　　　　　　　　　看句
　　　　　　　　　　看词

　　师：任何一篇这样的精短散文放在我们面前，我们都可以用这种方法。先宏观看它在篇章结构上的匠心，叫做看篇。然后我们中观看，看什么？看它的一个个段落是怎么展开的，接着我们可以看它的句子的独特之处，最后我们还可以微观地去看词。这样看，就能看出"这一篇"这一位"作者"的独特之处。同学们来读读这种方法。

（生读）

2. 看篇

师：现在我们开始学习。我们做的第一件事情是"看篇"。请把书打开，咱们把课文读一遍，你初步感受一下它在整体篇章上的那种美。

（鼓励组织学生配乐朗读）

师：谢谢四个小姑娘甜美优雅的声音，还有你们的勇气，请坐。我们先看这篇经典散文的开头和结尾，来，孩子们，再读这个开头，预备，起——

生：我不由得停住了脚步。

师：再读这个结尾，预备，起——

生：我不觉加快了脚步。

师：大家点评一下这个开头和结尾。

生：这个开头结尾是互相呼应的，开头写停住了脚步，结尾写加快脚步。

师：你能再从另外一个角度谈谈吗？如果我改成下面的表达——

【投影展示】

我停住了脚步
我加快了脚步

（组织生读）

师：这样好吗？你说，小姑娘。

生：我觉得这个样子没有之前的那个样子好。这样写就不生动了。

师："生动"这个词语用得不太恰当，能不能换一个词语？"不由得""不觉得"到底写出了什么？不要随随便便用"生动"这个词语，不能轻率地用。

（女孩儿迟疑）

师：她有疑问，那个男孩子，你起来说。

生：这个"不由得"和"不觉"写出了作者被紫藤萝瀑布吸引了。

师：怎么样地吸引？

生：就是被紫藤萝瀑布壮观的景象深深地吸引了。

生：这个"不由得"写出了当看到美景后那种被征服被迷住了的感觉。我"不觉得加快了脚步"中的"不觉"是不由自主地加快了脚步。可见紫藤萝非常美，给作者的震撼很大，影响力很大。

师：对，不知不觉中作者的精神状态就发生了变化。这样分析就比"生动"翔实多了。老师做一个总结，孩子们。这样的短文，1000多字，对我们的写作有很大的启发。我经常看到我的学生，开头连篇累牍，结尾无限拔高，开头结尾总要用很多貌似优美的语句去堆砌。其实有一种写法就叫"紫藤萝瀑布"，那么简单，但是又是那么的能够抓住人。好，记笔记，这是技巧一。

【投影展示】

技巧一：精致简洁的首尾呼应

师：请旁批，我的建议就批在书上第一段或者结尾。如此方法，简单可学。宗璞可以这样做。我们也可也这样做。

（生记笔记）

师：好了。我们继续看篇。写托物抒情这类文章特别难的就是怎样在文章中把"我"这个主体和我观察到的"物"及我要抒发的"情"巧妙地融为一体。就是你怎么去安排这三方面的内容？孩子们找找，在文中写"我"的行踪"我"的动作的句子，给它画出来。你看看"我"在哪里？找到一处请举手。

生：从这句可以看出来，每一朵盛开的花就像是一个小小的张满了的帆，帆下带着尖底的舱，船舱鼓鼓的，又像是一个忍俊不禁的笑容，就要绽开似的，那里装的是什么仙露琼浆？我凑上去，想摘一朵。

师：太多了，把你刚才说的浓缩一下。我的行为是什么？重来。冗杂的全部去掉。

生："我凑上去，想摘一朵"。

师：好，请勾画下来。我的行为，继续，冗杂的全部去掉。

生：我觉得还有，第十自然段，"我抚摸了一下那小小的紫色的花舱"。

师：抚摸，真好，还有吗？

生：我找到的是第七段的，"我只是伫立凝望"。

师：伫立凝望，圈出来。还有吗？我的行踪，我的行为，开头读，预备，

起——

　　生："我不由得停住了脚步"。

　　师：勾出来，最后，结尾，预备——起。

　　生：我不觉加快了脚步。

　　……

　　师：宗璞教了大家一个重要的方法，在组织这样的托物抒情的散文当中如何安顿"我"？不能太多，不能太显，而是断断续续地不断地若隐若现地穿插，孩子们，我们来读——

【投影展示】

　　　　　我不由得停住了脚步。

　　　　　（我）从未见过开得这样盛的藤萝……

　　　　　我凑上去，想摘一朵……

　　　　　但是我没有摘……

　　　　　我只是伫立凝望……

　　　　　我沉浸在这繁密的花朵的光辉中……

　　　　　我忽然记起十多年前家门外也曾有过一大株紫藤萝……

　　　　　我曾遗憾地想：这里再也看不见藤萝花了……

　　　　　过了这么多年，（我看见）藤萝又开花了……

　　　　　我抚摸了一下那小小的紫色的花舱……

　　　　　我不觉加快了脚步。

（组织生读）

　　师：有点感觉吗，孩子们？托物抒情的文章如何安置"我""物"还有"情"，宗璞教给我们一种方法，读——

【投影展示】

　　　　　　　　技巧二：浑然天成的"人""物"穿插

　　师：学会这种方法，写作文的时候，不要把"我"搞丢了，同时又不能让"我"

把"物"和"情"给遮蔽了。非常棒，知道记笔记了。旁批。

师：咱们继续研究。宗璞特别难的是，一千多字的文章，文字有限，情感丰富，怎么办？作者写的时候，就必须穿越。从当下穿越到过去，这样写，文章的内容才会更饱满。但是问题就出来了，如何穿越？宗璞她怎么处理"现在""此刻"和"当下"？这三者该如何衔接，这里面有一种特别重要的写作技巧，咱们读书，考考大家，你琢磨这其中的妙点在哪里？预备起——

【投影展示】

穿越过去：

　　这里除了光彩，还有淡淡的芳香，香气似乎也是浅紫色的，梦幻一般轻轻地笼罩着我。忽然记起十多年前家门外也曾有过一大株紫藤萝。

师：淡淡的芳香让作者沉醉了，但是孩子们，你们的朗读里没有一点点芳香。你要通过诵读，真的走到宗璞发现那一株紫藤萝的特殊的情境里去。声音稍微高，速度稍微慢，把那种抽象的淡淡的芳香通过你的朗读表现出来，你似乎闻到了，也陶醉了。好，预备起——

（生读，很有进步）

师：有一点小小的进步。同学们把"淡淡的芳香"处理得有点意思了。如果宗璞在那儿看花，直接写"我突然记起"就很生硬。高明的作家她会特别自然地过渡。你发现了吗？宗璞使用什么样的词语完成了这个过渡？她要穿越到十多年前了，哪个词语？你说——

生：我觉得是从"忽然"这一个词语。

师：仅仅"忽然"的话也还特别生硬。她需要在"忽然"面前做点铺垫，得让我们读者感觉这是自然而然的。

生：我觉得是"笼罩"吧！

师：他有不同的意见，你来补充。

生：我觉得是"梦幻"，就感觉好像在梦境中一样。

师：由"芳香"而有了"梦幻"。在"梦幻"当中我们穿越就是自然而然的事对吗？小姑娘，你觉得是他说得好还是你说得好？

生：他说得好。"梦幻"就自然而然过渡到了过去。

师：心服口服是吧？好谦逊的孩子。这个小男生在你的基础上往前走了一步。他很敏锐。那么作者是怎么回来的呢？穿越过去还得穿越回来，回到现实当中，我们同学们写作文，有时候就回不来了。读——

【投影展示】

过了这么多年，藤萝又开花了，而且开得这样盛，这样密……

师：怎么穿越回来了？哪个词语标志着穿越回来了？

生：是"又"字。

师：很好，孩子们，请注意这些小小的细节。一篇文章的安排是不是浑然天成的，往往就在于这些细节。刚才发言中能感觉到"梦幻"的男孩子你起来，因为你挺有深度的。老师奖励你，请你为大家朗读。（众笑）请把话筒给他。你把那种"梦幻"的感觉，"穿越"的感觉为同学们读出来。

（生深情读）

师：请穿越回来。

（生深情读）

师：非常喜欢他！因为他在重音处理上有清晰地认识。孩子们，向他学习，像他一样读书。预备，起——

（指导学生再次朗读，评价朗读）

师：好，我们做一个阶段性的总结啊，这种痕迹不露的谋篇布局的匠心就叫做穿越，请在"梦幻"旁边旁批。

【投影展示】

技巧三：痕迹不露的时空穿越

师：同学们，平时我们写大作文也就是七八百字，怎么让我们的作文丰富充实，有时往往要在"当下""过去""未来"之间穿插内容，这其中是有技巧的。宗璞是特别好的一个榜样。这个知识点我们学完了，还有一点特别重要的，同学们再看这个图（指着黑板上的板书），写托物抒情的文章写"我"不是最难的，抒情也不难，难的是什么？难的是如何自然而然进入抒情。这个法子，我看我自己教的孩子到了初二初三也不会，他们总是生硬地写"我突然想到什么"，写得很笨。《紫藤萝瀑布》是最好的典范文本。我们看看从"物"到"情"如何自然地升华？——预备，读。

【投影展示】

我只是伫立凝望，觉得这一条紫藤萝瀑布不只在我眼前，也在我心上缓缓流过。流着流着，它带走了这些时一直压在我心上的焦虑和悲痛，那是关于生死谜、手足情的……

（生读）

师：比刚才读得好，但朗读的表情还没有。我们要努力走入紫藤萝那片花的世界和宗璞心灵的世界。我们读书声音太小，自信力不够。我们要敢于把我们班的声音给亮出来。深吸一口气！诵读是最好的历练。再看第二段，预备，起——

【投影展示】

过了这么多年，藤萝又开花了，而且开得这样盛，这样密，紫色的瀑布遮住了粗壮的盘虬卧龙般的枝干，不断地流着，流着，流向人的心底……

师：有进步。继续，预备，起——

【投影展示】

花和人都会遇到各种各样的不幸，但是生命的长河是无止境的……

师：好，读得有些感情了。你们发现没有，这几段文字，宗璞已经在悄悄地由"物"和"人"向"情"过渡了。为了避免过于生硬，她都用相同的词语来实现这样的过渡，有没有同学发现啊？第三排那名女同学。

生：我觉得应该是"流着流着"。

师：真好。同学们注意啊，我们说一条河在流，看得见吗？

生：看得见。

师：一条瀑布在流看得见吗？看得见。但是我说这条河流着流着，流向人的心底，你看得见吗？这其实是作者的——

生：一种想象。

师：孩子们，宗璞老师教给大家一种最重要的方法就是：本来是实写，我要抒情了，需要来一个过渡，于是我就从实写到虚写。这个方法很有意思。这需要一定的文学底蕴，但是这个技巧同学们一定要记住。由实到虚的自然升华，流着流着，流向人的心底；花开了，开在我的眼前，也开在我的心底；我听到了花开的声音，在我的眼前，在自然就中，更开在了我的心房中；我听到小雨滴在地上滴答滴答的声音，我也听到了一曲美妙的乐曲在我的心中轻轻奏响……孩子们，这都叫由实写到虚写。

师：刚才那个小姑娘，你真有思想，奖励你为大家读这几段。读出你的最高水平，一流的文字配得上你一流的朗读。来。

（生动情朗读，全场掌声。）

师：真好，有进步。全班同学一起来。预备，起——

（生动情齐读。）

师：孩子们，一个"流着流着"，就把宗璞的那些情那些意流淌出来了，好自然，不着痕迹啊。孩子们，刚才我们做的事就叫做"看篇"。看一个作家整体上怎么组织一篇文章。我们一起来总结一下，预备，起——

【投影展示】

看篇

技巧一：精致简洁的首尾呼应

技巧二：浑然天成的"人""物"穿插

技巧三：痕迹不露的时空穿越

技巧四：由"实"向"虚"的自然升华

师：一篇文章见功力，等你们读了高中，读了大学你还可以继续研究，它中间其实还有很多的技巧，"看篇"还可以看到更丰富的东西。

小时候和妈妈在一起

3. 看段

师：咱们现在"看段"。请大家把书合上，暂时不看书。《紫藤萝瀑布》的好段比比皆是，比如这段——

【投影展示】

从未见过开得这样盛的藤萝

那深深浅浅的紫

仿佛在流动

在欢笑

在不停地生长

每一朵紫花中最浅淡的部分

在和阳光互相挑逗

紫色的大条幅上

泛着点点银光

就像迸溅的水花

而那一片辉煌的淡紫色

像一条瀑布
从空中垂下
不见其发端
也不见其终极

师：现在开始自由背诵。大声读！大声背！

（生自由背诵）

师：你们就这样背下去了，有话说吗？有问题吗？

（生沉默）

师：他有话说，他坐在角落里，但是他的思维很活跃，像一轮挡不住光芒的小太阳。

生：我觉得这个段落句子的顺序不对，背起来不舒服。

师：哦，他发现了，大家发现了没有？请把书打开。原来老师给大家的语段顺序跟书上的不一样，书中的顺序是这样的。来，我们一起读——声音要响亮。

【投影展示】

从未见过开得这样盛的藤萝
只见一片辉煌的淡紫色
像一条瀑布
从空中垂下
不见其发端
也不见其终极
只是深深浅浅的紫
仿佛在流动
在欢笑
在不停地生长
紫色的大条幅上
泛着点点银光
就像迸溅的水花

仔细看时

才知道那是每一朵紫花中最浅淡的部分

在和阳光互相挑逗

（生读）

师：我只是把个别句子变换了一下顺序，不也可以吗？你怎么看？元芳，你怎么看？（众笑）可能有同学觉得好像也差不多啊。

生：如果把句子打乱的话，连贯性不强了，就读不出作者要表达的那种心情。

师：追问一句，小姑娘，你觉得宗璞的表达特别有连贯性，你需要就作者的思路做一个具体的说明。而不是一个概括的评价，你发现作者是怎么做的呢？

生：她写作时按照从上到下的顺序。先写瀑布从空中垂下，再往下写花朵的样子。

师：从上到下，那上面就没花朵了？你这个表述还不太严密，对不对，你愿意自己调整吗？不是从上到下，而是——

生：从全部到局部，先从整体看，再看到每一朵花的样子。

师：从整体到局部。真好！大家理解吗？再读——（师指着关键句子）

生读：只见一片辉煌的淡紫色。

师：然后写到这片辉煌的淡紫色中深深浅浅的紫，读——

生读：只见深深浅浅的紫。

师：然后继续写这深深浅浅的紫当中的点点银光。这就是从整体到局部。原来宗璞是这样安排一个段落的。这就叫"看段"，看这个段落的语句如何组织，如何一步步展开。我们再往前走一步，孩子们，不准看书。

【投影展示】

都是上面的盛开、下面的待放。颜色便上浅下深，好像那紫色沉淀下来了，沉淀在最嫩最小的花苞里。

就像是一个张满了的帆，帆下带着尖底的舱，船舱鼓鼓的；又像一个忍俊不禁的笑容，就要绽放似的。那里装的什么仙露琼浆？我凑上去，想摘一朵。

师：咱们先读。

（生动情朗读）

师：这两段文字，描写的对象是不一样的。有没有机敏的善于动脑筋的同学不看书也发现。宗璞镜头对准的东西是不一样的。只有两个同学发现了吗，不够。离我最远的小女孩，请你说，谢谢你啊。

生：一开始写的是整一串花，后面写的是一朵花。

师：真好，一句话，非常精准，"每一穗花"和"每一朵花"。这就是段落展开的奥妙。来，先记笔记。

【投影展示】

技巧一：整体到局部的有序展开

师：你怎么展开一个段落，你要有清晰的意识，你要有如何安排你的段落的逻辑关系的思考，宗璞做得真好。有时候我们的文章写不长写不饱满，就是因为我们没有这样的思维过程。来，把我们的感受再次通过朗读传递出来。

【投影展示】

每一穗花

都是上面的盛开、下面的待放。颜色便上浅下深，好像那紫色沉淀下来了，沉淀在最嫩最小的花苞里。

每一朵盛开的花

就像是一个张满了的帆，帆下带着尖底的舱，船舱鼓鼓的；又像一个忍俊不禁的笑容，就要绽放似的。那里装的什么仙露琼浆？我凑上去，想摘一朵。

（组织生朗读）

师：真好，请把话筒给刚才那个女同学，我们奖励她读一段，因为她分析问题的能力特别强！（众笑）

（生动情读）

师：声音很好听，所有的女孩子看着我，我提一个建议；我发现这个小女孩读书的时候用了情，但是还不够。你读的是一朵绽放笑容的花，但是你的脸上是没有笑容的。所有的小姑娘记住了，什么是小姑娘最美的化妆品？那就是笑容。一个女孩子没有习惯笑，没有习惯时时刻刻向这个世界绽放笑容，哪怕她长得国色天香倾国倾城，也还是不够美丽。所以小姑娘们，学会笑。（众笑）

师：好了，做个总结，刚才我们是在看什么，孩子们？

生：看段。

师：看段，看一个高明的作家是如何把段落展开的。我们只讲了一个技巧，这个技巧就会让你受益终生。

【投影展示】

看段落展开的奥妙

技巧二：整体到局部的有序展开

4. 看句

师：我们现在看句。《紫藤萝瀑布》中的每一个句子都是那么的漂亮，漂亮得王老师都不舍得讲。真正好的语言，一讲可能味道就没了。所以一定要读。请选择屏幕上语段中的一个你最喜欢的句子马上朗读，马上背下来，把你自己最深的赞美送进诵读里去。开始。

【投影展示】

从未见过开得这样盛的藤萝

只见一片辉煌的淡紫色

像一条瀑布

从空中垂下

不见其发端

也不见其终极

只是深深浅浅的紫

仿佛在流动

在欢笑
在不停地生长
紫色的大条幅上
泛着点点银光
就像迸溅的水花
仔细看时
才知道那是每一朵紫花中最浅淡的部分
在和阳光互相挑逗

（生自由读背，老师随机请学生读背点评）

师：小伙子，你来，选择其中一个句子，读和背都可以啊。

生背："从未看过开得这样盛的藤萝"。

师：就这一句，这个句子什么地方迷住了你啊？

生：老师，我觉得主要是"开得这样盛的藤萝"，"这样盛"很生动。

师：你是否看到了文字后面藏着一双惊奇的眼睛，因为美而惊奇，文字中有画面，真好！

生：给我感受最深的是：紫色的大条幅上，泛着点点银光。一个"大条幅"就写出了紫藤萝瀑布的绵延，然给人一种很漂亮的感觉。然后"泛着点点银光"就更很生动地写出了每一段紫花中最浅淡的部分最漂亮，

师：小姑娘，你用了两个"漂亮"，我帮帮你的忙你的表达会更漂亮，你换一个词语。一片辉煌的淡紫色写出紫藤萝花的什么？咱们不用"漂亮"这个词，"漂亮"是半无能词语，"美丽"也是半无能词语。在我的学生作文中，一定要注意少用或者不用这些半无能词语。"一片辉煌的淡紫色"写出了紫藤萝的什么？不准用"漂亮"。

生：很壮观。

师：很好。气势的壮观，漂亮中的壮观美，真好。我再考你，也不准用"漂亮"，"那一片深深浅浅的紫，仿佛在流动，在欢笑"，写出了什么？你先读这个句子。

（生读这个句子）

师：写出了什么？不用"漂亮"。

生：茂盛的生命力。

师："生命力茂盛"属于三分之二无能词语，再换换。（众笑）

师：全班同学一起来帮助她，她一定有这个判断力。只是平时没有受过这方面的训练。只见"深深浅浅的紫"，预备起——

（生齐读）

生：我觉得是灵动。

生：有一种快乐幸福在里边。

师：活泼、灵动、幸福、生命力旺盛，这些词语在这个语言情景中都比"漂亮"更准确。孩子，今天王老师跟你这次对话，请记住了，以后作文中慎用"美丽、漂亮、善良"等半无能词语。不用，也让读者感受到了"美丽、漂亮、善良"，这才厉害。

师：我觉得我们班特别适合学习《紫藤萝瀑布》，我觉得你们小小的心灵还不够有那种"我要开花"的热烈。再来读，声音更洪亮一些。

（生洪亮齐读）

师：我数了一下，有五个小姑娘在笑，她们在读的时候，眼神是闪闪发光的，脸上的表情是丰富的生动的。大部分同学的表情好像"僵尸脸"哟。（众笑）我觉得每个孩子都有义务美丽这个世界，每个女孩子都应该成为笑靥如花的绝色佳人。这藤萝啊，让我想起了李白的那首诗啊——也是写瀑布的，李白的《望庐山瀑布》，一起背。

（生背诵）

师：有七个孩子有一点点笑容了。其他的同学的表情还是很"僵尸"，李白的这首诗这么好，你们怎么能用这样的语调和表情来读呢？重来！声音大！

（生再读，有进步了）

师：我们如果都不被自然感动，不被如此壮观奇美的瀑布感动，那么孩子们，我们就迟钝了麻木了，未老先衰了。你们肯定不同意，那好，我们再来读。

（生读，感情充沛多了）

师：刚才我们用的是联读的方法，你可以感受到藤萝和瀑布还真有相似之处。这种方法，在阅读的时候你也可以用。还有一种方法，叫比读。不准看书，我们跟宗璞PK一下，如果你来填，你会怎么填呢？争取比宗璞还要好，小伙子，你来试试。

【投影展示】

花朵儿一串挨着一串，一朵接着一朵，彼此＿＿＿着＿＿＿着，好不活泼热闹！
"我在开花！"它们在＿＿＿。
"我在开花！"它们＿＿＿＿。

生：花朵一串儿挨着一串，彼此——（沉默）

师：不会了，崔颢题诗在上头，彼此傻着愣着僵着了……（众笑）

生：花朵儿一串挨着一串，一朵接着一朵，彼此挨着抱着……

生：不雅观。（众笑）

生：不够欢乐。

师：继续啊，难住了，你来——

生：花朵一串挨着一串，一朵接着一朵，彼此挤着推着好不活泼热闹。

师：原文跟你差不多。你不翻书，看来你跟宗璞的想法是一样的。

生：花朵一串挨着一串，一朵接着一朵，彼此笑着乐着，好不活泼热闹。

师：彼此笑着乐着，后面已经有笑了。你自己判断是宗璞好呢还是你好呢？

生：还是宗璞好。我这样就重复了。

师：好的文学作品安放在这个句子当中最精准的词语就只有一个，我不知道宗璞的这个词语是不是最精准的，但是我觉得很难换。我们现在读，读好啊！预备，起——

（生齐读。没有感觉）

师：咱们班读得太差了，这么好的句子都给读死了。起立，我们用抢读的方式，这边三组为一个团队，那边三组为一个团队。这边三组的同学，先读"花朵一串挨着一串"，这边三组的同学，他们读完"花朵"你们再读。好不好？预备，起——

（生读，读着读着就没有"抢"了）

师：怎么就整齐了？我知道你们习惯整齐。但是现在众多花儿不会那么整齐的。它们在嚷嚷在闹呢，乱得很。重来——我们要把自己变成花，而且只有四岁的幼龄，这样小的花在开放，在笑，在活泼，在推着，挤着，是个什么状态？第一组，不要被他们赶上了，要是又被他们赶上了，你就是死花了。（众笑）来，花朵儿，预备——起。

（生抢读）

师：有点意思了。我起码看见这两个小男孩脸上出现了难得一见的笑容。这就像孩子，初一的孩子多大啊，就是十二三岁，搞得那么老成干什么啊？你们是最能读懂宗璞笔下紫藤萝的小男孩，你们的笑容让我感觉咱们班还有希望。谁觉得自己童心未失，理解这些好句子就再来读一下——

（一女生读）

师：进步大，读得很好了，但我觉得还太淑女了。大家努力把自己再变得小一点，再小一点儿，变疯点，再疯点儿。你们见过幼儿园下课的时候推着挤着的情景吗？小孩儿会像你这么淑女吗？再来，再疯点嘛！试试——

（一生读）

师（赞叹地）：你可以直接考北京电影学院。我看出了你的潜质。你雅致的时候雅致，疯狂的时候疯狂。了不起！孩子们，一个人最不要忘记了自己的童年。人生最大的成功，等你到了五十岁六十岁，你还有一颗活泼的初心。你的内心还经常在笑在嚷在活泼着在热闹着，明白不？好，这群小老人们，来，预备，起——

（生齐读，进步很大）

师：好，真好！多么喜欢你们。你们自己唤醒了自己内心世界的童心。孩子们，这哪里仅仅只是一片紫藤萝花啊？其实她们还是什么啊？小姑娘我采访你——

生：我觉得他们还是许多活泼可爱的孩子。

师：它们还是什么啊？

生：我觉得它们还是富有童心的人。

师：语言表达还不够创新。孩子们啊，一听就是做题练出来的句式。那种活泼的表达还没有啊。继续说说。它们仅仅是花吗？

生：它们不仅仅是花，还是一群活得特别带劲儿的人。

生：它们是一群热爱生活的生机勃勃的少年。

生：它们不仅仅是花，它们是一种生命的呐喊。

师：太棒了！老师再考考你们，再跟宗璞PK一下这个句子，一朵花，你会怎么去描绘？

（投影展示紫藤萝近景图片学生思考）

师： 宗璞是怎么描绘的呢。我真是佩服得五体投地。

【投影展示】

> 每一朵盛开的花
> 就像是一个张满了的帆
> 帆下带着尖底的舱
> 船舱鼓鼓的
> 又像一个忍俊不禁的笑容
> 就要绽放似的

（组织生读）

师： 有三个同学有笑容，其他的同学还是僵尸脸。要改变，马上背下来——

师： 我们抽背。可以偷看。（众笑）但是有一个要求。你是不是可以感受一下语言的可爱、活泼，在背诵的时候把那种欢乐劲给表达出来。

师： 你试试。

（一生背）

师： 在朗读上，你也是一株正在绽放的紫藤萝，有旺盛的喜悦传递出来，你的感情世界特别丰富，我喜欢！这个小伙子，你也来背一遍。

（一生背，普通话极不标准）

师： 经常练习，你的普通话会越来越标准。我现在特别请女同学团队来背诵，特别希望每个女孩子脸上都有发自内心的笑，都不会辜负了那么漂亮的句子。来，女同学，预备，起——

（女生齐读）

师 （朝着一个老没有表情的孩子）：她都笑了，但笑得好艰难。孩子们，语文学习，你一定要学出幸福的笑容。你的脸上和心上都要开花。那种感觉就是语文的美！

师： 咱们再来读这一朵！一个什么样的作家才会在那么一个瞬间对自然界的花有如此独到的描绘啊！

【投影展示】

　　　　　　我抚摸了一下那小小的紫色的花舱
　　　　　　那里满装生命的酒酿
　　　　　　它张满了帆
　　　　　　在这闪光的花的河流上航行
　　　　　　它是万花中的一朵
　　　　　　也正是一朵一朵花
　　　　　　组成了万花灿烂的流动的瀑布

（生动情朗读）

　　师：真好。这两排的同学有一点点感觉了。你们读那个"抚摸"，请把手拿出来，如果眼前是你的珍贵之物。你怎么"抚摸"？妈妈抚摸过你吗？姥姥姥爷爷爷奶奶抚摸过你吗？不能读生硬了，"我抚摸了一下那小小的花舱"（师范读）是吧，当我们读到"帆"的时候，会想起哪些古诗词。帆，古诗中很典型的意象，你们说一个。

　　生：两岸猿声啼不住，孤帆远影碧空行。

（众笑）

　　师：别笑。别人进行了穿插和组合。"孤帆远影碧空尽，唯见长江天际流。"不怕别人笑话，你敢站起来说，比他们都强呢。一个人的水平和激情，就是在这样不断的嘲笑声中锻炼出来的。

　　师：关于帆的诗句还有吗？潮平两岸阔——

　　生：风正一帆悬。

　　师：那是生命的风帆啊！所以，同学们，你读的时候要把那种驶向远方的感觉读出来。再读——预备，起。

（生齐读）

　　师：同学们，如果我不走，我真想停下来给你们再上两节课。朗读没有感觉是语文课堂上的一种特别的遗憾。语言文字的美很多时候都是在诵读中感受到的和体会到的。好的语文分数会给你一种快感，但是语言文字本身的美感带给你的那才是真正的语文高潮。懂吗？孩子们，我觉得你们还是比较压抑自己，可能是平时题做

得太多，朗读得太少的缘故。咱们得练！

师：我们读了这么多的美句，其实除了紫藤萝瀑布，宗璞另外的类似的托物抒情的散文中，都有对自然界的花草的非常独到的描绘。比如说她写丁香，来读红色的字。

【投影展示】

只是赏过这么多年的丁香，却一直不解，何以古人发明了丁香结的说法。今年一次春雨，久立窗前，望着斜伸过来的丁香枝条上一柄花蕾。小小的花苞圆圆的，鼓鼓的，恰如衣襟上的盘花扣。我才恍然，果然是丁香结！

——《丁香结》

（生读）

师：宗璞写木槿花写得真别具一格，继续，预备起——

【投影展示】

一阵风过，草面漾出绿色的波浪，薄如蝉翼的娇嫩的紫花在一片绿波中歪着头，带点调皮，却丝毫不知道自己显得很奇特。

（生读）

师：我读了一遍就难以忘记，那歪着头的那朵木槿花姑娘。再来，预备，起——

（生读）

【投影展示】

紫色的流光抛散开来，笼罩了凌乱的工地。那朵花冉冉升起，倚着明亮的紫霞，微笑地俯看着我。

（生读）

师：而《报秋》当中的最最普通的玉簪花呢，在宗璞的笔下是这样的。预备，起——读。

【投影展示】

一家人夏衣尚未打点好，猛然却玉簪花那雪白的圆鼓鼓的棒槌，从拥挤着的宽大的绿叶中探出头来。

（生读）

师： 你看你看，我们都不用再分析，就可以看见宗璞是一个什么样的作家，她有一双什么样的眼睛。同学们，每个人都有眼睛，但不是每个人都有眼光。一个作家既有眼睛又有眼光，所以我们才看到了那些巧夺天工的比喻和拟人。修辞方法的应用仅仅是外显，美产生的最根本的原因在于宗璞那双眼和那颗心啊。看句部分，咱做个总结，请记笔记。

【投影展示】

技巧三：巧夺天工的比喻拟人

师： "比喻"和"拟人"还有"形象生动"都是被我们中国小孩用滥了的词语，也属半瘫痪词语一类，你们做题的时候会用，但是许多同学写作的时候就不会用了。学学宗璞，把术语化在写作的生命当中。同学们，我们最后"看词"阶段。

5. 看词

师： 我们来一个大数据分析，你通过词语的使用大概可以看出一个作家和其他作家的不同之处。同学们一起读。

【投影展示】

闪光	沉淀	绽放
辉煌	繁密	花舱
发端	终极	酒酿
繁密	依傍	伶仃
稀零	遗憾	沉浸

（生读）

师：这是第一组，再看第二组。预备，起——

【投影展示】

> 春红已谢　　蜂围蝶闹
>
> 忍俊不禁　　仙露琼浆
>
> 伫立凝望　　盘虬卧龙

师：好词值得你们用最美的声音和最美的表情来表达。刚刚有点儿进步，现在又死掉了，又变成僵尸了。（众笑）咱重来！带着美的心态，用美美的声音和美好的表情来读第三组——预备起

【投影展示】

> 生死谜　手足情
>
> 精神的宁静　生的喜悦
>
> 流向人的心底　生命的长河
>
> 辉煌的淡紫色　浅紫色的光辉
>
> 浅紫色的芳香
>
> 紫藤萝瀑布

（生读两遍）

师：真好，又活过来了。孩子们这叫做"看词"，虽然你们还小，但是通过这样的组合朗读，你朦朦胧胧地感到宗璞语言特点是什么？

生：我就觉得很舒服。

生：我觉得很高雅。

师：为什么舒服为什么高雅呢？我告诉你啊，宗璞是一个经历了生命的传奇，从小饱读诗书，在书香的氤氲中成长起来的一个作家。她有着非常好的文言功底，所以她才有如此雅致新奇的语言表达。这是一种自然而然流露出来的文言范儿。中国近现代的许多大家都有着很深厚的文言功底。文言学好了再来做现代文的表达，

驾轻就熟，美不胜收。来，读，预备，起——

【投影展示】

技巧四：雅致新奇的文言气质

师：最好的文字在中国的古典文言当中，学好语文，先努力把文言拿下，你的白话文表达会受益无穷。好，现在咱们作总结，我们通过看篇、看段、看句、看词，就能基本看出宗璞散文创作的诸多匠心，能够初步感受到宗璞这个大作家的特点，同学们来，读——

【投影展示】

匠心一：精致简洁的首尾呼应
匠心二：浑然天成的"人""物"穿插
匠心三：痕迹不露的时空穿越
匠心四：由"实"向"虚"的自然升华
匠心五：整体到局部的有序展开
匠心六：巧夺天工的比喻拟人
匠心七：雅致新奇的文言气质

师：今天的学习信息量很大，你慢慢地慢慢地去反刍，去消化。除了这样看看文本的写作特色之外，今天我们再往前走一步，好文章我们还可以"看意"。

5. 看意

师：托物抒情最后一定要落到这个"情"，这个"意"上。这篇 1300 字的短短的文章其实已经在文中告诉了你作家写作的一个重要缘由——六个字——

生：生死谜手足情。

师：对，宗璞有一个弟弟是中国早期航空科学家，非常有作为。但是，"文化大革命"之后不到五十岁就得了癌症，去世了。亲人的离去带给了宗璞巨大的打击，她在兄弟去世的巨大悲痛中走不出来。还好，这株紫藤萝瀑布拯救了她。接下来我们通过对比朗读的方式来感受这情，这意。小姑娘，请你起立，你的朗读是最好的，老师请你来领读。待会儿你不需要用书，你读大屏幕上黑色的字，要用沉痛的语调去读。这些文字，都来自宗璞的另一篇著名的散文，叫做《哭小弟》。我们用对比的方式体会她怎么样在紫藤萝瀑布中得到释放，被藤萝挽救的。同学们呢，同学齐读蓝色的字。好，大家先先酝酿一下感情。

（音乐起。老师示意指导大家酝酿感情，对比朗读）

【投影展示】

领读：

小弟去了。小弟去的地方是千古哲人揣摩不透的地方，是各种宗教企图描绘的地方，也是每个人都会去，而且不能回来的地方。

——宗璞《哭小弟》

齐读：

我只是伫立凝望

觉得这一条紫藤萝瀑布不只在我眼前

也在我心上缓缓流过

流着流着

它带走了这些时

一直压在我心上的焦虑和悲痛

那是关于生死谜、手足情的

领读：

那一段焦急的悲痛的日子，我不忍写，也不能写。每一念及，便泪下如雨，纸上一片模糊。

我还曾希望在我自己走到人生的尽头，跨过那一道痛苦的门槛时，身旁的亲人中能有我的弟弟，他素来的可倚可靠会给我安慰。哪里知道，却是他先迈过了那道门槛啊！

——宗璞《哭小弟》

齐读：

我沉浸在这

繁密的花朵的光辉中

别的一切暂时都不存在
有的只是
精神的宁静和
生的喜悦
领读：
这一年多，从他生病到逝世，真像是个梦，是个永远不能令人相信的梦。我总觉得他还会回来，从我们那冬夏一律显得十分荒凉的后院走到我窗下，叫一声"小姊——"

——宗璞《哭小弟》

齐读：
花和人都会遇到各种各样的不幸
但是生命的长河是无止境的
我抚摸了一下那小小的紫色的花舱
那里满装生命的酒酿
它张满了帆
在这闪光的花的河流上航行
它是万花中的一朵
也正是一朵一朵花
组成了万花灿烂的流动的瀑布

师：宗璞不仅把这篇文章献给小弟弟冯钟岳，也把它献给经历了"文化大革命"摧残的整整一代人。

【投影展示】
领读：
那时的说法是，花和生活腐化有什么必然关系。我曾遗憾地想：这里再也看不见藤萝花了。
齐读：
过了这么多年

藤萝又开花了

而且开得这样盛

这样密

紫色的瀑布

遮住了粗壮的盘虬卧龙般的枝干

不断地流着

流着

流向人的心底

齐读：

花和人都会遇到各种各样的不幸

但是生命的长河是无止境的

我抚摸了一下那小小的紫色的花舱

那里满装生命的酒酿

它张满了帆

在这闪光的花的河流上航行

它是万花中的一朵

也正是一朵一朵花

组成了万花灿烂的流动的瀑布

师：小姑娘，你读得太好了，太震动人心了。你带着大家来读——

（在小姑娘的带动下，全班读得慷慨激昂，情动天地）

师：真好，小姑娘，谢谢你！谢谢你！宗璞把这书紫藤花献给小弟，献给"迟开而早谢"的那一代人，你想把这紫藤花献给谁呢？（久久停顿）

师：这个问题大家下来继续思考。《紫藤萝瀑布》是宗璞的代表作，宗璞的很多作品其实都传达着同样的情怀，正如有人这样评价宗璞——

【投影展示】

宗璞是从这些微小的生命中提炼出那充盈其间的强大与伟力的。这使人联想起宗璞的气质和修养以及她的道德人生观念。她有儒家重实践的精神，崇尚现实，直面人生的欢欣与痛苦。这一类即景抒情文章辉映着她本人的本性醇厚，心如璞玉。

　　　　　　　　　　　　　　　　　——陈素琰《论宗璞的散文》

　　师：请同学们记下这三篇文章的篇名，它们的主题思想和紫藤萝一脉相承。下课后再找来读一读。

【投影展示】
推荐阅读宗璞代表作
《丁香结》
《好一朵木槿花》
《报秋》
（生记笔记）

　　师：最后我们来当堂背诵，预备起——

【投影展示】
　　　　　　　花和人都会遇到各种各样的不幸
　　　　　　　但是生命的长河是无止境的
　　　　　　　我抚摸了一下那小小的紫色的花舱
　　　　　　　那里满装生命的酒酿
　　　　　　　它张满了帆
　　　　　　　在这闪光的花的河流上航行
　　　　　　　它是万花中的一朵
　　　　　　　也正是一朵一朵花
　　　　　　　组成了万花灿烂的流动的瀑布

　　师：小姑娘，再请你来读，请你来示范。
（该生动情背诵示范）
　　师：像她一样读，孩子们，把我们对生活的对生命的全部理解送进去——

【投影展示】

> 花和人都会遇到各种各样的不幸
> 但是生命的长河是无止境的
> 我抚摸了一下那小小的紫色的花舱
> 那里满装生命的酒酿
> 它张满了帆
> 在这闪光的花的河流上航行
> 它是万花中的一朵
> 也正是一朵一朵花
> 组成了万花灿烂的流动的瀑布

师：再来，预备，起——

【投影展示】

> 花和人
> 都会遇到
> 各种各样的不幸
> 但是
> 生命的长河
> 是无止境的

师：再来，预备，起——

【投影展示】

> 生命的长河
> 是无止境的

师：孩子们，无论你们将来遇到什么，告诉自己生命的长河是无止境的。告诉自己——我要开花！我要开花！我要开花！好，今天的课就上到这里。谢谢大家。

（全场热烈的掌声响起）

和高中语文老师刘宗源老师在一起

三、传统文体教学突围代表作

（一）议论文教学突围：《纪念白求恩》

向一位古典共产党人致敬

——《纪念白求恩》课堂实录

上课时间	2012 年 4 月 15 日
上课地点	全国《语文报》名师大讲堂合肥活动现场
授课学生	合肥某中学初二年级学生
文本类型	主题型文本
课堂特色	关注学情，资料穿插，还原人物

1. 共鸣

师：好，现在我们开始上课。今天我们学习一篇挺"古老"的文章。

（投影展示课题《纪念白求恩》）

师：这是一篇议论文。议论文我们都用这样一种方式去学——

【投影展示】

共鸣——争鸣

师：先共鸣。让我们去感受理解毛泽东笔下的白求恩。请读第一自然段，要求读的是记叙的句子，如果你发现是议论的，就停止。明白吗？好，读记叙的句子，预备起。

生读：白求恩同志是加拿大共产党员，五十多岁了，为了帮助中国的抗日战争，受加拿大共产党和美国共产党的派遣，不远万里，来到中国。去年春上到延安，后来到五台山工作，不幸以身殉职。

师：好，有的同学是很清楚的。刚才读的这几个句子，旁批"记叙"。

（生记笔记）

师：白求恩是哪国人？

生：加拿大人。

师：什么职业？

生：医生。

师：什么时候到中国。结合"注释一"看看。

生：1938 年。

师：抗日战争刚刚爆发不久。这是个特殊的背景。他来干什么？

生：帮助中国抗日。

师：这是第一段的记叙告诉我们的。现在看最后一段，注意了，也是读记叙的句子，读到议论就停止。"我和白求恩同志"，预备起！

生读：我和白求恩同志只见过一面。后来他给我来过许多信。可是因为忙，仅回过他一封信，还不知他收到没有。

师：好，非常好，旁批，记叙。这是议论文当中的记叙，非常的凝练。白求恩什么时候去世？

生：1939 年。

师：1939 年。哎，到咱们中国不到两年啊。好，他在中国是怎么工作的呢？头抬起来看大屏幕，陈寅初，请到前面来读。（配乐）

【投影展示】

在恶劣的战争环境中，白求恩随部队辗转于荒凉的大西北，每天除了工作就是工作，用他的话说，过的完全是"高强度的生活"。在私人通信里，他偶尔述及1938 年一年，其实不到一年的工作量："去年我共行军 3165 英里，其中有 400 英里是徒步穿行于山西、陕西和河北三省。我共做了 762 个手术，检查了 1200 名伤员。我还重组了部队的卫生系统，写作和翻译了三本教科书，建立了一所医疗培训学校。"这是一组惊人的数字。如此繁重的工作，卓著的效绩，不要说一个人，就算一个小分队也难以在有限的时间内完成。

师：注意"辗"字的读音。非常好，陈广继续读……

【投影展示】

在延安，外国专家很少。白求恩的到来理应受到当局的礼遇，仅每月发给他的津贴便相当可观。然而他谢绝了。以下是他写给"军事指挥部聂将军处"的相关的信。

亲爱的同志：

今天晚上我收到了林大夫带给我的 301 元钱。这笔钱中的 100 元好像是付给我的个人津贴，另外的 102.20 元似乎是用来偿还我在药品上的垫支，而剩下的 98.80 元似乎是用来支付我在纱布和药棉上的开销。关于这第一项 100 元。我在 8 月 12 日发给延安军事委员会的电报中已经表示过拒绝接受并且建议将它用做伤员们的烟草专款。其他的医生每月只有 1 元的津贴，而聂将军本人每月的津贴也只有"可观的" 5 元，在这种情况下，让我接收每月 100 元的津贴是不可思议的。

另外，因为我需要的所有东西都是免费提供给我的，钱对我没有任何用处。

致同志似的敬礼！

白求恩

师：陈广怎么这么紧张啊？聂将军是谁？

生：……

师：聂荣臻元帅！好，从刚才这个部分的介绍，你看到了一个什么样的白求恩？

生：看到了一个不追求名利的白求恩。

师：不追求名利，很好！

生：我看到了一个节俭、淡泊明志的人。

师：节俭，淡泊明志，文言基础很好啊，你来……

生：我看到了一个舍己为人的白求恩。

师：舍己为人！你来……

生：我看到一个无私的，不求任何回报的白求恩。

师：对金钱清清白白的白求恩。来……

生：我看到一个毫不自私自利的白求恩……

师：没有私心，你来……

生：他们都说完了。

师：哦，说完了，我相信王曼硕还有话说。你说……

生：为他人着想，然后不计个人利益的得失。

师：好！那么现在看书，前三段。毛泽东是怎么样评价白求恩的？看大屏幕的要求——

【投影展示】

读出前三段的核心的议论句，以这样的方式说话：

毛泽东要求我们学习白求恩_____的精神。

师：好，迅速浏览第一段，找出核心的议论句。

（生看书，画记号）

师：找出来了吗？

生：我觉得应该是国际主义的精神、共产主义的精神。

师：好，用这样的方式，毛泽东……

生：毛泽东要求我们学习白求恩国际主义的精神和共产主义的精神。

师：好，非常好，圈出来。接着，请看第二段，用刚才的语句形式说话。你来试一试。

生：毛泽东要求我们学习白求恩毫不利己、专门利人的精神。

师：非常好，她知道选前半句，而不选后边的具体表现的句子，聪明。圈出来。接着再看第三段。还是用刚才的形式说话。好，你来。

生：毛泽东要求我们学习白求恩对技术精益求精的精神。

师：非常棒，都知道在长长的句子当中把最核心的东西提炼出来，这是很高超的能力。嗯，孩子们，这是毛泽东对白求恩的高度评价，来，读：学习他……预备，起——

【投影展示】

学习他的国际主义精神

学习他毫不利己专门利人的精神

学习他对技术精益求精的精神

（生齐读）

师：现在我们精读第二自然段，体会毛泽东这个领袖人物，对一个外国医生，他是一种什么样的评价和情感。抬头，看大屏幕。第二段，不仅写了白求恩，还写了另外的一些人，判断这些词语有什么共同点。

【投影展示】

拈轻怕重　冷冷清清

漠不关心　麻木不仁

不负责任　喜欢自吹

生：贬义词。

师：对，贬义词。好，现在假如王老师就是这一类的人，批评我。用上这些词语。我是批评的对象，你怎么说都可以，批评我，它们都是我的缺点。啊，你来批评我。

生：你真是拈轻怕重，对人又冷冷清清……

师：啊不不……一样就够了啊。

（生笑）

师：可以加上一些其他创造性的语言。你来批。

生：你麻木不仁，对任何事情都漠不关心。

师：我是这样的人吗？

生：嗯……你真是不负责任，喜欢自吹，你其实不是一个共产党员，至少还不能算是一个纯粹的共产党员。

（生大笑）

师：你也来试试……

生：恩啊……一天到晚冷冷清清的，漠不关心工作，嗯……

师：舍不得批评王老师，心软了。再给一个同学机会。骂人都不会呀？骂我……

生：你这个人真是对工作一点也不负责任，对什么事都漠不关心，这样怎么能成为一个合格的共产党员呢？

师：像班长的样子，会教训人。孩子们啊，我们周围，过去也好，现在也好，有很多这样的人。对这种人，毛泽东会怎么形容他们这个群体呢？选择……

【投影展示】

这些人？

这帮人？

这班人？

这群人？

生：这帮人。

生：这班人。

师：聪明！能够体会语言中的细微差别。但是，白求恩不是这样的人。好，毛泽东用这样的话来高度评价一名外国的医生，来，读。白求恩同志……预备，起——

【投影展示】

白求恩同志毫不利己专门利人的精神，表现在他对工作的极端的负责任，对同志对人民的极端的热忱。

（生读）

师：这样读书就没意思了，红颜色的字要重读。我们说毛主席很伟大，他是中国历史上极少数的几个能横槊赋诗的革命家、思想家、文学家、政治家。他用了这样的"极端"，可不可以改成"非常"？可以说极端是最高的评价，应该怎么读？

生（读书）：极端（重）。

师：好，读，表现在他对工作的……预备起——

（生重读，"极端"重读）

师：好，跟"我"的形象，冷冷清清，漠不关心的形象形成鲜明的对比。看书，毛泽东用了世界上最美的句式来表达对白求恩的赞美、肯定之情，找一找。

生：……

师：有没有同学发现？句式！第二段，这个家伙已经看到最后一段去了。（走到某同学旁边）发现了吗？你说！

生：从前线回来的人说到白求恩，没有一个不佩服，没有一个不为他的精神所感动。

师：真聪明！孩子们，这些都是什么句子？

生：排比句。

师：三个或者三个以上句子才能形成排比呢。没有一个不、没有一个不、无不。这叫啥句子？

生：双重否定句。

师：对了，双重否定句。好，现在注意力集中，请你，你先把全句读一遍。

【投影展示】

　　　　从前线回来的人说到白求恩，

　　　　没有一个不佩服，

　　　　没有一个不为他的精神所感动。

　　　　晋察冀边区的军民，

　　　　凡亲身受过白求恩医生的治疗和亲眼看过白求恩医生的工作的，

　　　　无不为之感动。

（生读）

　　师：好，下边老师的要求会比较难。你，请你把它变成肯定句！

　　生：从前线回来的人说到白求恩，所有人都佩服，所有人都为他的精神感动。晋察冀边区的军民，凡亲身受过白求恩医生的治疗和亲眼看过白求恩医生的工作的，都为之感动。

　　师：聪明。嗯，你起来试一试。把它变成反问句！行不行，试试。

　　生：嗯，从前线回来的人说到白求恩，难道有不佩服他的吗？难道有不为他的精神所感动的吗？晋察冀边区的军民，凡亲身受过白求恩医生的治疗和亲眼看过白求恩医生的工作的，怎么会不为之感动呢？

　　师：真好，聪明。好，孩子们，用崇敬的心情来读，用崇敬的心情来读这些双重否定句。从前线回来的人……预备，起——

　　生读书：从前线回来的人说到白求恩，没有一个不佩服，没有一个不为他的精神所感动。晋察冀边区的军民，凡亲身受过白求恩医生的治疗和亲眼看过白求恩医生的工作的，无不为之感动。

　　师：好，这样。根据刚才两位同学的变化，对同桌说一遍。都用肯定句和反问句来说，互相说给对方听，每个同学都要说。开始……

（生练习）

　　师：好，停！停！你来。你来试一试，就说这红颜色的三个句子，肯定句，要包含感情。

　　生：全都佩服白求恩，全都为他的精神感动，全都为之感动。

　　师：好，请坐，同学们一起来。就读这三句，没有一个不佩服……预备，起——

生：没有一个不佩服，没有一个不为他的精神所感动，无不为之感动。

师：所以，一个领导人，一个领袖人物，在本段的最后才会说出这样的话：

【投影展示】每一个共产党员，一定要学习白求恩同志的这种真正共产主义者的精神。

（生读）

师：很好，但还没有把红颜色的字读突出出来。你来，你朗读特别好，节奏特别合适。你来给大家做一下示范，慢下来，味道就出来了。

生慢读：每一个共产党员，一定要学习白求恩同志的这种真正共产主义者的精神。

师：好，很好。向她学习。预备起……

生读：每一个共产党员，一定要学习白求恩同志的这种真正共产主义者的精神。

师：同学们，这个段落的写法是很精妙的。先正面写白求恩，然后反面写那些品质和白求恩相反的人，最后侧面写评价。请旁批。

【投影展示】

本段最突出的论证方法是：

对比论证

本段最有魅力的写作手法是：

正面写　反面写　侧面写

（生动笔旁批）

师：同学们。白求恩担当得起这样的评价。白求恩其实在中国只工作了一年半的时间就牺牲了，在牺牲之前，他给聂荣臻元帅留下了一封信，聂元帅看到这封信，当时就泪如雨下。请你到前面来读。（配乐）

【投影展示】

亲爱的聂司令员：

今天我感觉身体非常不好，也许我要和你们永别了！请你给加拿大共产党总书记蒂姆·布克写一封信，地址是加拿大多伦多城威灵顿街十号。同时，抄送国际援华委员会和加拿大民主联盟会。告诉他们，我在这里十分快乐，我唯一的希望就是能够多做贡献。

也要写信给美国共产党总书记白劳德，并寄上一把缴获的战刀。这些信可以用中文写成，寄到那边去翻译。随信把我的照片、日记、文件寄过去，由蒂姆·布克处置。所有这些东西都装在一个箱子里，用林赛先生送给我的那18美金作寄费。这个箱子必须很坚固，用皮带捆住锁好，外加三条绳子。将我永世不变的友爱送给蒂姆·布克，以及所有我的加拿大和美国的同志们。

请求国际援华委员会给我的离婚妻子坎贝尔夫人拨一笔生活款子，分期给也可以。我对她应负的责任很重，决不能因为没钱而把她遗弃了。还要告诉她，我是十分内疚的，并且曾经是快乐的。

师： 我做个补充，他离婚是因为他要到中国来，他妻子不愿意离婚，他坚决离婚了。好，继续。

【投影展示】
两张行军床、两双英国皮鞋，你和聂夫人留用吧。
马靴、马裤，请转交吕司令。
贺将军，也要给他一些纪念品。
两个箱子，给叶部长；18种器械，给游副部长；15种器械，给杜医生；卫生学校的江校长，让他任意挑选两种物品作纪念。
打字机和绷带给郎同志。
手表和蚊帐给潘同志。
一箱子食品和文学书籍送给董同志，算我对他和他的夫人、孩子们的新年礼物。
给我的小鬼和马夫每人一床毯子，另送小鬼一双日本皮鞋。
照相机给沙飞。
贮水池等给摄影队。
医学书籍和小闹钟给卫生学校。

　　每年要买 250 磅奎宁和 300 磅铁剂，用来治疗疟疾患者和贫血病患者。千万不要再到保定、天津一带去购买药品，那边的价钱要比沪、港贵两倍。

　　最近两年，是我平生最愉快、最有意义的日子。在这里，我还有很多话要对同志们说，可我不能再写下去了。让我把千百倍的谢忱送给你和千百万亲爱的同志们。

白求恩

（生读）

　　师：白求恩去世，是因为他在抢救伤员的时候，在情急之下没有戴手套，直接伸进伤员的颅骨当中去取一枚弹片，后来就感染了，因为当时没有很好的医疗条件，所以他很快就去世了。这是他留给我们世界的，最后的绝笔。好，那么你通过这一封信，你看到一个什么样的白求恩？如果你要给他写颁奖词，写一句，你会怎么写？想想，动笔，写一句。

（生动笔写）

　　师：好，你说。

　　生：他毫不利己，千里迢迢从加拿大来到中国，倾其生命为伤者付出。

　　师："倾其生命"这四个字用得很好。继续。

　　生：你是一位毫不利己，专门利人的人，你把奉献当作了生命的常态。

　　师：好。大家加油。这个练习没有对错，只要是你自己的创作就好。

　　生：你是一位毫不利己、专门利人的伟大的共产主义者。

　　师：简短有力！继续。

　　生：鞠躬尽瘁，无私奉献，你是真正的共产主义战士。

　　师：用了"鞠躬尽瘁"，真好。活学活用。

　　生：你把你的一切留给了无数伤病员，留给了你的同志，留给了这片华夏的土地，而你，又为自己留下了什么？

　　师：嗯，全部都留下了，什么都没有带走。好，后面的同学，继续。

　　生：白求恩是照亮全部共产党员的明烛。

　　师：是共产党这个团队当中的明烛，这个语句非常精妙。你也来试试。

（生沉默）

　　师：白求恩是我们男生的楷模，你得向他学习啊。毛泽东是怎么说的？毛泽东

是这样说的。来，读，我们大家要学习他……预备，起——

【投影展示】

　　我们大家要学习他毫无自私自利之心的精神。从这点出发，就可以变为大有利于人民的人。一个人能力有大小，但只要有这点精神，就是一个高尚的人，一个纯粹的人，一个有道德的人，一个脱离了低级趣味的人，一个有益于人民的人。

（生读）

　　师：好，从一个人能力有大小开始，背诵。自由背。

（生背书）

　　师：再背。

　　师：好，把刚才的这句话背一遍，不会的同学看最后一段，这是全文的总结句。一个人……预备，起——

（生背书）

　　师：这是毛泽东对白求恩的极高的评价。他是一个什么样的人？说出来……

（生回答）

【投影展示】

　　　　　　　　一个人能力有大小，

　　　　　　　　但只要有这点精神，

　　　　　　　　就是一个高尚的人，

　　　　　　　　一个纯粹的人，

　　　　　　　　一个有道德的人，

　　　　　　　　一个脱离了低级趣味的人，

　　　　　　　　一个有益于人民的人。

2. 争鸣

　　师：好，"共鸣"阶段结束，你看你能读懂多少，现在进入"争鸣"阶段。对这个人，对这篇文章，你有没有什么疑惑，或者说你觉得有没有什么疑点没有？

生：我觉得他说他只来到中国两年，他这两年一直在做高强度的工作，但是他为什么给聂荣臻元帅写信的时候说他这两年过得非常快乐，因为那地方应该是吃的也不好，每天都接触血淋淋的东西，一个个伤员从那个战地上背送到帐篷里。我觉得这样的生活是很痛苦的，然而他为什么会觉得很快乐？

师：共产党员以苦为乐，也许有一天你也会理解的。因为信仰，所以快乐。你提得很好，越矛盾白求恩就越高尚。你来。

生：白求恩他不是中国人，我想问他不是中国人，为什么却要为中国人这么付出？

师：有这样的人，现在也有这样的人，比如说，苹果公司，在中国生产了那么多 iPad，中国人不说话，但是外国人有很多很多人在为中国的工人鸣不平。生产一个 iPad，别人也许要挣一百美元，你知道吗？中国工人只拿到几分钱的工资，中国人不说话，但是有很多外国人在帮着中国人说话。明白吗？在我们这个世界上，有很多这样的，有着国际情怀的人。提得很好，还有问题吗？你来——

生：白求恩来到中国，为什么要执意跟他妻子离婚？您刚才说了，但是他来中国没有必要非要离婚，他来到中国也可以……

师：他来了，回去了没有？（没有）同学们，爱情有很多种，有一种是如果我不能够给你幸福，我就和你分开，给你自由。知道吗？慢慢理解，他不理解这种爱情，那是很纯洁很伟大很无私的。还有吗？关于这个如此完美的人，还有吗？你们相信有这样的人吗？你说——

生：我觉得肯定人无完人，肯定有缺点。怎么可能就这样完美呢？

师：请坐，孩子们，如果你相信白求恩是一个如此纯粹的人，而没有提出类似的疑问，孩子们，你们就太盲从了。人就是人，白求恩很伟大，但是他也有他的痛苦和烦恼。我们继续看一封信。他到了延安之后，什么信件都收不到，非常孤独啊！请你到前面来读。

（生上前读）

【投影展示】

收不到你的信，我已经习惯了！向上帝保证，我已经习惯了。又有两个月过去了，仍然没有你的回信。延安的医疗队于 11 月 25 日到了这里，却没有带来信件。

我一直盼望着这支医疗队能够带给我一些书籍、杂志和报纸，以及一封你的信，让我了解一些外界的情况。但是，他们却只带来一台没有电机和支架所以将无法工作的 X 光机。他们还带给我一听已经开封的加拿大香烟、一条巧克力、一听可可粉和一支剃须膏。这些东西都很好，但是我宁愿用所有的这些东西换一张报纸、一本杂志或一本书。顺便说一句，我从延安收到的所有东西都已经开封。这其中包括我的所有信件。一些信件还有缺页。下次请一定将所有物品和信件多加一层保护。中国人的好奇心太强了。

除了一张日本人留在一座小林子里的 4 月 18 日的《日本宣传报》，我已经有六个月没有见到过英文报纸了。我也没有收音机。我完全与世隔绝。如果不是因为一天中有 18 个小时要忙于工作，我肯定会有不满情绪的。

我梦想咖啡、上等的烤牛肉、苹果派和冰激凌。美妙的食品的幻影！书籍——书还在被写出来吗？音乐还在被演奏吗？你还在跳舞、喝啤酒和看电影吗？铺在松软床上的干净的白床单是什么感觉？女人们还喜欢被人爱吗？

所有这一切在我境况好的时候都是可以轻而易举地得到的。这多么令人伤心！

师：好，读得很好！老师只是节选了很小的一部分。实际上，到了 1938 年的后半年，白求恩就已经非常苦闷了。因为他从一个相对发达的国家，到了一个非常非常闭塞的地方，他甚至晚上要靠吃安定药才能睡去。他的内心中弥漫着无穷的孤独与苦闷，这是真正的白求恩。同学们，当你看了这些东西之后，你又如何看待白求恩？

生：我觉得，嗯，白求恩也是一个人，但是他学会如何去克服这些痛苦，他很伟大。

师：你觉得这是人性的正常的表现。是吗？好，那么你看到这个，你刚才提出这个问题，你，你再说说，你又怎么评价白求恩刚才的那么苦闷呢？

生：我觉得这是正常的，因为他毕竟也是一个人，就是看到他的这一面，才真正觉得这个是有血有肉的、非常完整的一个人。

师：他不是高高在上的一个偶像、一个塑像，他是一个有血有肉的人。因为有了这样的苦闷、孤独和挣扎、痛苦，所以，当我们读到这样的文字的时候，才会觉得可亲可敬。因为有了对爱人朋友的思念，对祖国的怀念，对安逸生活的向往，所以我们读到这些文字的时候，内心才会更被深深地震撼。

【投影展示】

"去年我共行军 3165 英里，其中有 400 英里是徒步穿行于山西、陕西和河北三省。我共做了 762 个手术，检查了 1200 名伤员。我还重组了部队的卫生系统，写作和翻译了三本教科书，建立了一所医疗培训学校。"这是一组惊人的数字。如此繁重的工作，卓著的效绩，不要说一个人，就算一个小分队也难以在有限的时间内完成。

【投影展示】

白求恩的各种工作和生活图片

师：孩子们，白求恩跟你们一样，那样地热爱生活。作为 49 岁的男子，他浑身充满了中年男性的睿智，就连他工作的时候都那样的迷人。（指着图片）这是聂荣臻元帅，这是白求恩。但是，他把他的一切，把一切苦闷都埋下来，然后，走到了我们的抗日的最前线，最后牺牲在我们的这片土地上。所以毛泽东说……来——

【投影展示】

> 一个人能力有大小，
> 但只要有这点精神，
> 就是一个高尚的人，
> 一个纯粹的人，
> 一个有道德的人，
> 一个脱离了低级趣味的人，

（生读）

师：前面的红颜色的"高尚、纯粹、道德、脱离了低级趣味"这些词语很重要，但后面的这个"人"字更重要，他不是一个神，只是一个人。来，再读——

生读：就是一个高尚的人，一个纯粹的人，一个有道德的人，一个脱离了低级趣味的人。

（师板书：在黑板上的"白求恩"三个字上写一个大大的"人"）

师：不管这个时代如何发展，我们社会永远呼唤像白求恩这样的共产党人。好，下课！

（二）说明文教学突围：《苏州园林》

文字也是作者的园林

——《苏州园林》教学实录

上课时间	2013 年 11 月 24 日
上课地点	全国中语会"品鉴名师教学细节"专题研讨活动
授课学生	江苏无锡华西实验学校初二年级学生
文本类型	语用型文本
课堂特色	说明文中的咬文嚼字方法提炼

为老师们签名

1. 导入

师：今天我们学习《苏州园林》。苏州是个好地方。清朝有 159 个府，交税交得最多的"税老大"是什么地方？

生：苏州？

师：对，苏州。从中我们看出苏州这个地方有什么特点？

生：经济发达。

师：是这样。老话说"上有天堂，下有苏杭"，到苏州要看三样东西——三绝，苏州园林、苏绣，还有苏州美女。苏州园林有九个园子是名列世界遗产名录的。今天我们学这篇《苏州园林》也是很经典的。当然，今天我们不是去看苏州园林，我们是去看叶圣陶怎么用语言把苏州园林的美给表现出来的。我就仿写一句，什么是好文章。读，预备，起——

【投影展示】

阅读者无论站在哪个点上，眼前总是一幅完美的图画。

（生齐读）

师：但"完美"是个绝对化的词语，肯定叶圣陶的文章中也有不足的地方，但是我作为他的一个崇拜者，站在他的文章面前，我首先是一种欣赏的态度，我更愿意好好地去感受这篇文章的美。拿到这样的文章，教给大家一种方法，就是我们怎么去读。读，预备，起——

【投影展示】

> 宏观：看整体结构
> 中观：探段落奥妙
> 微观：赏语言特色

师：也就是说我们今天这堂课有三个板块，宏观、中观、微观。叶圣陶真会写文章，太棒了。首先来一个宏观的话题，小姑娘，你读读，

生：宏观：看整体结构。

2. 宏观：看整体结构

师：这就是我们今天的第一个话题。第一自然段是个引子。先速读，做信息检索的训练，找一个词语概括叶圣陶对苏州园林的总评价。

（生自读）

生（纷纷）：标本。

（师板书）

师：标本！这是很高的总评价。咱们再看一下第二段，一起来读。

【投影展示】

设计者和匠师们一致追求的是：务必使游览者无论站在哪个点上，眼前总是一幅完美的图画。为了达到这个目的，他们：

讲究亭台轩榭的布局，

讲究假山池沼的配合，

讲究花草树木的映衬，

讲究近景远景的层次。

总之，一切都要为构成完美的图画而存在，决不容许有欠美伤美的败笔。

（生齐读）

师：听你们读书，很享受，因为大家的声音很响亮，这说明咱班同学很团结，精气神很足。我们读《苏州园林》啊，就是像散步，读的慢一点的话，我觉得会更好。这个段落特别重要，叶圣陶就把自己对苏州园林的态度表达出来了，好，再读——预备，起——

（生齐读）

师：恩，咱班的精气神很好。先把那红色的几个"讲究"背下来，我马上就抽背，开始。

（生背诵）

师：好，实在不行，可以偷看一眼，来，抽背。

（生1背）

师：诶，出点错就真实自然，真好。

（生2背）

师：知道不断地纠正自己的缺点，这就是聪明的孩子。

（生3背）

师：真好。笑得那么灿烂，你肯定背得很好，来。

（生4背）

师：果然她能背。我觉得这四个"讲究"很好，语言感觉上它很美，好，一起来背。

（生齐背）

师：聪明的同学已经把这个句子给勾画下来了，知道这一定是特别重要的句子，在全文中有着举足轻重的地位的句子。聪明的孩子就动笔了。现在跳读课文，关注后面从第三自然段往后的课文，那些关键句啊，中心句啊，然后思考第二自然段和全文有什么关系。静静地读书和发现。

【投影展示】

宏观欣赏

话题：第二自然段是作者匠心独运的一个段落，在全文中有非常重要的作用。
方法：跳读，整体俯瞰，关注各段中心句，思考各段之间的相互关系。

（生默读课文）

师：不用太关注细节，从整体上把握即可。好，给你这么一点点时间，有没有发现，第二段它和后面的段落是有密切的关系的。

生：第二段是总写苏州园林的景色特点，而后面几段都是分写的，先是总，再是分。

师：他发现了总分的关系，第二段是苏州园林的总特点，后面是分说。谢谢。

生：第二段四个"讲究"分别呼应三四五六段。

师：你真敏锐！一定有同学还没有明白，你说得仔细一点，帮助一些同学理解。

生：第一个"讲究"是写亭台轩榭，第三段写的就是亭台轩榭的布局，第二个"讲究"是写假山池沼的配合，第四段写的就是假山池沼的配合，第五段讲的是花草树木的映衬，第六段讲的是近景远景的层次。

师：嗯，听明白了吗？谢谢你！你帮老师讲了这篇文章最最重要的一个写作特点。那我追问一句，除了后面三四五六段，还有七八九段啊，还有三个段落，这三个段落怎么就放在课文后面呢？为什么这里不继续来一个讲究、讲究、讲究？你怎么看这个问题?

（生举手）

师：他要补充完善自己的发现。这是了不起的能力。

生：因为他后面还补充了一句"总之，一切都要为……"所有后面三段都是要补充的一些景物。

师：他用了一个词语"补充"，他抓住了一个关键词。后面都是补充的一些细节。也就是说他们的地位和这四个段落比较起来，稍微要怎么样?

生：低一点点。

生：是由主到次的关系。

师：真好，谢谢你，我们的小老师。你们的自学能力很强。王老师做个总结，什么叫宏观地读? 宏观就是提纲挈领地来把握全文，来读，预备起。

【投影展示】

二段提纲又挈领
佳句美词有担当
相呼相应分主次
清清爽爽好文章

师：来，咱们这样读，有节奏一点，快乐一点，这样，二段/提纲/又挈领/（手拍桌子打节奏），预备，起——

（生齐读，手拍桌子打节奏）

3. 中观：探段落奥妙

师：叶圣陶那么大的文学家是这么写说明文的，写得眉清目秀的。咱平时其实也是可以采用这样的方法，这个叫做从"宏观"看。接下来进入第二个板块——"中观欣赏"。这个比刚才难度大，如果大家思考，动脑筋动得好，我给大家讲个有趣的故事。好，怎么中观欣赏呢? 有同学说，我学了苏州园林我还是不会写，其实叶圣陶是个好老师，说明文段落的展开有很多好办法，会读书的孩子他就会把这些办法给提炼出来。我们举个例子，第三段和第五段都是很漂亮的段落，好，这是第三段，这是五段，我们去读，边读边琢磨，边提炼。这两段文字的写作手法其实有很多相同的地方。来，女同学读第三段，读慢点。

【投影展示】

中观欣赏

话题：比较第 3 段和第 5 段的写法，破解说明文段落展开之谜。

方法：比读。发现共同点和不同点。提炼方法。

师：请女生齐读第三自然段。

【投影展示】

我国的建筑，从古代的宫殿到近代的一般住房，绝大部分是对称的，左边怎么样，右边也怎么样。苏州园林可绝不讲究对称，好像故意避免似的。东边有了一个亭子或者一道回廊，西边决不会来一个同样的亭子或者一道同样的回廊。这是为什么？我想，用图画来比方，对称的建筑是图案画，不是美术画，而园林是美术画，美术画要求自然之趣，是不讲究对称的。

苏州园林栽种和修剪树木也着眼在画意。高树与低树俯仰生姿。落叶树与常绿树相间，花时不同的多种花树相间，这就一年四季不感到寂寞。没有修剪得像宝塔那样的松柏，没有阅兵式似的道旁树：因为依据中国画的审美观点看，这是不足取的。有几个园里有古老的藤萝，盘曲嶙峋的枝干就是一幅好画。开花的时候满眼的珠光宝气，使游览者感到无限的繁华和欢悦，可是没法说出来。

师：男同学读这边花草树木的映衬，注意啊，文字不一样，但是手法是一样的。恩，男孩，来预备起。

（男生齐读）

师：嗯，很好，咱班是个男生很有力量的班级，听声音我就听出来了，初中很不容易的啊！一般是女孩子厉害。来，把眼睛睁大，我们帮助叶圣陶先生来提炼一下，其实这两段文字的写作的很多手法是一样的。我看凭我们同学的本事，能找出几点。特别注意观察，相同、不同的地方。你可以从不同的角度，什么说明方法啊、表达方式啊、结构特点啊方方面面，你都可以比较他们的相同点和不同点。对比的能力是一种异常重要的能力！我最喜欢课堂上笑着的孩子，你一直在笑，我最喜欢你，来，你先说，带个头好吗？

（投影展示两段文字的对比。老师在色彩上做了标注，帮助学生理解）

生：他们的句子都是后面都有个总结句，还有开头。

师：发现了这两个小段落也有总结句，可是我问你，这个段落的总结句在哪里？总结的部分在哪里？

生：在开头。（把握不定）

师：哈哈，有问题。她有困难，她还拿不准。好，请坐。帮她的忙，继续发现。如果你觉得难，很正常，因为我们很多老师都不会做这样的事，所以你们在做很多老师都不会做的事呢。多了不起！好，来。

生：刚刚的那个中心句是第二句"苏州园林可绝不讲究对称"，第五段是第一句，"苏州园林栽种和修剪树木也着眼在画意"。

师：他从中心句的角度来谈两段，都有中心句，可是地方不一样。这是一个很好的角度，继续寻找。这个女同学，谢谢你。

生：两段都运用了作比较的说明方法，突出苏州园林和其他园林的不同之处。

师：太聪明了，太聪明了！作比较啊，如果你不明白的话，下来可以问她，她一定可以教你，都在作比较。还有吗？

生：我觉得，第五段是第三段不讲究对称的扩写。

师：你的意思是它们的内容是有呼应的，是吧？建筑不对称，树木也是不对称的。真是一个有趣的发现！刚才你们读错一个字，相间（jiàn），把这个音注上。她发现，文章两段内容上是有呼应的，真好，这是深层理性的一种提炼。还有吗？比如说，老师用红颜色标出来的字，他们都在做什么啊？

生：打比方。

师：他发现叶圣陶为了把这个说明白，运用了打比方。他没有说比喻，说明他注意了这是说明文的语境，语文知识学得很扎实。还有吗？"高树、低树；落叶树、常绿树；东边有亭子和回廊，西边也有亭子和回廊"这个写法在说明文当中也很常见的，这个叫什么呀？

生：作比较。

师：作比较已经说了。还藏着什么呀？苏州园林里有那么多那么多的景物，可是叶圣陶偏偏又要说藤萝怎么样，他想干什么？

生：举例子！举例子！

师：哦，这个好容易的。有时候不好写了，我就举例子。我要说咱们班是个好班级，啊呀没词了怎么办？我就说这个男孩是个好孩子，这个女孩是个好孩子，那个男孩是个好孩子，那个女孩也是个好孩子……举例子，特别容易把一个段落写饱满。好，同学们，刚才其实我们做了一件很艰难的事情。我给大家梳理一下，你看你能领悟多少。就是说明文段落的展开有一些基本的方法，就是

【投影展示】

说明文段落展开歌

比较是法宝

举例添劲道

议论点睛笔

分总藏奥妙

师：好，再来。

（生再次齐读）

师：保持清醒，好现在，我们就马上活学活用。现在我们要观察的苏州园林的色彩，把书合上，不准看书。先看看投影上这些图片，哪些图肯定不是苏州园林的照片。

（投影展示五幅图片）

师：做个采访，小姑娘，你觉得？

生：横着的第二幅不是。

师：好，她已经找到了。她说凭她的主观感觉，这两幅不是苏州园林的。好，去过吗？这个地方。

生：没去过。

师：哦，苏州园林没去过，这个地儿肯定更没去过。这个地方其实跟苏州园林一样有名的，这个是北京的颐和园。颐和园和苏州园林有什么不一样啊？

生：颐和园是皇家园林。

师：嗯，你看他的知识面就很广。他说这个是皇家园林。皇家园林和苏州园林有什么不一样啊？

生：讲究对称的。

师：嗯嗯，这是，还有一些重要的不同。皇家园林它要展示皇帝家的威严，它要添天下之盛，藏古今之奇的。所以，皇家园林的风格，一般园林是不可以比的。你们去过北京吗？一定要去，和我们江南是不一样的。和珅知道吧？他在北京的府邸叫做恭王府。和珅越来越有钱，权势越来越大，他就觉得自家园林应该和皇家园林一样，于是皇家园林里边有一个小蓬莱岛，他在自己家里也搞一个小蓬莱岛，皇家园林里有一个乐寿堂，他在自家园林里也搞一个乐寿堂，最后，这东西都成为了被皇帝杀头的一个把柄。老百姓是不能享受皇家园林的那种气派的，所以皇家园林在色彩上和私家园林也是不一样的。好，把这两幅图抛开，看其他三幅，静静地观察苏州园林的色彩，用刚才我们讲的方法，然后口头作文。我看咱班的水平，马上学马上用，能够说几句出来。说色彩。你来带个头，好吗？

（生沉默）

师：忘了，好，复习一下方法。预备，起——

【投影展示】

说明文段落展开歌

比较是法宝
举例添劲道
议论点睛笔
分总藏奥妙

（生齐读）

师：记住了吗？我给你工具了啊，给你工具，你就能说出来。

生：苏州园林比起北京的颐和园，颜色比较平淡、比较幽静的；皇家园林表现出来是比较富贵的。

师：看，说得多好，你就用的时比较。可是"平淡"这个词语不是很好，你换一个。

生：幽深。

师：幽深好像也不是颜色。就是"平淡"这个词语，把那个"平"字去掉，加一个字，淡，什么的颜色？

生：清淡。

师：嗯，比平淡好得多。坐，思考得真艰苦，很有成就感不是。没关系，继续来。

生：苏州园林的墙壁是黑白相间的，颐和园则显得更加的张扬。

师：他需要帮忙，谁来帮他？这个色彩给人感觉怎么样？他刚才用的"张扬"很好。小姑娘，你是他同桌，你愿意帮助他加一个词语吗？行不？来。

生：就是北京的园林墙壁的颜色看起来比较高贵。

师：她用了一个高贵，很高贵很张扬的一种皇家气氛。你很了不起，你一句话用了两种方法呢，你举出墙壁，这是举例，还用了比较。

生：苏州园林其实是一种活泼的淡绿色，皇家园林是一种正式的深绿色，他们之间就是形成对比。苏州园林的淡绿色，虽然比皇家园林浅，但是它里面有一种优雅，虽然没有皇家园林那么正式，但是那种不规则，和那种……

师：你看，你旁边的兄弟一直在微笑着鼓励你。真好，真好，不容易，真的，也许我们平时做的这样的训练很少。他们都用了比较，也用了优雅。你来帮忙斟酌一下，"优雅"这个词用在苏州园林和皇家园林上，哪个更合适？

生：皇家。

师：他还是觉得用在皇家园林更合适。有没有同学也能用个比喻或者叫打比方啊？都学美术，苏州园林的色彩更像什么画？皇家园林的色彩更像什么画？你看这个同学，他人在角落里边，但是他的思想一直在前沿啊。谢谢。请说。

生：苏州园林的画更像花鸟画，皇家园林的更像山水画。

师：你看见过山水画吗？下去找几幅山水画看看，特别是中国的山水画，看看你这个比喻是不是最恰当。好不好？

生：皇家园林更像工笔画，苏州园林更像水墨画。工笔画比较准确正式，水墨画比较淡雅、委婉的那种。

师：太棒了，你换了词语，更准确了。真好，这个孩子哟，有一定的艺术鉴赏的能力。好的，同学们真了不起啊，其实把你们刚才说的组合起来就是很好的文字，也许比叶圣陶先生写的还要有意思。叶圣陶是怎么写得呢？当然他有一些专业术语。我们现在来学习一下他写得啊。来一起读。

【投影展示】

（比较总起）苏州园林与北京的园林不同，极少使用彩绘。（举例分说）梁和柱子及门窗栏杆大多漆广漆，那是不刺眼的颜色。墙壁白色。有些室内墙壁下半截铺水磨方砖，淡灰色和白色对衬。屋瓦和檐漏一律淡灰色。（议论点睛）这些颜色与草木的绿色配合，引起人们安静闲适的感觉。花开时节，更显得各种花明艳照眼。

（生齐读）

师：好，刚才的思维力度很大。放松一下，讲个故事。乾隆年间，有一个诗人叫汪琬，有一次他和一群人聚在一起，都各自说自己的家乡好，广东人啊、湖北人啊、四川人啊，也有苏州人，汪琬是苏州人。大家说咱们家乡的特产是什么？广东人说：大象；湖北人说：木材；四川人说：猴子、峨眉山。汪琬不说话，到最后人家问你们苏州有什么特产，你猜汪琬怎么说？他说，我们啊，苏州的特产——状元。清朝年间出了114个状元，同学们，你们江苏很了不起，大概占了49位，听明白了吗？苏州更了不起，苏州好像占了25位，好像还多。产状元！孩子们这个很吓人啊！我们说苏州是交税大户，说明它经济发达，而它产状元的背后说明什么？苏州这个这个地方什么发达？

生：教育发达、文化发达。这也是苏州有这么好的园林的一个重要原因。同学们，除了山水的基础和经济的基础，这里边还有文化的原因呢。绝不是偶然的。好，刚才我们做的是中观欣赏，现在我们来做个微观欣赏。

4. 微观：赏语言特色

师：接下来第三个板块，微观。

【投影展示】

微观欣赏

话题：说明文的语言也可以相当漂亮……

方法：换读。朗读。咬文嚼字。

师：读这个文章啊，年龄越大越喜欢，为什么？因为叶圣陶的语言，哪怕是说明文的语言也相当的漂亮！有同学说我不觉得，那我给你一点帮助。比如说，这段讲的是假山。注意了同学们，左边是叶圣陶的原话，右边是王老师的水平，如果我写，我就会这样写，聪明的同学们现在赶快比较，你觉得是王老师写得好还是叶圣陶老先生写得好，你能发现多少不同点？

【投影展示】

假山的堆叠，可以说是一项艺术而不仅是技术。或者是重峦叠嶂，或者是几座小山配合着竹子花木，全在于设计者和匠师们生平多阅历，胸中有丘壑，才能使游览者攀登的时候忘却苏州城市，只觉得身在山间。

假山的堆叠，可以说是一项艺术而不是技术。有的是重峦叠嶂，有的是几座小山栽种着竹子花木，全在于设计者和匠师们阅历很丰富，胸怀中有山水风景的形象并且深知其中趣味，才能使游览者攀登的时候忘记苏州城市，只觉得自己在爬山。

师：好，有三位同学举手。我先让他发言，因为他坐在角落上。

生：第二句王老师是"有的是"，叶圣陶是"或者是"，两个用法不一样。叶圣陶的更好一点。

师：我觉得我的好，你得说服我，我写得多好，多清楚明白呀。你有感觉老师没有叶圣陶好，但是说不出理由是不是？语言的问题确实挺难的，有时候需要语言学家来说。你的感觉其实非常准确。好，请坐。其他的发现？

生：可以说是一项艺术而不是技术。因为假山的堆叠既有技术在里面，也有艺术在里面，而不仅仅只是艺术，所以叶圣陶先生的好一点，王老师的不准确。

师：这个我服气，我觉得我的表述不准确，我向叶圣陶老先生学习。其他的，继续。

师：你们俩特别喜欢发言，我充满了感恩。但是我只看到你们两双手，我又充满了耻辱啊。老是这四个同学在举手，加上你五个，好，小姑娘，给我一点尊严好不好？你能发言吗？

（学生沉默）

师：她需要再等等，慢慢地，稳稳地，好，谁帮她。

生：老师在最后写的是"只觉得自己在爬山"，叶圣陶说的是"只觉得身在山间"，"爬山"的话一般就会感觉有点累，但是"身在山间"的话就是在欣赏美景，所以就会有一种闲适的感觉。

师：这个发言真精彩！闲适、欣赏、慢慢走，欣赏，你是一个有哲学高度的女孩。还有吗？我那么辛苦，我写的比叶圣陶还长呢！

生：叶圣陶老先生在最后写的是"忘却苏州城市"，而您写的是"忘记苏州城市"，程度上"忘却"比较强一点，我觉得他是完全忘却了城市，被美景所吸引了；而忘记呢，好像表达不出他已经被园林美景吸引了的意思。

师：这个孩子厉害，她还知道语言表达有程度的深浅。你有理论高度，真好，还有。

生：叶圣陶老先生的语言比较精炼简短，而王老师你的稍微有些烦琐。

师：我可不烦琐，什么叫做"生平多阅历，胸中有丘壑"，你们翻书，下面是有注释的，是吧，我为了让你们好理解，我是把"胸中有丘壑"的原文给置换了，我想这样，你们在读书的时候，就一目了然，这多好啊！你不同意，你说。

生：感觉叶圣陶老先生的更有诗意。

师：他说更有诗意，这种诗意是因为叶圣陶这个语言，这是什么味的语言啊？你能不能帮他点睛一下。

生：对偶。

师：哈哈，孩子们啊，其实这种语言用的是文言语言。你刚刚说有诗意，为什么会有诗意？因为它有文言味。孩子们你们又做了一件很艰难的事，也是我们很多老师可能都不太注意的。我们说它好，为什么好？叶圣陶的语言为什么漂亮啊？来，顺着王老师的总结，给你一点启示。

【投影展示】

叶圣陶语言漂亮是因为：

有准确严谨的表达力

有典雅端庄的文言范

有从容流转的音韵美

> 有过目难忘的画面感
> 有气定神闲的情感流

（生齐读）

师：这些你不用记，但是我提醒你以后再读《苏州园林》，你觉得这个语言真好，你可以根据这个去体会。来，我们多读读多赏赏，叶圣陶的语言真的很漂亮啊！比如说这句，预备，起——

【投影展示】

> 池沼里养着金鱼或各色鲤鱼，
> 夏秋季节荷花或睡莲开放，
> 游览者看"鱼戏莲叶间"，
> 又是入画的一景。

（生齐读）

师：你要读出点感情来，你看是不是有文言范儿，是不是有画面感？再来，又比如这个句子，来——

【投影展示】

> 有几个园里有古老的藤萝，
> 盘曲嶙峋的枝干就是一幅好画。
> 开花的时候满眼的珠光宝气，
> 使游览者感到无限的繁华和欢悦，
> 可是没法说出来。

（生齐读）

师：带着一种赞美的语气来读，来，就像一个导游一样，慢一点。又比如说：你看那么短的一句话，多么工整，又多么高雅，来，预备，起——

【投影展示】

> 那些门和窗尽量工细而决不庸俗，
> 即使简朴而别具匠心。

（生齐读）

师：这个关联词的运用漂亮极了，来，马上背下来。预备起。
（生齐背）
师：诶，语感就是这么培养出来了。比如说，预备，起——

【投影展示】

> 这些颜色与草木的绿色配合，
> 引起人们安静闲适的感觉。
> 花开时节，
> 更显得各种花明艳照眼。

（生齐读）

师：又没有感觉了，赞美的感觉，预备，起——
（生再次深情齐读）
师：你读安静闲适的语言，一定要传达出一种安静闲适的感觉。同学们，这就是叶圣陶的语言。再看这个总结句，同样的是文言范儿，同样的充满了音韵的美好，来，预备，起——

【投影展示】

设计者和匠师们一致追求的是：务必使游览者无论站在哪个点上，眼前总是一幅完美的图画。为了达到这个目的，他们：
讲究亭台轩榭的布局，
讲究假山池沼的配合，
讲究花草树木的映衬，
讲究近景远景的层次。

总之，一切都要为构成完美的图画而存在，决不容许有欠美伤美的败笔。

（生齐读）

5. 拓展延伸

师：还是读得稍快了些，你逛园林，不能这么快，要慢慢地欣赏，慢慢地享受啊！好，同学们，刚才我们做了三件事，这篇课文，这堂课我们结束了，大家表现得很好，我觉得有一种慢慢开窍的感觉，我就再多讲一点点，给大家开拓一下视野。苏州园林有很多著名的园子，其中有一个园子叫做"网师园"，猜，为什么取这个名？

生：网罗老师。

师：哈哈，你很善于调动平时的生活积累。

生：网罗了很多很好的匠师。

师：匠师？哦，1860 年啊，就是太平天国的时候，忠王李秀成带领他的军队杀进苏州城的时候，你猜怎么着？苏州园林里边有一个奇观，苏州园林里面的匠师完全不受战争的影响，一刻不停地造园林。是不是很奇怪啊？就是说苏州人他对园林有一种痴爱。

生：可能像网一样比较密，比较整齐吧。

师：好，谢谢，公布答案。三个同学想的都不沾边。古代的网是用来干什么的？

生：捕鱼。

师：对，这个网就是渔网，这个师？什么叫师啊？

生：老师。

生：古代有高尚品德的人叫师，这个园林的主人说，我要成为一个品德高尚的人，但是我用什么样的方式去完成自我呢？我要天天用网去捕鱼，活在山水间，成为一个品德高尚的人，于是他就把自己的园子命名成了网师园。我给你展开一点啊，比如说还有一个更著名的园子叫做拙政园，园子的主人说，我每天在园子里也上班，但不是给皇帝写报告写文件，没有案牍之劳行，我的人生理想就是挖挖菜、种种花、爬爬山，一种闲适的生活。孩子们，苏州园林的人们，他们追求一种什么生活呢？就是身在红尘，但是他的灵魂世界宛若天然。

（师板书"身在红尘，宛若天然"）

师：好，最后做个总结。

【投影展示】
务必使阅读者无论站在哪个点上，眼前总是一幅完美的图画。为了达到这个目的，作者：

讲究整体结构的统筹布局

讲究段落之间的变化呼应

讲究片段内部的起承转合

讲究遣词造句的准确典雅

总之，一切都要为构成完美的图画而存在，决不容许有欠美伤美的败笔。

师：叶圣陶就是这么做的。对于一个写作者而言，文字也是他们自己的园林。好下课！

公开课

（三）文言文教学突围：《狼》

潇潇洒洒走进文言天地

——《狼》教学实录

上课时间	1998 年 6 月 15 日
上课地点	首届全国直辖市省会城市课堂教学大赛活动现场
授课学生	天津大港初二年级学生
文本类型	主题型文本
课堂特色	生动活泼学文言

师：同学们，大家一定在寓言里认识过一位农夫，他在大冬天里遇到了一条即将要冻死的蛇，结果怎么样呢？

生（争先恐后）：他用身体去温暖了这条蛇。结果蛇醒来后，就把这个农夫咬死了。

师：这位农夫好心没有好报，真是可怜。人们常把"毒蛇猛兽"并称。今天，我们就要走进《聊斋志异》这部名著，去认识一位屠户，他遇到了两条穷凶极恶的狼，他的命运又会是怎么样的呢？

（板书"狼"）

师：请同学们大声地自由朗诵第一、第二自然段，然后回答老师的问题，要用文中的原句原词证明你这样回答是正确的。

（生大声自由诵读）

师：请问，屠户当天的生意做得好不好？

生：好。因为文中说"担中肉尽，只有剩骨"。

师：那两条狼是远远地跟着屠户吗？

生：不是，是紧紧地跟着屠户。因为文中说是"缀行甚远"。

师：两条狼团不团结啊？（这两条狼之间有矛盾吗）

生：团结。因为文中说是"一狼得骨止，一狼仍从"，还有"并驱如故"，这两条狼配合得挺好的。

　　师：看来第一、第二自然段同学们掌握得非常好。现在再请同学们自由地大声朗诵第三自然段。你们读完后，老师要为你们翻译，老师的翻译中穿插有四处错误，要求你辨出错误并能在课文中找出依据。我们还各请男女同学派出一位代表到黑板上写出在讨论过程中我们联想到的一些成语，比比谁更强。

　　（生自由诵读，并派出代表到黑板边准备）

　　师：现在我开始讲故事了，请同学们仔细听。屠户很困窘，害怕前后都遇到敌人。四面都有麦场，麦场主堆了很多杂物在里边，覆盖成了小山丘似的。屠户于是奔过去靠在它的下边，卸下担子拿起刀子。狼不敢再向前了，它们和屠户面对面地坐着。

　　生："害怕前后都遇到敌人"不对，应该是"受到攻击"，"敌"在这里不是敌人，而应该是"攻击"。

　　师：很好。"敌"在这里是动词。还有哪些成语中"敌"也作"攻击"讲呢？

　　生：腹背受敌。

　　师："敌"还可以作"抵抗""相当"讲，比如——

　　（生列举腹背受敌、势均力敌、寡不敌众等，生写。师表扬）

　　生："顾野"老师也讲错了，不应该是"四面的原野"，而是"屠户往旁边看四周的原野"，"顾"是动词"看"的意思。

　　师：真好！"顾"作"看"讲还有哪些成语？

　　生：左顾右盼。

　　（师提示学生讲出左顾右盼、顾盼生辉等词语，师表扬，生写）

　　生："积薪其中"也讲得不对。"薪"不是杂物，是柴草。

　　师：哦，"薪"作柴草讲，这样的例子很多。比如——

　　生：抱薪救火。

　　生：卧薪尝胆。

　　生：还有一处错误。狼和屠户不是面对面地坐着，它们是瞪大眼睛对着屠户，老师没有把"眈眈"的意思讲出来。

　　师：哦，这个错误老师不该犯。我们不是经常说——

　　生：虎视眈眈！

（生写）

师：同学们，这是故事的开头部分。如果老师用"遇狼"来归纳第一自然段的话，你可以各用什么词来归纳第二和第三自然段呢？来，我们齐读一遍。

（生齐读）

生：第二自然段可以用"惧狼"。

生：第三自然段可以用"御狼"。

（师板书：遇、惧、御）

师：现在我们来分角色读。左边的同学代表狼，右边的同学代表人，分别读记叙狼和人的句子，读的时候注意体会当时的气氛。

（生齐读。又请两位同学分别读）

师：大家读的味道还不够。来，这样，我们去掉"骨已尽矣"中的"矣"，对比朗读，体会一下有什么不一样。

（生分别读：骨已尽矣，而两狼之并趋如故骨已尽，而两狼之并趋如故）

生：有"矣"，更能显示出屠户的心急如焚。没有"矣"，就不能显示出危急关头的紧张气氛了。

师：对，让我们把这个"矣"读好，读出人狼对峙时千钧一发命悬一线的紧张气氛。

（生再读，反复读）

师：在这千钧一发的时刻，故事将如何发展呢？现在请同学们仔细听第四段和第五段的朗读录音。老师绘制了两幅《杀狼图》，图中有多处与情节不符，请同学们观察后指出来，并要在原文中找到依据。请写词语的同学继续写。

（生听该段朗读录音，观察两幅杀狼图）

生：图中的狼不应该趴在地上，而应该像狗一样坐在地上。老师理解错了"其一犬坐于前"的意思。

师：哦，"犬坐于前"，这个故事中没有狗啊，怎么又跑出犬来了呢？

生：不是狗，是像狗一样。

师：哦。"犬坐于前"的意思是"像狗一样坐在前面"，那我们说"犬牙交错"什么意思？考考大家聪明不聪明。

生：狗的牙齿交错着。

师：对吗？再想想——犬牙交错。

生：像狗牙那样交错。

师：真聪明！

师：弄懂了意思，就不会读错了。来，让我们把这个难句的正确的停顿读出来。

（师指导学生反复读）

生：狼的眼睛画得不对，图上是睁开的，应该是闭上才对。"目似瞑"，瞑的意思"闭眼"。

师：真仔细！我们常说死不——

生：瞑目。

生：狼的神态画得也不对。图中狼的神态太凶恶了，原文中说"意暇甚"，"暇"应该是悠闲的意思。

师：我们常说"应接不暇"和"目不暇接"意思比较相似，"暇"如何讲呢？

生：空闲。

师：还有哪些词语的"暇"字有"空闲"的意思？

生：应接不暇。

生：目不暇接。

生：白玉无瑕。

（师在黑板上纠正对比"瑕"和"暇"的不同，生继续写）

生：刀的位置也不对，刀不应该劈在狼颈子上，应该是劈在狼的头上。文中说是"以刀劈狼首"，首的意思是头。

师：和"首"有关的成语很多吧？法庭上我们经常说判决某人……

生：斩首示众。

师：一刀下去，结果该人——

生：身首异处。

生：原文中说那条狼是"止露尻尾"，意思是说它的身子钻进草垛子中去了，只露出屁股和尾巴，可是图中它的身体露得太多了。

师：好，读得仔细，观察更仔细，好小子！这条狼在干嘛啊？

生：他在打洞。

师：故事中说"洞其中"，这个"洞"的用法要注意，和我们现代汉语不太一样。

生：这里的"洞"是"打洞"的意思，是动词。

生：还有一处重要的错误。屠户的刀应该砍在狼的大腿上，可是漫画中却是砍在了屁股上。（众大笑）

师："断其股"，难道不是屁股吗？

生：不是屁股，是大腿！我们平常所说的"头悬梁，锥刺股"，锥也不是刺在屁股上，而是刺在大腿上。

师：天啊！这真是容易理解错误啊，大家一定要牢记啊！

（师引导学生说出"股掌之间""股肱之臣"等词语，生写）

师：同学们找得又快又准，真是好样的。现在大家对故事情节比较熟悉了，咱们再来大声地分角色朗读，在朗读中重现当时的场景。

（生分角色朗读，师指导尝试背诵）

师：最后我们总结一下，这一部分讲的是屠户——

生：杀狼！

（师板书"杀"）

（总结黑板上写的字词，改错，朗读，对优胜者给予掌声鼓励）

师：现在老师想起了开头提到的那个故事。屠户没有重蹈农夫的覆辙。农夫的悲剧是谁造成的？

生：是农夫自己造成的。因为农夫认敌为友，引狼入室。

师：屠户一开始就能意识到狼是自己的敌人，在这点上他比农夫高明多了。但是，在遇狼的过程中，他有没有和农夫一样糊涂的时候？

生：有！就是他投骨给狼的时候。

（师板书"画骨"）

师：来，咱们再来读一读第二自然段。

（生齐读第二自然段）

师：大家想象一下屠户在投骨时，他在想什么？

生：他想，狼啊狼啊，你吃了我的骨头，就放过我吧。（生笑）

生：狼啊狼啊，我们打个商量吧，我把我所有的肉骨头都给你，你吃饱了就乖乖回家吧！（生笑）

（师板书"妥协"）

师：大家再想象：如果狼有思想。它们在啃骨时又会想些什么呢？

生：骨头真好吃，屠户的担子里一定还有！

生：猪肉骨头好吃，屠户的肉一定更好吃！（众笑）

生：狼兄，冲啊，美餐一顿人肉，此生可休矣！（众笑）

师：屠户虽然一时糊涂，但幸运的是现实的残酷让他迅速清醒过来。为了不使自己成为狼的最后一块骨头。他当机立断，放弃了对狼的幻想，而拿起了——刀！

（师板书"画刀"）

同学们，在漫漫的历史长河中，大至国家，小至个人，都难免会有遇到"狼"的时候。生死关头，是低头妥协，还是高高举刀，往往会成为决定命运的关键！承受了百年耻辱的香港不就是当初清政府为向英帝国主义乞求妥协而付出的沉重而惨痛的代价吗？可是，英帝国主义这条狼没有就此满足，相反，却引来了法、意、德、日一群"恶狼"。在我们生活中，不是也有许多人对像狼一样的邪恶势力"投之以骨"的事例吗？有这样的例子吗？

生：比如校园暴力。

师：结果怎么样？——我们的软弱妥协只能助长邪恶者的贪婪凶恶，导致"两狼之并驱如故"的结局。我们的正确态度只能够是——拿起手中的刀，这时候，老师所指的刀还是不是屠户手中的刀？它象征着什么精神？

生：斗争、正义。

生：勇敢、抗争。

（师板书"正义、斗争"）

师：除了敢于斗争，屠户之所以取得胜利还因为什么原因？屠户为什么"奔倚其下"？

生：占据有利地形。

师：如果屠户不"暴起"，后果将会怎样？

生：主动权就会被狼抓在手里。

师：这启示我们斗争的时候还要抓住有利时机。

师：假如屠户不"转视积薪"后，后果将怎样？

生：会被另一条狼偷袭。

师：这提示我们斗争的时候还要如何？

生：要高度警惕，有彻底斗争的精神。

师：故事中的屠户不仅敢于斗争，而且最可贵的是能够在斗争中运用"智慧"，善于斗争。

（师板书"智慧"）

师：面对邪恶势力，只要我们应用智慧勇敢斗争，坏人必将和"狼"一样"顷刻两毙"。在正义和智慧面前，一切邪恶永远都只能是跳梁小丑。让我们再一次为屠户的胜利喝彩，再一次嘲笑那两只贪婪狡猾的狼。让我们动情朗读最后一个自然段。

（生读最后一个自然段）

师：读得还不够好，来，我们去掉"矣、哉、耳"，比较一下有这些词和没有这些词语句子在表达感情上有什么不同。

（生对比读：狼亦黠矣，而顷刻两毙，禽兽之变诈几何哉？止增笑耳。狼亦黠，而顷刻两毙，禽兽之变诈几何？止增笑）

生：加上"矣、哉、耳"嘲讽的语气浓得多。

生：加上"矣、哉、耳"，我似乎就看到了作者正对屠户的胜利拍手叫好，对狼的自以为聪明拍手喝彩，不过喝的是倒彩。

师：对啊，这段文字，我们读出了作者对狼的态度是什么？

生：笑狼！

（师板书"笑"）

师：让我们用正气、用勇敢、用智慧去涤荡世界上的一切邪恶。让我们的世界没有了豺狼虎豹，没有了毒蛇猛兽，真正变成幸福美好的人间。

（在朗读中结束）

青春回眸
——我的社会反响

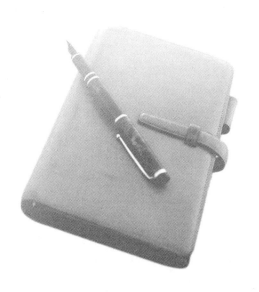

一、王君：唱响教育的"青春之歌"

王君老师给人最深刻的印象就是热爱生活。正如教育专家李镇西博士的描绘：她怀着对朴素而简单的幸福生活的愿望，朴实而平凡地过着每一天的教育生活。上课、备课、谈心、读书、反思、写作……一切都是那么平淡，但绝不平庸。她把自己的生命从容不迫地融进了课堂，更融进学生的生命，学生的生命因此而获得生长的力量，王老师的生命因此而永远青春勃发。

在学生、家长、同行、师长的眼中，王君老师就是青春的代言人。

学生杨雅云这样回忆她的语文课：上王老师的课，我是从来没有感觉到无聊的。因为王老师上课很不"老实"，她很少让我们照着书上的安排去学习，而总是"狡猾"地用另一种我们意想不到的更乐于接受的方式来引导。照理说，上了中学就很难再看到这样火热的场景了：每个同学都把手举得老高，双眼急切地望着老师，甚至有急性子，答案脱口而出，干脆连举手也免了。很自豪的，我们班的语文课就是这样。每天课前演讲短短的几分钟被我们闹腾得头头是道，坚持了三年的随笔大家都写得欲罢不能，每天的诗词背诵全班都摇头晃脑津津有味……我们的班级语文生活，从来都激情澎湃。难忘学《中国男儿》时的热血沸腾，学《故乡》时的悲哀叹息，学《蒲柳人家》时的捧腹大笑……不管什么课文，王老师总能让我们感觉痛快淋漓。语文，成了班上最有魅力的学科。

家长们这样赞美她的班主任工作：王老师的身上有一种魔力，那是一种生命的激情和教育的智慧。这种激情使她能够多年如一日带领学生坚持长跑，能够身先士卒和学生一起坚持写随笔。这种智慧让她能够痕迹不露地走进学生心灵进而影响学生改变学生。王老师带的每一个班都那么独特，王老师班上的每一个孩子的变化都是巨大的。从王老师身上，我深切地感受到：虽然当今中国教育沉疴重重，但依然有像王老师这样令我们尊敬的老师，教育对他们而言，是人生理想的晴空、是积极主动的追求、是愉快而幸福的生活状态。他们用执着的追求、睿智的反思、激越的碰撞、洒脱的超越洗涤沉疴、唤醒生命。王老师和她的班级让我领略了教育大师杜威先生在《我的教育信条》中所说，教师是真正的上帝的代言人，真正的天国引路人。

2007年4月，王君老师赴深圳讲学，一位老师在听了她的课和报告之后这样感慨：王君一整天，就是那样站着，连续上了两节课（一课两上的示范），作了两场专题报告。青春的王君！激情的王君！美丽的王君！

她所到之处，人们都感受到了她青春的灵性与魅力，感受到了教育的美妙和乐趣，她总能激起人们的一种冲动，使人产生一种积极向上的勇气。王君以教育家的睿智建构了自己青春之语文的理念。更令人欣喜的是，她以自己的青春活力和灵气，用一堂堂充满激情的创新的真实的语文课实践了自己的理念。王君老师让人清晰地领悟：语文是这样的美，师生完全可以诗意地栖居！

王君像一阵春风，吹皱了一池春水，她更点燃了大家的青春之火，激起了人们对教育的无限热忱。王君是教育界（不仅是语文界）新生派的突出代表，是一个不平庸的平凡人。王君的可敬，在于她向大家昭示，一个普通的教师也可以有精彩的人生！

王君老师在教育教学两方面都能取得累累硕果绝不是偶然。

深圳中语会会长，著名语文教育专家程少堂先生说："王君的可贵在于，她相信没有平庸的工作，只有平庸的人。教育是一项科学和艺术的事业，只要肯学习，能创造，就能'让平凡的每一天都变成金子'，所以王君长期坚持创造性实践，她几乎把每节课都当做研究课来上，坚持写教学后记以明得失。常总结，常反思，常实践，常写作，这几乎是她生活的全部内容……"

全国著名特级教师、语文教育专家余映潮老师更是一语中的地评价：王君老师对自己事业和自己成长的思考，可以用一个短语来概括，那就是"立意高远"。由于对自己的人生与事业有了"立意"，她才有了对"青春之语文"的新鲜活泼的思考，才有了中学语文教学研究的热情，才有了治学的要求与自觉，才有了吃苦的精神与意志。

我们从王君身上可以得到这样的感悟：热爱心中的语文教育事业，扎扎实实地做一点学问，练一点本领。这将是一个长期废寝忘食的过程，一个"面壁十年"的过程，同时这也是出名师的过程；细水长流，深刻思考，勤奋探究，一定能够让一位脚踏实地的奋斗者"化蛹为蝶""脱颖而出"。

王君老师一直用罗素的话激励自己：

所有伟大的艺术和伟大的科学都是源于起初那种虚无缥缈的幻想——那种向人

们召唤，诱使人们舍弃安全与舒适去忍受悲壮痛苦的奇美。凡怀有这种情感的人绝不会受名缰利锁的束缚，因为人之变得伟大，全归功于这种热情。

我们相信，这种热情会使王君老师的生命之火终生蓬勃地燃烧。我们祝愿她的教育教学的青春之歌能越唱越响。

（《教育文摘周报》）

二、王君：青春作伴唱语文

顾之川

自从十年前温家宝总理提倡教育家办学、倡导要造就一批杰出教育家以来，培养教育家成为全国很多地方提高教师教育教学水平的重要举措，为教育家摇旗呐喊、擂鼓助威的《未来教育家》《当代教育家》《教育家》等期刊也应运而生。笔者就曾两次应邀参加天津市"未来教育家"的选拔工作，也曾应邀担任成都市未来教育家指导教师。那么，什么人才能成为教育家呢？据中国教育学会原会长顾明远教授提出的标准，一是长期从事教育工作，热爱教育，热爱孩子，一辈子献身于教育事业，把教育作为毕生事业；二是在工作中肯于钻研，敢于创新，有自己的理论见解和思想体系；三是工作出色，经验丰富，有自己的教育风格，在教育界有一定影响，为广大教师所公认。如果按照这样的标准，我认为，说王君是我国语文界正在成长中的教育家，应该庶几近之。《王君与青春语文》入选人民教育家研究院组织编写的这套"教育家成长丛书"，也当属实至名归。

王君是近年来我国语文教育界一颗闪亮的新星，也是伴随着新课改脱颖而出的优秀青年语文教师。我认识王君，正是缘于世纪之交开始的新课程改革。2001年，义务教育新课标颁布，七至九年级语文实验教材首批通过教育部审查的共有三套，分别是人教版、苏教版和语文版，实验区有 15 个，使用人教版教材的有 8 个，重庆北碚区就是其中之一。因为属于第一批吃螃蟹的，各个实验区都很重视，集中了当地的精兵强将与教学骨干，参加教材培训，研究新教材，探讨新教法，开展教学实验，积累试教经验。后来这套教材陆续推向全国，首批参加试教的骨干教师也就理所当然地走出实验区，走向全国，成为我国初中语文新课改的先行者。所谓机遇总是偏爱有准备的头脑。正是在这一大的课改背景下，王君从最初的重庆东溪古镇，先是到了重庆外国语学校；再由重庆到北京，从中国人民大学附中西山分校到清华大学附中。凭着山城姑娘的率真、执着与坚韧，神奇地打开了一道又一道前进之门，由一名乡村女教师，快速成长为享誉全国的语文名师。在她身上，正体现了新课程的一种理念，即"我与新课改一起成长"。

在我看来，王君之所以能够取得成功，最关键的，源于她对教书育人这份事业的热爱。她的职业就是她的理想。她的岗位就是她的兴趣。她每天所做的，就是她最想做的。因此能够兴致勃勃地做下去，再苦再累也没有停息。她只是在用最初的心做永远的事，从而发现了自己，也成就了自己。正是有了这份对语文事业的挚爱和执着，她才能做到把书教到山里去，教到水里去，教到花里去，教到草里去。天空是她最大的黑板，大地是她最好的讲台，天地是她最好的课堂。天高海阔，长风浩荡，经语文而见天地。她的语文，不再是一门学科，不再是一个工具，而是天生丽质，天生高贵，烂漫生动，浑然天成。这是一个明媚的女子带领一群明媚的孩子演绎青春、享受青春的成长方式。课堂内外，老师和学生共同释放青春活力，完成青春体验，实现青春价值。课堂上青春洋溢，生活中青春勃发。课堂状态和生命状态，都在追求着青春状态。这种语文既是教法，又是活法，张扬青春，诗意生存；这种语文激情洋溢，魅力四射，朝气蓬勃，永远都在青春期。这就是王君的语文，这就是青春语文！

这部《王君与青春语文》，有王君成长历程的生动叙述，能让我们看到她是如何抓住机遇，刻苦努力，不断超越自我、取得创新成就的；有对青春语文的具体阐释，能给我们以智慧启迪，从而加深对语文教育的独特理解与感悟；还有青春语文案例，现身说法，足资借鉴；社会反响和思想索引，便于我们全方位地认识王君，认识青春语文。阅读本书，不仅可以充分感受作者的阳光朝气与青春心态，欣赏她的活泼性格与大气文字，体验她追求卓越、坚守语文的执着与勇敢，也更加坚信杜威《我的教育信条》中所说的：教师是真正的上帝的代言人，真正的天国引路人。

名师的产生往往是良好环境、难得机遇、个人禀赋和倾情努力等因素综合作用的结果。我热切期盼着我国语文界涌现出更多像王君这样的名师，期盼着我国语文教学永远充满青春气息，充满激情梦想，充满奋然前行的勇气。

（笔者为中国教育学会中学语文教学专业委员会理事长）

三、黄河入海流

王开东

想起王君，我头脑里常常跳跃出一句诗——黄河入海流。

是的。在黄河入海之前，她究竟以一种怎样的姿态，从最初的匍匐前进，到后来的昂首阔步，直到把一道道清澈的小溪，汇聚成青春的河流，奔向浩瀚的大海。

后来，有幸看到肖铁先生《壶口的黄河》，有关王君的困惑，至此才算是"初极狭，才通人，复行数十步，豁然开朗。"

先生这样写道："黄河之水天上来，如果说往前往后的黄河都是平面的话，到了壶口，一下子黄河像愤怒像高昂像要直抒胸臆地站了起来。这时的黄河是立体的黄河了，黄河站立起来是一个飞跃，就像个顶天立地的人活了……自然里的生命在毫无羁绊状态下如此兴奋和放纵……

只有在这里，给予黄河的天地竟小到仅仅一个壶口，考验也就在这里了。过去了，黄河便拐了一个直角，再往后便没有什么能挡住她的了，一泻千里，奔流到海不复还。"

在成为一名教师的原初，即在黄河的上游，每个教师可能都是生命的积攒者，孜孜不倦地收集微薄的溪流，赞助自己的精神河床，激流澎湃；但在应试的折磨之下，最初的激情被时间剪裁，被岁月掩埋，职业倦怠期随之而来，"当一切不事事"，精神的河床自然狭窄起来，并最终干涸断流。

就如黄河，在汪洋恣肆之后，突然遇见了"壶口"，于是，"壶口"成了黄河的命门，也成了很多教师发展的死穴，面对职业生涯中最大的瓶颈期，只有极少数教师会把这看成是发展机遇期，但这极少数的教师，往往也是头破血流，铩羽而归。

"壶口"，成了优秀教师和卓越教师的分水岭。如何冲破这个壶口，如何直抒胸臆的站立起来，从此，奔流到海不复回。这是教师教育人生的重要拐点，正是在这个拐点之上，王君与众多的老师区别开来。

王君之所以修炼成为王君，原因不外乎有三条。

第一，无法无天。

王君生长在重庆的綦江，重庆多山，树木纵横，民风剽悍。

有笑话甚至说，重庆的女孩子爱上男人，会说："我要你要我！"

如此绕口令的语句，显示了重庆女子的伶牙俐齿、泼辣豪爽、敢爱敢恨和无法无天的独特个性。人是社会的人质，王君不可能不受到这种地域和风俗的影响。

小时候的王君，简直就是大闹天宫孙悟空的翻版，任性，好折腾。曹文轩说，好文章是折腾出来的；其实，好教师也是折腾出来的。越折腾，越光芒。

綦江实在太小了，无法安放王君的视野和灵魂，于是，她就想方设法地折腾，三天不打，上屋揭瓦。好在还有綦河；但綦河每年都要淹死人，这让大人们紧张不已。跨度达100米的河流，招呼着幼小的王君，于是每天正午时分，她都要去游泳，从最初的扑腾，到最后的永不沉没，王君其实并没有学会真正的游泳，但这并不妨碍她劈波斩浪，在飞流急湍中挑战自我。人不冒险枉少年，可能从那个时候开始，王君就已经领悟到了自己娇小身体里的惊人能量。

她喜欢在电闪雷鸣之中，横渡綦河，有时候甚至能够游上十多个来回。

我想，这十多个来回绝不可能是一次性达到的，如同孩子们疯狂的打游戏，这必然有一个逐步积累，脱胎换骨，黄袍加身的过程，这个过程中，每天都在进步，每天都是全新的自己，每天都有高峰体验，这些原初的成功体验，造就了后来王君的惊人的爆发力和永不满足的进取精神。

中学时代，王君发现綦河太窄，她又不满足了，于是，偷偷学会了跳水。从高处往綦河里跳，实际上就是把自己往河里扔，比高台跳水还要高台，然后，重重地砸在水面上，冒险刺激，痛并畅快着……

这是什么，这简直就是秃子打伞，无法无天。我们根本无法想象，但她就这样做了，而且一直坚持下去，这成了王君心灵发育的一个重要密码：我行我素，特立独行而又生冷不忌。

后来，王君转战陆地，选择了跑步。尤其在农村，这种锻炼，不用什么资源，因地制宜，完全是小成本，大制作。

执教之初，王君领着高一的那帮农村孩子在川黔公路上长跑了，跑得黄尘滚滚，浩浩荡荡。这一跑风雨无阻，王君数十年如一日的坚持下来，并最终从乡村，跑进了县城，跑进了省城，跑进了首都……

在我看来，王君选择跑步，本质上还是游泳的延伸，乃是因为不满足狭小，不满足圈养，对自我生命拓展的一种渴望，一种延展，一种追求，当然也成了一种宿命。

王君曾经说过自己是丑小鸭，后来，她也的确上过这个经典的文本，我想，她一定是把这个文本当作了自己凤凰涅槃的一种象征。

经历了那么多的磨折，丑小鸭一路走来，走着走着，春天就来了；走着走着，天空就广阔了，世界就敞亮了；走着走着就飞起来了，忽悠一声，突然翱翔于万里长空，乌蒙磅礴走泥丸，让无数的小鸡、小鸭仰着脖子，望天浩叹。

很多年之后，王君常常自嘲自己的教学是"野路子"，这种自嘲的背后饱含着含蓄的骄傲。

的确如此，一个从自身生命体验中成长起来的独特教师，只能是我们熟悉的陌生人。她花枝招展，别具一格；但却如此生动壮阔。面对这样活力四射的生命个体，我常常忍不住感叹：我们如此相似，但又如此不同。

第二，无拘无束。

宋祖英的《辣妹子》塑造了一个火辣美丽的辣妹子形象。而天不怕地不怕的川妹子王君，也在"辣不怕、不怕辣、怕不辣"中，完成了自我镜像的寻找。

这种无拘无束的自我镜像，也在潜移默化中浸润了她的学生。

王君曾经有一次在外省出差，学校突然要求每班设计一个班级名片，于是，60个孩子拥挤在一起，照了一张乱得不能再乱的特色照，题词却是：我们来到这个世界，不是为了燃烧自己，而是为了照亮世界。

这个经典的意象让人回味无穷，生命如此丰富多彩，教育如此美丽迷人，作为教师，学生生命成长中的重要他人，你究竟在学生的心灵中书写和刻画了什么，对这个问题的审慎回答，绝对能够促进教师的专业化发展。

孩子们以"乱"为美，打破常规，燃烧自己、牺牲自我的单一宏大叙事被舍弃了；取而代之的是"照亮世界"的宽广的视野。这就是投射王君镜像的学生给我们的回答。

王君是从赛课中崛起的，探讨王君的自我锻造，最好就是从公开课入手。

王君为什么热衷公开课？因为公开课具有挑战性，更多的时候还具有比赛性，而一个从游泳、跳水、跑步竞争中过来的人，与生俱来就拥有比赛的特质。

于是，有了"屠夫杀狼图"图形改错《狼》的教学，有了小茅屋问号拉直的

《驿路梨花》教学，有了挑选济南形象大使的《济南的冬天》教学，有了桥梁设计师竞标夺标的《中国石拱桥》教学……

一个个巧思妙想，一个个金点子闪闪发光；但这些还都是审美的、热烈的、激情的，还没有成为理性的、思想的、深度的。直到王君完成了《我的叔叔于勒》和《麦琪的礼物》的小说对比教学。在我看来，这次教学是一个里程碑式的飞跃，王君从无拘无束中感受到了教学真正的魅力所在。进而从过去的个人英雄主义的炫技，开始转向师生共同体发展的民主化教学。

也就是说，属于王君的浪漫期结束了，其教育生涯的精确期正姗姗而来。这个时期，她从黎见明先生的"导读"理论和文兰森先生的"导创"理论中寻找渊源。从"导读"之实然，走向"导创"之必然，结合自己的"导"的天赋，三位一体构造了王君语文的独立王国。

这个时候的王君，已经完成了从技术层面到艺术层面的攀升，但真正的高明之处在于最终要抵达的文化层面。

任何优秀之人要通往卓越，必须要完成三个超越，第一是时间上的超越，过去的人说好，现在的人说好，将来的人也要说好；第二个是空间上的超越，南方人说好，北方人也说好，任何地域的人都说好；第三个是题材上的超越，齐白石的虾，凡·高的向日葵，陈寅恪的柳如是，黄仁宇的万历十五年，都是如此。

教学也如是，题材上的超越，往往标志着语文教学直抵文化层面。王君近些年来，越来越喜欢说明文，喜欢不讨好文本的教学，显示了她这一方面清醒的追求。

第三，无欲无求。

工作第三个月就主动请缨要上全县公开课；教龄第三年获得重庆市优质课大赛一等奖第一名；25岁登上了全国课堂教学大赛的讲台，与李镇西老师等人同台竞技……

这个时候的王君还汲汲于功名，渴望获奖层次高一点，动静弄得大一点，还没有意识到"上帝让你成为一名好教师，就是对你最大的奖励"。

直到全国课堂大赛一等奖的错过，这自然是一次挫折，但更是一次成全。王君以往可能有很多幸运，但我以为，这一次才是命运对王君最大的眷顾。我是到了快40岁的时候，才部分挣脱了名利的枷锁，感觉到无欲则刚的快乐。而王君早在这次失败中，就已经体悟到了无欲无求的强大，夫唯不争，故天下莫能与之争，她何其幸运。

时间是一把筛子，最终会淘去一切沉渣，正如杨绛在《一百岁感言》中说："我们曾如此渴望命运的波澜，到最后才发现，人生最曼妙的风景，竟是内心的淡定与从容；我们曾如此渴望外界的认可，到最后才知道，世界是自己的，与别人毫无关系。"

万种与我何加焉？功名与我何加焉？我为课堂而来，我为语文而生。从此，王君彻底走出了功利境界，只把生命的一抹华彩献给青春的课堂。

磨课就是磨人啊，但王君却在课堂的聚焦中，享受到了寻常人享受不了的快乐。她不再和他人去竞争，她只和自己赛跑，看自己跑得有多快，跑得有多远。

从重庆綦江东溪中学到清华附中，王君一步一个脚印，笑看风云，从容恬淡，把自己爱美的天性转化为对课堂审美的追求，人课合一。

正如她自己所言，课堂让一个平凡的女孩子赢得了尊严和快乐，一切浮华都是空的，唯有课堂上赢得的快乐具有一种恒久性，如花香弥漫，陈酒飘香。

也正是从这个时候开始，王君成为王君了，她直立起来，直抒胸臆，冲破了"壶口"的桎梏，一泻千里，一去不回头……而远方就是真理的大海，奔流到海不复回。

（笔者为江苏省苏州一中副校长）

公开课

四、青春万岁，一种美丽的生命状态

霍 军

近些年来，阅读王君已经成了一种生活习惯。

阅读王君，就是体会一种真纯和热忱，就是唤醒一种感受能力，就是要让自己时时明白，教书的每一个细节，都可以让你的生命呼啦啦燃烧得彻彻底底，通透淋漓，然后感到活着的快乐。

"不白活一回"，记不得这是何时听到的一句毛阿敏的歌里的歌词，然后牢牢记住了，然后那个旋律每每在读到好书遇到好情景的时候就要响起。比如读爱迪生的传记，看到那家伙为了试验灯丝材料，和同伴们拔下各自的胡须，碳化了，比赛哪一根亮的时间更长。比如读达尔文的传记，读到他在南美沙漠看见雄鸵鸟孵蛋的怪事，就顶着烈日在沙窝子里一爬好多天，最后明白了其中的原委。比如看见我的朋友、酒泉富康集团的老总李新民先生坐拥万贯，切掉了半拉肺，一边喘着，一边却向我还有每一个来到的人喋喋不休讲述他的体验式购物商贸园林景观街的建设规划。现在，李先生的商业街把南国旖旎风景搬到了西北偏僻小城酒泉，营造了奇石玄幻、花木葱茏的洞天福地……在这些时候，我每每感到，做人而痴迷一事，最后沉醉在那件事情的一个小小细节里，是活人的最佳感觉。

因此要阅读王君。王君，这个课堂上的精灵，一个谈起课堂就精光四射的人、遇见学生就眉开眼笑的人、设计教学环节就灵感四溢的人，下笔为文一定要说我们班的才子才女何等优秀杰出伟大灿烂的人。阅读她让我突然发现，原来教学随笔课堂实录这些"实用文体"，也可以写出至少和台湾才女张晓风的散文一样的水准。

我是个语文老师，阅读是我的生活方式。但我从来也没有想过要把所谓语文教学论文当成一个阅读内容。这类文章的乏味想必大家也有领教。尤其在今天，职称体系的建立，层级制度的细化，让老师们常常不得不为发表一篇省级论文而折腰。教研杂志深悉此中玄机，纷纷高悬价码，出售"版面"，吊人胃口。即便如此，身边很多朋友也还是找不到合适的地方"弄"一篇可以指望得上的发表了的论文。有次去省外一个朋友那里开会，瞥见他们当地的市级教研刊物，随手翻翻，这样一本供老师之间交流的小刊物，编委会主任竟然是他们的副市长，副主编当然是教育局长。那个朋友笑问：你猜，我这个从组稿、审稿到排版的货真价实的主编排在哪里？我寻找半天，才在一长串编委名字的最后两个里边，觅到了那个熟悉的汉字。利益所在，让人们如此没有风度。想想看，由此制造出来的汗牛充栋的"教研论文"该是什么样的文章呢？

因此我一向对这类东西避之唯恐不及，也从不认为一个语文老师读了这些东西有益身心，更不要提它们对语文教学的促进作用了。我的看法是，如果一个教师能够把一本大仲马或者金庸读得"误入藕花深处，沉醉不知归路"，那他的课堂一定差不了。而一个天天愁眉苦脸"完成科研任务"并声称自己搞了几个全国还是省上"课题"的资深老师，可能正好是一个让学生感到语文最可憎的人。

可是读王君不一样。很多次，我在读张晓风的时候想到了王君。生命的特质有时候惊人神似，这与那两个你感到几乎一样的生命做什么无关，而是与她们"怎么做"紧密联系。张晓风信奉基督，常说"爱缘惜福"。我从这儿想到了苏东坡，这个一辈子几乎都被流放再流放的倒霉鬼，却把他的每一个"遭遇"当成了"境遇"。比如他说"莫愁穿林打叶声，何妨吟啸且徐行"，比如他说"江山风月本无常主，闲者便是主人"，又比如他说"此地有甚么歇不得处"，还比如我们最熟悉的那几句："唯山间之明月，与江上之清风，耳得之而为声，目遇之而成色，是造物之无尽藏也，而吾与子之所共适。"只有一个觉醒的人才会像这老儿一样，自觉天天在过节。只有一个埋头于当下此刻，走一路歌咏一路，建设自己的生活从而也施惠于人的人，才能把常人抱怨、感叹、平淡无奇的日日月月演变成《水调歌头》《念奴娇》，或者《赤壁赋》和《超然台记》。张晓风深谙这一套东坡心法，即便是装修家居，她也能特意坐车去台北乡下寻访一柄农家笤帚来挂在客厅墙上，并请大书法家台静农先生题跋一幅配成双璧。基于这样的"活法"，她才能呼唤给台湾的医学学生建造一间醇香古雅的"国学教室"，并在教室建成的时候写下令人齿颊生香的美文佳篇。

好东西是好的生命状态创造的。这么多年了，王君带着欢喜心情活在她的课堂上，为学生一句精彩发言得意洋洋，为一个冷漠的孩子开始向她问好沾沾自喜，为领着学生上市场看了真正的生活、又写了让她激赏的随笔津津乐道，为自己胆大妄为和学生"合谋"突破校规远足了一回偷偷快活，为自己上了一节好课欣欣然乐淘淘美滋滋，到处跟人讲，完了又写又想又检讨，又要重新来一家伙，来完了还要在查完住校学生的床铺、望着漫天星光发呆之后，坐在电脑前敲敲打打捣鼓到三更半夜，第二天早晨照样还要跑上一程，用清晨的氧气涤荡肺腑，一吐个别时候的杂念带来的些微渣滓，然后又高高兴兴带着小女人的良好感觉去进行她的"青春语文"……

想想看，这样一个活蹦乱跳略显"顽劣"的语文教师，她会写下怎样的教育故事？

无真性情者不足以为文。无情趣者不足为语文教师。杨绛的散文里说，钱钟书先生创作力最旺盛的时候，写上一阵子，就要给睡着的女儿园园画大花脸。我敢说钱先生从没有把写作研究和与女儿恶作剧当成两回事。读王君，我直觉她的玩乐和教学是一回事。她说自己是为语文教学而生的。我说她这人活得好是因为她爱语文课。教学就是她的活法。这当中谈不到为此付出多少代价，多么艰难困苦咬牙坚持，更不用提那个让我一见就起鸡皮疙瘩的词——"奉献"。你喜好一片林子，走近了，钻进去了，看一片树叶发呆了，听一声鸟鸣痴迷了，为里边的芳香浴得清清爽爽焕然一新，然后钻出来放声高歌，别人说那就是好诗，你却只感到舒畅快活。一个真正爱做事的人做了自己欢喜的事并有大成就，就是这么回事。赵元任先生回答别人研究"枯燥"的语言学的动机，说"好玩儿"。郑愁予写苦恋的人的心里话是："这当中的喜乐感觉，别个哪里知道？"孔子说："学之者不如好之者，好之者不如乐之者。"袁枚说："无癖之人面目可憎。"我想，都是这个意思吧？

因此从重庆山乡一个小镇子的初中开始，到现在定居京城，与优越感很强也不太用功的孩子"搏斗"，王君一路教下来写下来，天天计较着教学语言、课文解读、课堂设计、师生互动、预设生成、基础与能力、考试与成长的这些琐琐碎碎的事情中，高高兴兴、不知不觉写下无数打动自己又打动无数别的同行的瞬间、片段和整体课堂。唯有她那样的痴迷的人才能把自己讲解的课文玩味得那样深入独到，又解读出别样光彩。唯有她那样沉醉的人才会像贝聿铭设计大厦、皮尔卡丹设计裙子、巴尔扎克构思小说一样，对每一节课的每一个教学环节做出精巧妙绝的设计，一波又一波推动学生对语言进而对生活的热情。唯有她那种以语文为生活的人才能在词语基础、词语玩味、词语意境与学生掌握、理解、领悟的能力之间架起一座座坚实厚重却又巧思迭出的桥梁，创造出课堂上知识的、智慧的、情感的甚至幽默的一个个高潮。她总是能在各种课文本身找到撩拨学生心底幽弦的指法，从而清风习习，

"吹皱一池春水"；她总有办法让自己准备的讲解内容跟学生心里的渴望碰撞出火星子，然后"金风玉露一相逢，便胜却人间无数"……

我相信只有一个找到了自己心中痴迷的东西的人才能做得如此精彩，才能如此持久和热情，才能天天大叫痛快狂呼精彩，自己觉得自己很值得。

我相信一个懂得了的人才能在学生热烈讨论的间隙，谦逊地说"可以让老师也说一句吗"，然后才发表自己的看法，然后让学生觉得安全平等自己很牛，都愿意出风头争着表现，然后让王老师的课活泼全是生机。

我相信只有一个钻进去的人，才会研究学生喝矿泉水的浪费，看到家庭贫寒的学生天天买不了冰红茶的困窘，感觉到一个团体中这种气氛的不公平，然后研究调查一番，组织全班学生算账，算出天天喝饮料的不划算，最后通过集体表决买一台饮水机，形成一条不喝饮料不扔塑料瓶子污染环境的新班规。

后面这个案例让我这个在博客上狂呼民主自由的人惭愧。我想民主的实践原来如此简单朴实，可是许许多多高喊理念的人，可能根本缺少这种耐心、细心、热心来琢磨这么一件事，从而真的漂漂亮亮实践一些民主和法制的实在事。

我还想到，其实语文新课改早就存在于王老师的每一节课当中，而许多人困惑、抱怨、感到难办的语文课改问题，也很好解决——只要有很多老师愿意像王君一样在语文中"讨生活"就够了。我们眼观六路耳听八方，想法太多太多，而没有像王老师一样，在自己脚下找到参天大树万年松柏的落根处；没有在自己身边推开天堂大门，却说伊甸园在遥远的天边未来；没有叩响当下的一秒，从而发现时间的黄钟大吕，就是自己的那颗赤心。我想这不仅是语文的问题，这其实也是关乎各种职业的问题，是关乎从老庄以来就一直想用各种"心术"解决的生命态度问题。

到现在为止，每户中国城市人家几乎都要买得起一辆车了，超市里商品铺天盖地，我们早就脱离了匮乏时代，可你依然看见有那么多人为匮乏焦虑。我们怎么啦？我们没怎么，我们只是缺少了一颗王老师的心。我不想用这种用语抬高王君，可我确实从她的文字里读到了一颗足以解开现代人生命中的很多纠结的心。爱眼那一点点事情，做好它，你就能把一块岩石摩挲成玉石，你就能把一滴汗水结晶成珍珠，你就能把一缕阳光塑捏成黄金馃子。你做了吗？你愿意做吗？

孔子说："我欲仁，斯仁至矣。"孟子告诉学生曹交，你像尧舜那样为父母折一个树枝条条儿，你就是尧舜。萨特说，人是自己行动的产物，此外什么也不是。王老师那样做了，所以她才是今天能把课上得像散文像诗歌像玲珑亭子足慰人心的王君。

　　过去我服膺柏拉图和色诺芬笔下的苏格拉底，认为苏老师那些与路人与商人与政客与随便一个什么人的循循善诱谈话是了不起的哲学，后来猛然发现那才是教学案例。再后来看见《论语》《孟子》《传习录》里这样的教学案例比比皆是，就感叹古人不分中西，都能把教学搞那样精彩，而且教学案例写成了美文。还感叹因为有了苏格拉底那种从容淡定，孔子那种蔼然亲切，孟子那种雄辩又富于逻辑感，才创造了那么好的教学案例，今人是难再风流了。

　　可是，以我有限的视野，我看到了王君。我看到了她的大量美文一般的教学案例。我相信今日中国这样的欢喜的教师一定还有很多很多，只是被前述那种"教研现象"给遮蔽了。我要澄清：我想说的不仅是王君，而是一种"王君现象"，即因为热爱自己的行当而发表的言论，都是好文章。这样的中国语文教师确实很多。这样的语文教师再多也嫌少。

　　王君是这样宣言的："课堂是你和学生生命在场的地方。每一堂课，都要当成公开课来上。以课堂的质量抵抗轻飘易逝的生命，凭借课堂的高度走向生命的高度。"

　　看吧，这就是过上好生活的方法啊。这样教书，才算不白活一回啊。

（笔者为甘肃省酒泉中学特级教师）

五、一身清气千寻瀑，修得人间四月天

何定琴

（一）我还年轻，我渴望上路

　　王师北定京都寓，君誉南来四海传。她本身就是一面大鼓，或者一排编钟，无论怎么放低音量，调出来的声音就是洪钟大吕，藏都藏不住。她生命中的沸腾因子远远多于寂静，尽管她总是很善良温婉地与世界对话，但她的重庆妹子的热辣声调和泼辣向上的生命姿态总是掩盖了她语言的内容，单单一个笑眼的明媚，一个跃动的表情，足以使人忘记她的名姓，单单记着：能将一棵草笑开花的人！

接近她本人，可以增加青春的底气；读她的书，可以补充教师生命的元气。她就是中国新生代语文教学掌门人、课堂教学艺术家——王君。王君老师的可贵在于纯粹、执着、独创、不断更新，更在于来自草根，还于草根，甚至傲于草根出身，始终不改草根情怀。通过自身奋斗，早已跻身"70后"名师品牌店舵手，但是依然喜欢在寻常草根教师的"地摊"上闲逛，甚至流连忘返。与其他名师不同，她不是接地气，而是她的根从来不曾离开地面，自带语文教育教学的地气。从这个层面来说，她更是情怀和境界的大师，纷繁错乱的红尘人生，就是她驰骋纵横的课堂。

欲成大家，必先大气。她一路修行、一路付出；也一路歌唱，一路青春。她干着最接地气的纯粹的国培，感化、转化、鼓励、指导过无数并不相识的语文和其他科目的教师并不求回报。无论外界如何褒扬或者贬抑，如今已伤她不起，在走向内心淡定宁静的同时，她的声誉似江风浩荡，已经不断升起，口碑就是丰碑。

我是一名教师，然而又不是。在遇到昭君之前，我是寻常地，疲惫地，剑拔弩张而又得过且过。说我是教师，因为我确实站在三尺讲台上，靠嘴皮子功夫贩卖别人的思想；说不是，因为我从来没有把学生的精神成长与我的课堂联系起来，充其量只是一个制造分数的工具。

教师工作，寻常的很，跟汉中漫山遍地的油菜花一样。

莎士比亚说：世界是一个大戏台。

朱光潜说：人生有两种境界，演戏和看戏。

陀思妥耶夫斯基说：美能拯救世界。

在我的人生讲台上，充其量是一个演戏的戏子，而且一直是群众演员，不需要发挥创造，工资日结算就好。无穷的人们无尽的远方，都与我无关。除了干好每天的工作，我没有长远的人生规划和更高的目标追求。自甘平庸的惰性一直蜷缩在身体的某个角落舍不得离开。除了领导的表扬、重点高中的人数、学生的分数和一本又一本的荣誉证书，我没有职业成就感，也从来没有想过今生从事的这个职业最终还能有什么成就。我在讲台上演戏，但从不反思，从不去"看"自己的和别人的戏，也不去想怎样演更好，既不能拯救别人，也无心拯救自己。

遇见昭君，就遇见了不一样的油菜花，它们活了，我也活了，课堂骤然生动明亮，一切变得有意义。有人说这叫"觉解"，我的工作，因为昭君，有了意义，有了境界。

　　2013 年 10 月 26 日，陕西省军区招待所，北京人大附中王君老师带来示范课《散步》。王老师在上课前说这节课用"教师辅导法"，抓关键词进行咀嚼，用一个关键词透析全文。于是课文题目就变成了"我们""在田野上""散步"。

　　"我们"是相亲相爱、互相体谅的一家人；

　　"在田野上"有阳光、桑树、菜花和鱼塘；

　　"散步"中有悠闲快乐和幸福。

　　这一切，都与生命有关，与生命的姿态和精神长相有关。

　　"祝愿你们生命当中都有阳光、菜花、鱼塘"，当王老师用这句话结课的时候，我有一种异样的感觉，有许多东西都被瞬间打开，哗啦啦往外流动，我才知道，有积淀的语文课堂，可以这样开怀畅饮、这样肆无忌惮；语文课原来可以这样"小我"这样富有创意和诗意；语文老师可以这样随心所欲，这样天地一体。最重要的，语文课堂衔接过去现在和未来，可以把几千年的传统文化运用于股掌之间，把教师的生活阅历个体生存的理解风行于水面之上，开阔极了，敞亮极了，有趣极了，也幸福极了。

　　那一天那一刻，暮秋的阳光巧克力般明媚响亮，头顶的云朵像杯新鲜的奶，白腻嫩滑。空气芳香而柔软，把大地填充为一张浩大的软垫。整个身心像一颗颗透明弹珠，在这张软垫上弹来弹去，滚东滚西，忽大忽小，时高时低，紧张而又兴奋。两旁的花树皆已模糊，只剩时间裹挟着速度，在西汉高速上狂奔，我的身体舒展到说不出的奇妙境界。

　　现在回想，这一节课与我来说，有着醍醐灌顶的意义。那是丑小鸭初次见到天鹅时的震颤，是苏醒、是觉醒、是唤醒，世界上，原来有如此美好的课堂！于是，丑小鸭升华了自己的理想、升华了自己的灵魂，也升华了自己的未来。方向，就在那里，就是那一群白色的、优雅的、飞翔蓝天的美，天鹅！

　　虽然人到中年，在青春语文的滋养里，在昭君老师的感召下，在日渐醒来的觉悟中，忍不住说出凯鲁亚克的话：

　　我还年轻，我渴望上路。

（二）我们要肩住黑暗的闸门，把孩子们放到光明里去

　　这是最好的时代，也是最坏的时代，当前的语文教学不容乐观。

北京十一中历史特级教师魏勇说："人类发展出言传即语文教育的那一刻，是整个自然界石破天惊的大事，是其他物种悲剧的开始。"安康旬阳一中的校长向昌峰说："语文一直是一个沉重的话题，多少年语文教研都没有把语文从沉重中解放，语文教师一直是教师中的苦行僧"。语文教师，担当着使命承受着荣光也遭遇着尴尬忍受着不堪。

王君老师却满怀信心地说："春来正是教书天，欢天喜地上班去，我们的教育生态，就是因为我们自己，而得到了改变。我们把工作变成了游戏，把生活神化为戏剧，我们天天乐在其中，更带领孩子们乐在其中，这样做，也是在自己身上克服时代。"

"语文教师，就是要让自己的学生爱上生活，并让生活也认可他，爱上他。"这是语文湿地创始人北京西山附中老师尹东的声音。在语文湿地里，栖居着许多"同一尺码的人"。尹东与王君，夫妇二人在语文教学的田野上刀耕火种、男耕女织、比翼齐飞。

我开始关注学情，开始着手学生语文能力长期发展的规划，开始自己制订教学目标，立足文本解读，研究重点难点，关注教法学法，开始课题研究。当我的语文课堂真正有了"人"（我和学生）的参与以后，美好的事情接二连三。

2015年1月9日，我把自己的文本解读《浅谈〈陈涉世家〉留白之妙》试探着托尹东老师转给王君。2015年2月20日，梅吐香蕊，鹊登高枝。这个日子喜出望外、幸运之极！王君老师对我的文本解读《陈涉》进行了指导性的评点，并在语文湿地微信402期《昭君专栏》里发表（后面连续六期《讲出故事里的故事——跟着定琴学解读》），当凌鸽姐姐和姜艳妹妹告知我时，我还不信，下课后急不可待地打开微信，手抖，心也抖：昭君离我那么远，我们素昧平生，交集不多，她怎么就看见我关注我，并且那么诚恳认真地对待我了呢？

怎么就是我呢？怎么就是我呢？到现在我还在震撼之中，仿佛一个坐久了火车的人，到站之后脚踏实地，感觉依然在震动之中。12397，先后共一万二千三百九十七个字啊，这是一位时间用分秒计算的名师大师对一位素不相识的普通老师的馈赠，是感动，也是奇迹。那位无比幸运的草根老师，确信，是我！

昭君说："我先前读定琴文，第一感觉是汉中女子，巾帼英雄，刚强豪迈，又柔情万丈。这样的女子，可为知音，生死相托，引为知己。也只有这样的女子，才能够在陈胜吴广的一'喜'一'曰'中，就读出兄弟同心志同道合的历历场景"。我终于知道，有的人，不需要认识太久，就已经认识了很久，久到似乎本来就认识；有的人，不需要了解太多，就已经了解了太多，了解到似乎那是另一个自己。昭君不仅是解读文本的专家，更是解读"人本"的妙手，一击就中，我无力挣扎，只有倾倒、臣服。熟悉昭君博客和文字的都知道，像我这样直接或间接被昭君鼓励、提携、指导，引为"荷戟独彷徨"的同道中人的又何止几百上千，为人生，为语文，不骄不矜，昭君始终不忘自己的草根本色，亦师亦友，为师为范。

昭君还说："读定琴的解读，是一种幸福着定琴的幸福，惊喜着定琴的惊喜的奇妙过程。一些名家对文本解读的阐释不断涌上心头，让我为定琴的颖悟叹服。我们这些语文老百姓，可能没有能力生产什么理论出来，但我们的行动本身就是一种理论。所以，我们没有必要妄自菲薄。毛主席说历史是人民群众创造的。我看，这话，放在哪里也错不了。语文的历史，也是我们这些语文的农夫农妇创造的。因为，只有我们，才是天天躬耕陇亩的那批人。是我们的日出而作日落不休，是我们动情嘶哑的歌唱，才让语文这片黄土地生生不息生机盎然。"

至今看来，昭君的这段话，不仅是给我，也给了像我这样的无数草根老师真诚的肯定和莫大的鼓励，昭君的心胸气宇，坦荡开阔，接天纳地。滚滚红尘，有一个奇妙的遇见，本已足够幸运，还能被懂得，简直是三生有幸！语文课堂孤单行进中那些少人懂得的孤魂野鬼，被昭君的三言两语点化，纷纷相聚于秦末乱世之中，幻化为救世的天使。爱情故事里，往往会因为一个人，从而喜欢一座城。相信在我们的语文教学中，因为昭君的肯定，许多人会在文字里出生入死。君之善，善莫大焉！

"我为美好的事物消耗着自己的感情，它们的光辉来自于我不断地燃烧，但这是一种美妙的消耗"（纪德），为语文，为孩子，为了我们的这个世界，我喜欢消耗，也愿意燃烧，或者说已经燃烧。语文教改之路漫漫而修远，正是我们这群语文的农夫农妇存在的价值，像鲁迅说的那样：我们要肩住黑暗的闸门，把孩子们放到光明里去。

（三）你相信奇迹，奇迹就发生了

我们寻常谈到的教育，多半指教师对学生，成年人对未成年人。我想，教育的内涵绝不仅止于此，且不说施教者与受教者可以互相教育，就是成年人之间，时时处处也有隐性的教育存在，只要是能触到人的灵魂，引起改变的东西，都可以算是教育吧。肖川博士说：教育的最高境界是灵魂的感召。王君老师对我的影响，已经远远超出寻常的交往范畴，那就是一种人格和专业的立体教育。在她的感召下，我看到了教育世界的气象万千，懂得了语文教学的华妙庄严。

因为喜欢，所以沉迷；因为沉迷，所以探寻；废寝忘食、乐此不疲。我订阅了数种语文教学期刊，买来大量语文教学专著，凭着自己对读书的专注对文字的敏感以及较强的理解能力，我还涉及哲学和西方现代教育思想类书籍，对理论的热爱空前高涨，走路吃饭都在想着语文教学和我们当前面临的种种问题，好之，更乐之。

在王君老师的"五朵金花"（五本书）里，我读到了青春语文的愿景，了解了昭君关于经典名篇的解读和作文教学指导，知道了做一位好老师的前提是"修炼"。单是那些序言，就让我多么振奋：

"昭君是王，在语文的王国里，驭语言的千军万马，骋思想情感的北海南疆……这在我，用受宠若惊来形容，毫不为过。昭君的书，原本可以请中语界的泰山北斗来写序，也可以请中语界的后起之秀来写序，可是，昭君却决定，以后的书，都请一线教师来写序。昭君上的是接地气的课，做的是接地气的事，修的是一颗高贵而谦卑的心"（卢望军），昭君老师对语文，她是真爱，爱之入骨，因此才以实际行动提携后来者，望军老师说是受宠若惊，我何尝不是欣喜若狂！

"世界上最爱自己职业的人是艺术家，只有艺术家，才将自己的职业和爱好融为一体。王君将每节课当成了创造，王君的语文课，已经成了艺术品，王君用自己的语文课，证明了语文教学是一门艺术。因此，王君还是语文教学艺术家"。在霍军老师眼里，王君老师天生就是为语文为教育而来的，为一大事来，做一大事去，使命如此。

"王君的激情，却源自天性。在我所见过的王君的语文课上，无论何种文体的课文，都能被她经营成一出激情四射的青春大戏。王君是一位提取关键词的绝顶高手，王君还是一位课堂造境的魔法大师，王君的语文课，典范而雅致，我以为，王君的青春之语文，其青春之根，全在于生命的省察……"刘祥老师在书序里说王君老师的青春课堂，建立在爱与尊重的教育价值上，就是要守护学生的天性自由，激发人的天赋潜能，让他们自己发现自己，成为自己。

在 2015 年 8 月 6 日语文湿地第一届创造者大会上，我无比幸运地见到了王君。

一天多的相处，我竟然没有当她是伟大的课堂君王、草根老师的精神领袖，而只是一位走散多年的姐姐，钦佩崇敬之情都化为万千珍惜、依恋、懂得和祝福。王君老师在会上说："青春语文要从学科本身，从教师生命的状态和学生生命状态本身，从这三个维度去研究语文教学、激活生命、激活语言。激活语言是青春语文的核心，但它最终一定是落在教师和学生生命状态，落在整个教学过程呈现出的生命状态。"原来青春语文首先是一种活法，然后才是教法，是教师与学生生命绽放的姿态，是一种精神上的灿烂与提升。要想课堂灿烂，教师首先要活得灿烂；要想课堂美好，先让学生修得一种美好。语文教师＋班主任，这是昭君青春语文实践的显著特点。

王君老师是一个奇迹。奇迹是怎样发生的？电影《盗梦工厂》告诉我们，这个世界上奇迹是这样发生的：你相信奇迹，奇迹就发生了。王君老师相信相信的力量，因此她把自己的生命姿态长成了奇迹，每天也在制造着奇迹，日月轮回，从不间断。

（四）修炼，有时像散步，更多是搏斗

教育如童话般美丽，怀有赤子之心的人，才能从最普通的地方感受美和发现美，才能闻到教育的香气，听到生命花开的声音。成长是一种与时间一起的行走，教育的终极价值是信仰。从某种程度来说，它更多时候是教育者的成人童话，是学生精神世界的乌托邦，我们指向的那些美好愿景，在现实中还是幻境。与其说是我们的课堂在带领孩子们心灵漫步，还不如说是与现实世界展开一场场精神搏斗。没有教育者的坚持和信仰，一切都是妄谈。教育者要培养学生具有自己的信仰，要让他们给自己的灵魂找到一个可以停泊的港湾，以使自己有一种真正的内心自由。若要帮助学生搭建精神小屋，教师首先得有自己的精神大厦来安顿红尘中浮躁的魂灵，世相之外，安守于内，"处无为之事，行不言之教，万物作焉而不辞"。在《肖申克的救赎》里，安迪花了20年的时间用一把小锤子挖通了通向自由的通道，因为他始终相信这个世界上会有奇迹发生，无论什么时候都保持对奇迹的梦想。

不得不承认，在无比功利浮躁的现实之上，我们的教育自由空间是逼仄的，独立意识蜷缩在应试的螺蛳壳里紧锁着门窗。王乾坤先生在他的《文学的承诺》中写道："文学是无用的，这应该是文学安身立命的一个起点，文学的尊严就建立在这个起点上。"这个观点对于教育，也再恰切不过了，美在自由之中，"功利化"去得越彻底，教育的尊严和美就展现得越动人，王崧舟老师说：无用之用，才是大用。王

君老师敏锐地捕捉到这一点，她说教学是一种相遇。因此她在万丈红尘中修炼自己。"我们语文课的状态决定孩子们未来命运的状态"。"语文老师应该成为所有学科老师中活得最灿烂的、最自信的、最美丽的、最妖娆的一群人。"在修炼的路上，王君老师以红尘为道场，以真善为原料，以生活为丹炉，孜孜不倦地淬炼生命之美，她要在灵魂净土里修得最纯粹的花开——

在家里她是善良孝顺。"婆婆是比较难以伺候的，不对胃口绝对在饭桌上就开始唉声叹气，一句'不好吃'让你心惊胆战。家里痰咳声与电视声总是交相呼应，吃饭的时候也是时时伴着各种各样的痰咳声、吐痰声。开头很不适应，甚至还倒胃口吃不下饭。但时间长了，便也惯了。"面对快 90 岁高龄的公公和瘫痪多年的婆婆，客厅饭厅随时如厕，昭君耐心细致毫无怨言。读了昭君的《家有老人》，我深感对自己的公公婆婆做得远远不够，尽管他们对我这个儿媳已经很满意了，可是与昭君相比我还没有做到更好。

在学校她是率真独立。做人真诚，待己真心，不谄媚，不隐恶，坦诚自在，随意去来。在《凭啥我们的教育不快乐》里，她质问"凭什么教育不应该是快乐的？教育就应该是快乐的！就像人生就应该是快乐的一样"。在《跳出三界外，才有好教育》里她说教育是一个综合工程，分数是其副产品，我们不要把副产品当做了拳头产品。更大快人心的是她在《风雨不动安如山》说出了许多老师想说而不敢说的话："我明说，我不愿意多上课。现在语文课时已经是所有学科中最多的了，加上天天都有的早自习，语文老师被拴在讲台上已经太久了。没有足够多的自由，你怎么能够保证足够多的独立学习和独立思考的时间。不占有时间，任何专业发展都是枉谈。"

她是热血。对生活，对工作，有说不完的美好温度。她说奋斗着的人本身就是幸福的。这样的人根本不会输。他在选择奋斗的那个时刻，他就已经赢了。而若能坚持，全世界，都会为他让路（《致凌风妙语妹妹》）。

她是大爱。没有最深的爱就难有最真的教育。决心把一棵草笑开花的女人，注定有着不同寻常的担当和抱负，活着，就是为了颠覆世界。她说每一个差生的背后，都必然有一个心酸的故事。或者说，所有差生的家庭的背后，都有难言的苦痛。一个好教师的意义应该在这里：他无论处在什么样的境地，站在什么样的高度，都能理解孩子体谅孩子。鼓励孩子和帮助孩子已经成为了他生命的本能（《学生考得不好怎么办》）。

她淡泊淡定，她勤奋执着；她智慧通达，她青春乐观。

她宣布：下辈子，我还要继续妖精，更加妖精，妖精一万年。

她呐喊：感谢上帝，让我活得这么好！

她谦卑和感恩：智者大军校长，长者七槐子先生，恩师龚春燕、文兰森、陈庆兰，率真作家莫怀戚老师，贤者程翔、桂贤娣、窦桂梅、董一菲老师，才俊王开东、肖培东老师，"80后"美女卞小娟老师，在她笔下一个个鲜活地走来，径直走到我们面前来，带着作者与读者的崇拜和敬意，深情款款，笑意盈盈，可亲可闻。

传闻江湖上炼剑的最高境界是心魄入剑，人剑合一。铸剑的必然步骤是高温煅烧，延展捶打，低温淬火，再煅烧，再捶打，再淬火，周而复始，循环往复。不经千锤百炼难成好钢，不经寒热淬转不为宝剑，剑如是，师也如是。修炼的"炼"字，就是炼剑的"炼"字，干将莫邪铸剑，必是人剑合一，融灵于火，才换得剑气入炉。剑锋所指，随心而欲，剑气如虹，削铁如泥。不在欲望的烈火中煅烧的生命不能成为永生之命；不在红尘中哭过漫漫长夜的生活不能成为永生之活；同样，完美的师魂必是在爱心中铸就，在淬炼中成长。教坛论剑师魂在，熟谙心法是君王。

后记：整个书稿，我读文如见其人，昭君就那么坐在那里，聊语文、聊生活、聊修炼、聊成长，类化你，让你一次次有醍醐灌顶之感，我仿佛觉得长期盘踞于内心的一些浊气在缓缓消散。如果说对她的欣赏，源于尊重，源于两个同样领悟爱情和生活乃至生命的心灵的对坐凝视，源于呼唤与应答，源于前世的寻找与今生的重逢，源于语言文字的大美，源于她是能引起我注意的秀外慧中的女子类型，那么天地的厚度都被我的自以为是的无知而嘲弄。读着她，读着她对生命、对语文的体悟，读着她文字里的生命过往，我似乎渐渐来到观世音的莲座，亲见一位名叫青春语文的女子正在渡人修己，道行已深。从来不相信有神仙之说，现在，我跨过新书稿的门槛，来到昭君的莲座之侧，立侍左右，聆听教诲，唯愿此刻的谦卑长留。觉得，我自己也充满前所未有的担当，心甘情愿被征服，师恩难忘！

当栀子花蝴蝶般惊飞了翅膀，那是我再也关锁不住笑容的舱，只因念及你的名字念出声来……

（笔者为陕西汉中城固沙河营初中语文老师）

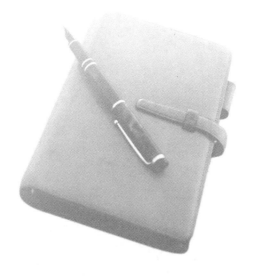

附 录

王君主要著作

1.《青春之语文——语文创新教学探索手记》（2005 年，远方出版社）

2.《教育与幸福生活》（2006 年，福建教育出版社）

3.《王君讲语文》（2008 年，北京语文出版社）

4.《一位青年教师的专业成长之路——王君专业求索笔记》（2012 年，中国轻工业出版社"万千教育"书系）

5.《青春课堂：王君与语文教学情景创设艺术》（2012 年，北京师范大学出版社）

6.《班主任：青春万岁——王君带班之道》（2013 年，中国轻工业出版社"万千教育"）

7.《听王君讲经典名篇》（上、下卷）（2014 年，人民出版社）

8.《听王君讲作文》（上、下卷）（2014 年，人民出版社）

9.《听王君讲语文教师专业成长》（2014 年，人民出版社）

10.《一路修行做老师》（2015 年，天地出版社）

11.《一路修行做班主任》（2015 年，天地出版社）

12.《一路修行做女人》（2015 年，天地出版社）

13.《一路修行教作文》（2016 年，天地出版社）